産業発展のルーツと戦略

産業発展のルーツと戦略

―― 日中台の経験に学ぶ ――

園部　哲史　著
大塚 啓二郎

知泉書館

はしがき

　経済がきわめて未発達な段階では農業が主要な産業である。そうした経済は一般に貧困であり，それを発展させるためには農業の発展ばかりでなく工業化が不可欠である。それはペティー・クラークの法則が述べるように，工業が農業の次に発展することが期待される産業だからである。また工業のなかには非熟練労働集約型の部門があり，そうした産業は比較優位の理論の立場から見ても農業の次に発展すべき産業である。雁行形態論やプロダクトサイクル論も，基本的には同様の立場に立っている。さらにシュンペーター的な革新こそが経済発展のエンジンであるという立場に立てば，多くの革新を生むような工業化を目指すべきであるということになろう。総括すれば，貧困な経済を豊かな経済に向けて発展する軌道に乗せるためには，労働集約的な工業化が必須条件となる。さらに経済を持続的に発展させるためには，そうした工業化に続いてより熟練労働集約的かつ資本集約的な工業部門を発展させなければならない。

　このように考えれば，工業化の研究は経済発展論の中心的なテーマの一つでなければならない。ところが Lewis（1954）モデルや Fei-Ranis（1964）モデルのように，労働さえ農村から都市へ移動させれば工業化が進展するかのような驚くほど単純なモデルを除いては，経済発展論の脈絡の中で本格的に工業化が理論的かつ具体的に論じられたことはほとんどなかった。近年，隆盛をみた内生的経済成長論においても，人的資本の蓄積が重要であるということを除いては工業化の戦略について具体的な提案をしているわけではない。どんな人物がどのような状況の中でどういった場所で新しい産業を起こすのか，どのような制度がその後の発展を促進する

のか，そうした制度はどこまで市場の失敗を矯正しうるのか，産業を飛躍的に躍進させる革新はどのようにしてどの時期にどのような人材によって生み出されるのか。そうした産業発展の一こま一こまは，産業発展のプロセスのなかでどのように結びついているのか。こうした産業発展に関する基本的な問いに，真正面から答えようとする試みは過去になかった。

　本書は，情報の非対称性に関する経済理論，契約や組織の理論，経済地理学や産業集積の理論，農村工業化論等，既存の経済理論に立脚しながら，日中台におけるいくつかの事例研究を通じて「工業化のプロセスを理論化する糸口を見出そうとする」二人の著者の「中間報告」である。最終報告でないのは，われわれはこの重要かつ深遠なテーマにこれからも挑戦し続けようと考えているからである。日中台の事例研究も十分とは言えないが，東南アジアについては研究を開始したばかりであるし，南アジアについてはまだ予備調査も行っていない。アフリカでは，ナイロビのアパレルは分析がかなり進んでいるが，アディスアベバの靴やクマシ（ガーナ）の自動車修理業の研究はこれから行おうとしているところである。われわれは，これからもできる限り多くの事例研究を積み重ね，そこから工業化のプロセスについての法則性を見付け出したいと思っている。現段階でもその手応えはあるが，われわれの理解がどの水準にまで達しているかは定かではない。

　本書のタイトルが「工業化」ではなく「産業発展」であるのは，工業化のためには単に「モノを作る」だけではなく，原材料を確保したり，デザインを考えたり，出来た製品を販売したりする商業的活動が死活的に重要であり，それには工業化のイメージを超えた「産業の発展」が決定的に重要であると思うからである。

　簡単に言えば，われわれは「産業発展の物語」を描くことを本書で試みた。それは，現在の産業の発展状況からその「ルーツ」までさかのぼって，産業発展のダイナミックなプロセスを探索するという作業でもあった。そもそもそうした産業発展の物語を知ることなく，現時点において産業発展の梃入れをすることは賢明ではない。なぜならば，現段階で産業を発展させるためには産業の将来を見越した産業振興策が必要なはずだからである。それこそが，「産業発展の戦略」でなければならない，というのがわれわ

れの基本的な主張である。

　本書は事例研究をベースにし,「産業発展の理論化」という難題に取組んだ二人の著者の過去6年間の研究の成果を世に問おうとするものである。未熟な分析や思い違いも多々あると思う。ご批判,ご叱責をいただければ幸いである。なお本書では回帰分析を多用するが,それについてなじみのない読者の便宜を考え,付論において簡単な解説を行った。

　本研究は二人の著者だけの産物ではない。本書で活用している多くの研究成果は,著者以外の方々との共同研究の所産である。すでに公刊されたかされる予定の研究を列挙すれば以下の通りである。

- Tetsushi Sonobe, Dinghuan Hu, and Keijiro Otsuka, "Process of Cluster Formation in China: A Case Study of a Garment Town." *Journal of Development Studies* 39 (1), October 2002, pp. 118-39.
- Eiji Yamamura, Tetsushi Sonobe, and Keijiro Otsuka, "Human Capital, Cluster Formation, and International Relocation: The Case of the Garment Industry in Japan, 1968-98." *Journal of Economic Geography* 3 (1), January 2003, pp. 37-56.
- Tetsushi Sonobe, Momoko Kawakami, and Keijiro Otsuka, "Changing Roles of Innovation and Imitation in Industrial Development: The Case of the Machine Tool Industry in Taiwan." *Economic Development and Cultural Change* 52 (1), October 2003.
- Tetsushi Sonobe, Dinghuan Hu, and Keijiro Otsuka, "From Inferior to Superior Products: An Inquiry into the Wenzhou Model of Industrial Development." *Journal of Comparative Economics*, forthcoming in September 2004.
- Tetsushi Sonobe and Keijiro Otsuka, "The Division of Labor and Changing Industrial Locations: Evidence from Taiwan." *Review of Development Economics*, forthcoming in 2004.

共同研究者である中国農業科学院研究所の胡定寰研究員,アジア経済研究所の川上桃子研究員,著者たちが都立大学で教鞭を執っていた時代の院生であった山村英司西南学院大学講師には一方ならぬお世話になった。記して感謝の意を表したい。また1998年にプロジェクトを開始した際には,当

時，東京都立大学の会計課長であった三島康雄氏から貴重な激励とアドバイスをいただいた。

資料集では実に多くの方々のお世話になった。第4章で用いた台湾のセンサスデータの収集では羅怡玲行政院主計処科長の特別なご配慮をいただいた。第5章の中国でのデータ収集では，凌亢南京財経大学経済統計学院院長，趙彦云中国人民大学応用統計科学研究中心主任教授，王琪延中国人民大学教授にお世話になった。第6章のアパレルの研究では，旧知の門田峻徳広島県議会議員と池田邦昭池田ハルク社長，出原誠三広島県被服工業組合理事長，佐藤八郎同専務理事，叶理中湖州市郷鎮企業局副局長にとりわけお世話をいただいた。第7章のオートバイの調査では，西野勝明静岡総合研究機構研究部長，ヤマハ発動機OBの堀内浩太郎氏と田中俊二氏，徐祖文重慶市郷鎮企業管理局副局長に懇切丁寧なご指導をいただいた。第8章の分析では，河部光広オークマ株式会社理事に日台の工作機械産業全般のお話しをいただき，劉仁傑（台湾）東海大学教授，林忠運中華民国精密機械発展協会秘書長，陳正工業技術研究院機械工業研究所副所長には台湾の工作機械産業の状況についてお教えいただいた。また戴琮哲（台湾）東海大学研究生と赤羽淳三菱総合研究所副研究員には資料集めでお手伝いをいただいた。温州の調査では，陳煥権温州市郷鎮企業局弁公室副主任，水寿松温州市新僑機械電器廠廠長，郭文政坤徳股份有限公司総経理に一方ならぬお世話をいただいた。第9章の分析では，日本プリント回路工業会の児島雄二会長，藤岡信之常務理事，高原邦夫氏に全般的にお世話になり，日本と昆山の状況についてご説明いただいた石井智彦村上精密制版（昆山）有限公司董事総経理，台湾の状況をご説明いただいた竹内亜紀彦台湾富士通開発処顧問，白蓉生台湾電路板協会技術顧問，頼家強台湾電路板協会副秘書長にとりわけお世話をいただいた。記して感謝申し上げたい。まだまだ調査の際にお世話になった方々は数え切れないほどおられるが，紙面の制約上，割愛させていただかざるを得ない。

その他にも数多くの研究者の方々にお世話になった。現在は国際開発高等教育機構の同僚であるが，恩師でもある速水佑次郎教授には直接的にも間接的にも多くの貴重な示唆をいただいた。同僚のKaliappa Kalirajan, Debin Ma, 加治佐敬, 山野峰, 山内太, Jonna Estudilloの各氏にもお世

話になった．また，尾高煌之助法政大学教授，劉徳強東京学芸大学助教授，澤田康幸東京大学助教授，黒崎卓一橋大学助教授，村上直樹東京都立大学教授，藤田昌久京都大学教授，錦見浩司アジア経済研究所研究員，シカゴ大学大学院生真野裕吉氏，Michael Kevane サンタクララ大学教授，Justin Lin 北京大学教授，Jikun Huan 中国科学院農政策研究中心所長，Scott Rozelle カリフォルニア大学デービス校教授からは多くの有益なコメントをいただいた．感謝の言葉もない．なお思えば，本書の筆頭著者が小宮隆太郎東京大学名誉教授に連れられて，岡山県の児島にある学生服の産地を訪ね，実地調査の手ほどきを受けたのがこの研究を始めるきっかけになったように思う．ここであらためて小宮先生に感謝申し上げたい．

知泉書館の小山光夫氏と著書の出版の約束をしてから，10年余が経過してしまった．約束を守ってようやく著書が出版できたことで胸をなでおろしている一方で，小山氏の忍耐には心底から敬服するとともに，感謝の念で一杯である．大急ぎの原稿を文句も言わずに受け取っていただいた知泉書館の髙野文子さんにも本当にお世話になった．原稿の作成作業では，2004年の1月から3月までは五十嵐みゆきさん，4月から6月までは田中真由子さんに献身的なお手伝いをいただいた．また相川明子さんには最後の大事なところで計算のお手伝いをお願いした．この場を借りて感謝申し上げたい．

この研究のために潤沢な研究資金をいただくことができたのは，きわめて幸運であった．特に，東京都立大学特定研究（1998-99年），松下国際財団（2000-2002年），日本経済研究奨励財団（2002年）からの支援には心から感謝を申し上げたい．

本書は，ミクロ経済学を実証研究に適用した先達であり，われわれが心から尊敬する速水佑次郎先生に捧げたいと思う．

2004年6月

園部哲史・大塚啓二郎

目　次

はしがき　　　　　　　　　　　　　　　　　　　　　v
図表目次

第Ⅰ部　課題の設定

第1章　はじめに　　　　　　　　　　　　　　　　5
1　今なぜ産業集積か　　　　　　　　　　　　　　5
2　地域経済学　　　　　　　　　　　　　　　　　8
3　「産地論」の新展開　　　　　　　　　　　　　15
4　新農村工業化論　　　　　　　　　　　　　　　22
5　プロダクトサイクル論・雁行形態論再考　　　　26
6　プロダクト・ライフサイクル論　　　　　　　　31
7　まとめ　　　　　　　　　　　　　　　　　　　33

第2章　日中台の産業発展モデル　　　　　　　　　34
1　産業発展の共通性と異質性　　　　　　　　　　35
2　産業集積の研究対象　　　　　　　　　　　　　36
3　内生的産業発展論　　　　　　　　　　　　　　40
4　分析のスコープ　　　　　　　　　　　　　　　47

第Ⅱ部　産業立地と産業発展

第3章　関東地方の広域集積型発展　　　　　　　　53
1　関東地方における産業立地の変化　　　　　　　54

	2	仮説の提起	61
	3	回帰分析	63
	4	結論	71

第4章　台湾の郊外集積型発展　73
 1　台湾の産業発展　74
 2　仮説の提起　81
 3　回帰分析　83
 4　結論　89

第5章　揚子江下流域の集積形成型発展　91
 1　江蘇省と浙江省における産地の形成　93
 2　仮説の提起　102
 3　回帰分析　104
 4　結論　110

第III部　産業集積の比較研究

第6章　織里と備後のアパレル：商人主導の発展　117
 1　仮説の提起　118
 2　中国の事例　121
 3　日本の事例　132
 4　結論　142

第7章　日本と重慶のオートバイ：技術者主導の発展　144
 1　仮説の提起　145
 2　日本の事例　148
 3　重慶の事例　158
 4　結論　168

第8章　台中と温州の機械産業：集積地における革新と模倣　170

目次　　　　　　　xiii

　1　仮説の提起　　　　　　　　　　　　　　172
　2　台中の工作機械産業の事例　　　　　　　174
　3　温州の弱電産業の事例　　　　　　　　　192
　4　結論　　　　　　　　　　　　　　　　　209

第9章　蘇南と台湾北部のプリント配線板：集積の形成と模倣的競争　211
　1　仮説の提起　　　　　　　　　　　　　　214
　2　蘇南の事例　　　　　　　　　　　　　　215
　3　台湾の事例　　　　　　　　　　　　　　230
　4　結論　　　　　　　　　　　　　　　　　244

第IV部　結論

第10章　内生的産業発展論の構築に向けて　249
　1　事例研究の成果　　　　　　　　　　　　250
　2　内生的産業発展論　　　　　　　　　　　256
　3　産業発展の戦略　　　　　　　　　　　　262
　4　残された課題　　　　　　　　　　　　　266

付論　回帰分析について　　　　　　　　　　　268

引用文献　　　　　　　　　　　　　　　　　　273
索引　　　　　　　　　　　　　　　　　　　　298

図表目次

表1-1 均衡の不決定性とロック・イン：立地の組み合わせと各企業の利得 …… 13
表2-1 事例研究の対象と類型 …………………………………………………… 38
表2-2 内生的産業発展論の概要 ………………………………………………… 41
表3-1 産業別雇用者数と京浜工業地帯の雇用シェアの推移 ………………… 56
表3-2 産業別の雇用と事業所数の変動係数の推移 …………………………… 56
表3-3 平均雇用規模と産業多様性の推移：京浜工業地帯とその他の地域の比較 ……………………………………………………………………… 58
表3-4 産業別の事業所規模と付加価値率の推移：京浜工業地帯とその他の地域の比較 ……………………………………………………………… 58
表3-5 雇用の成長に関する回帰分析の結果，1960-75年と1975-2000年 …… 66
表3-6 付加価値率の変化に関する回帰分析の結果，1960-75年と1975-2000年 …………………………………………………………………… 67
表3-7 事業所規模の成長に関する回帰分析の結果，1960-75年と1975-2000年 …………………………………………………………………… 68
表4-1 産業別の雇用シェアと雇用成長率の推移 ……………………………… 76
表4-2 産業別の付加価値率の推移 ……………………………………………… 76
表4-3 産業別の立地多様性の変化 ……………………………………………… 78
表4-4 地域別，産業別の雇用シェアの推移 …………………………………… 78
表4-5 町全体と雇用者数が最も多い5つの町の製造業従事者数と産業多様性の平均値の比較 ……………………………………………… 79
表4-6 地域別，産業別の平均付加価値率 ……………………………………… 81
表4-7 雇用に関する回帰分析の結果，1976-86年 …………………………… 85
表4-8 雇用に関する回帰分析の結果，1986-96年 …………………………… 86
表4-9 付加価値率に関する回帰分析の結果，1976-86年 …………………… 88
表4-10 付加価値率に関する回帰分析の結果，1986-96年 …………………… 89
表5-1 標本となった町の数，町当り企業数，従業者数，実質生産額の推移 …… 94
表5-2 企業当りの実質生産額の推移 …………………………………………… 96
表5-3 町当りの企業総数，民営企業の企業数，民営企業が企業数と生産額に占めるシェアの推移 …………………………………………………… 97
表5-4 特化率（中心的産業が従業者数と生産額に占めるシェア）の推移 …… 98
表5-5 中心的産業と周辺的産業の企業数と企業規模（企業当りの従業者数）の推移 ………………………………………………………… 100

目 次

表5-6	産業タイプ別の雇用の特化率，企業数，従業者数の推移	101
表5-7	工業全体の雇用成長率関数の推定，1990-1996年と1996-2002年	107
表5-8	特化率関数の推定，1990-1996年と1996-2002年	109
表5-9	周辺的産業の雇用成長率関数の推定，1990-1996年と1996-2002年	111
表6-1	織里における標本企業の一般的特徴	122
表6-2	織里における経営者の前職別参入時期，就学年数，技能の有無	123
表6-3	織里における製品の販路の変化	125
表6-4	織里における販路別の製品価格・原材料費・付加価値の変化	125
表6-5	織里における中心地と周辺部の企業パフォーマンスの比較	126
表6-6	織里における直接取引，一着当りの原材料費と付加価値額の決定因	129
表6-7	織里の1999年における生産関数の推定結果	131
表6-8	備後における標本企業数，実質総生産額，企業の平均実質生産額の推移	133
表6-9	備後における経営者の前職と就学年数の推移	135
表6-10	備後における直接取引比率と生産額の拠点別割合の推移	137
表6-11	備後における企業の生産額の決定因（最小二乗法）	138
表6-12	備後における直接取引比率と企業の生産額の決定因（2段階最小二乗法）	140
表6-13	備後企業の備後外での生産額比率と生産額の決定因（2段階最小二乗法）	141
表7-1	日本におけるオートバイ企業の特徴	153
表7-2	日本のオートバイ産業におけるエンジン性能向上率の決定因：広告の有無によるサンプル・セレクションを考慮した推定	155
表7-3	日本のオートバイ産業における企業規模成長率の決定因：退出によるサンプル・セレクションを考慮した推定	156
表7-4	重慶における標本企業の企業当り実質付加価値，エンジンおよびオートバイの生産台数	159
表7-5	重慶における創業者の経歴	160
表7-6	重慶の私企業が雇用する国有企業出身の技術者と総経理	161
表7-7	重慶における企業の年間研究開発費	162
表7-8	重慶における平均的な外注部品比率と部品サプライヤー数の変化	163
表7-9	重慶における販売先構成の変化	164
表7-10	重慶企業の生産関数の変量効果モデル推定	166
表8-1	台湾の工作機械産業における企業数，実質付加価値，総要素生産性（TFP）の推移	178
表8-2	台中における標本企業の創業時点での企業グループ別特徴	181
表8-3	台中の1990年と1999年における企業グループ別輸出パフォーマンスの比較	183
表8-4	台中の企業グループ別生産額の比較	184

表8-5	台中における企業当りの実質生産額と輸出額の決定因	188
表8-6	台中におけるNC工作機械比率の決定因（Tobit推定法）	189
表8-7	台中における工作機械の単価の決定因（変量効果モデル）	191
表8-8	温州における標本企業の創業時期，創業者の学歴と前職	195
表8-9	温州における標本企業の変化と企業規模の推移	196
表8-10	温州における技術者比率，平均部品下請企業数，販路の変化	198
表8-11	温州における新販売戦略採用企業割合の推移	200
表8-12	温州における企業グループ形成時期別の企業の特徴	200
表8-13	温州における企業タイプ別の技術者雇用比率，利潤マージン率，製品数，新販路比率の推移	201
表8-14	回帰式において期待される係数の符合（1990-95年と1995-2000年）	206
表8-15	温州における付加価値，新販路比率，利潤マージン率の決定因（1990-95年）	207
表8-16	温州における付加価値，新販路比率，利潤マージン率の決定因（1995-2000年）	208
表9-1	蘇南における標本企業の一般的特徴	219
表9-2	蘇南における経営者の特徴の地域比較	220
表9-3	蘇南における地域別および出身企業別の片面板比率の推移	221
表9-4	蘇南における地域別および出身企業別の片面板単価の推移	223
表9-5	蘇南における地域別の両面板単価，総合単価の推移	224
表9-6	蘇南における地域別の三大顧客シェア，セールスマン比率の推移	225
表9-7	総合単価上昇率関数の推定，1998-2000年と2000-2002年	228
表9-8	雇用成長率関数の推定，1998-2000年と2000-2002年	229
表9-9	台湾の標本企業数と企業規模の推移	235
表9-10	台湾における創業時期別の経営者の学歴と大陸投資のタイミング	236
表9-11	台湾における出身企業別及び創業時期別の両面板比率の推移	237
表9-12	台湾における出身企業別及び創業時期別の両面板単価の推移	238
表9-13	台湾における出身企業別及び創業時期別の多層板単価の推移	239
表9-14	台湾における出身企業別及び創業時期別の輸出比率の推移	240
表9-15	台湾における出身企業別及び創業時期別の下請比率の推移	241
表9-16	販売額成長率関数と大陸投資関数の推定，1996-1998年と1998-2000年	243
表10-1	産業の発展段階と企業の利潤関数Πの構造的変化	258
付表1	回帰分析の結果	270

図1-1	プロダクトサイクル論，雁行形態論，内生的産業発展論の図示	27
図2-1	産業発展のパターン：生産量（Q）と生産性（A）の変化	44
図3-1	関東の研究対象地域	55
図4-1	台湾の研究対象地域	75
図7-1	日本におけるオートバイ・メーカー数の推移	149

図7-2	日本における生産台数の年間成長率	149
図7-3	日本におけるエンジン性能の平均値の推移	150
図8-1	台湾における工作機械産業の実質生産額指数とNC工作機械比率の推移	175
図8-2	台湾における種類別，企業グループ別の工作機械実質輸出額の推移	185
図8-3	中国全体，温州市ならびに楽清市の一人当り実質GDP指数の変化	194
図8-4	温州における革新的企業を1とした企業タイプ別の相対付加価値額の変化	205
図8-5	製品の質の変化の認識ギャップ，利潤，企業実績への影響の図式化	205
図9-1	中国の研究対象地域	216
図9-2	台湾安培（アンペックス）社からの人材のスピンオフの系図	231
図10-1	産業発展の支援戦略	263
付図-1	XとYの散布図：勾配が緩やかでバラツキが大きい場合	269
付図-2	XとYの散布図：勾配が大きくバラツキが小さい場合	269

産業発展のルーツと戦略

―― 日中台の経験に学ぶ ――

第Ⅰ部

課題の設定

第1章

はじめに

―――――

1　今なぜ産業集積か

　いかにして新しい産業を興し発展させるかという問題は，古くから議論されてきた重要な問題であるが，決め手を欠いたまま議論が停滞している観がある。それは我が国のように高齢化が進む先進国にとっても重要である。しかし，ここでは途上国での産業発展について考えたい。途上国にとっての重大な課題は貧困問題の解決である（秋山・秋山・湊，2003）。貧困層の多くは農村に住むので，貧困の解決には農業生産性の向上が重要なように思われるかもしれない。だが，1970年代以降の「緑の革命」の経験から明らかなように，農業の生産性が大幅に向上しても雇用はあまり増えない（David and Otsuka, 1994）。食糧増産技術の改善は飢饉の予防には決定的に重要だが，それだけでは貧困から脱出できない。貧困からの脱出には，農村の貧困な労働者を活用して工業を中軸とする非農業部門を発展させ，非農業所得を増やしていくのが効果的であることが明らかになってきた（大塚・黒崎，2003）。

　それではどうすればそうした産業を発展させられるのか。われわれは，市場メカニズムが神の見えざる手に導かれて大方の経済問題を解決してくれるというアダム・スミス以来の経済学の基本的な立場に立っている。しかし，情報の非対称性や契約の不完備性などの事情から，市場が機能不全に陥りやすいことを重視している。そうかと言って政府に頼ればとてつも

なく大きな政府の失敗（Government failure）が引き起こされる恐れもある。歴史上そうした例は数多くあり，大半の途上国が経験した輸入代替工業化戦略の失敗もその一つである。そこで速水（2000）やHayami（2001）などの開発経済学は，市場がその機能を十分に発揮できるように，市場を盛り立てる草の根的な工夫に注目してきた。共同体における慣行や人間関係の組み込まれた契約などがいわゆる取引費用（Transaction cost）を引き下げたり，灌漑施設の補修などの共同作業を可能にする仕組みが解明されてきた。

共同体に頼るばかりでなく，商人も経営者も知恵を絞っている。たとえば，世界有数の電器メーカーを築いた松下幸之助翁の自伝によれば，翁は創業間もない大正時代，苦労の末に放った商品がヒットするや代理店販売方式を開始しブランドネームを確立した（松下，1986）。その一連の戦略はその後台湾でも採用され，今日の中国でも優れた経営者たちによって採用されている。それは，その戦略が最良の治療薬であるような市場の機能不全が，日台中に共通して存在したからである。そうした発展途上の経済に共通して存在し産業発展を阻害しているような市場の失敗の性格を明らかにし，そうした市場の失敗を克服するための草の根的な工夫の仕組みを明らかにすることが，開発経済学の重要な課題の一つである。そうした工夫を後押しするような政策を処方することが，この分野の研究の究極的な目標といってもよい。

そのためには，効果的に市場を補完する工夫や仕組みが生まれやすい環境とは何かを明らかにすることが重要である。産業の発展に関する限り，そのような環境としてとりわけ重要なのが，本書の事例研究の対象である「産業集積」（Industrial cluster）であるとわれわれは考えている。産業集積というのは，狭い地域に多数の企業が密集することであり，それらの企業は特定の生産活動に高度に特化して活発な企業間取引を行う。産業集積は，京浜工業地帯のように多様で大規模なものを指すこともあるし，自動車生産で有名な豊田市のようにひとつの大企業を中心として関連する多数の産業が集積している企業城下町，特定の産業の中小企業からなる「産地」，異なる産業の産地が隣り合っている集積を指すこともある（伊丹・松島・橘川，1998）。本書が特に注目するのは，中小企業を中心とし，雇

第1章　はじめに

用吸収力の強い産地的な集積である。そうした産地は，大都市の近郊だけでなく，遠くはなれた農村地域に形成されることも多い。北イタリアに散在する産地の成功はよく知られている。日本では数多くの産地の存在が経済の発展を支えてきたといわれている（通商産業省関東通商産業局，1996）。途上国でも繁栄している産地は数多く，とくに最近の中国では産地の発展がめざましい（第5章）。これらの事実は，産業集積が産業発展を促進していることを強く示唆するものといえよう。

　われわれの見解では，グローバル化の時代とは産業集積の時代でもある。後に議論するように，産業集積には多くのメリットがある。そのためグローバル化で情報やモノが自由に世界中を駆け巡るようになると，強い産地が生き残って繁栄する一方で，停滞したり，消滅してしまう産地がでてくる。逆に，そうした苦境を抜け出すために製品の品質向上に努め，それが成功して飛躍的に発展する産地もありうる。つまり，これからは国際的な産地間競争が強まり，それに勝ち残った産地が産業発展を支えるという構図が強まるであろう。したがって，工業化や産業発展について議論するためには，産業集積の議論を避けて通るわけにはいかなくなるであろう。これについては，活力のある新しい産業の台頭を期待している現在の日本経済にもあてはまる。しかし，産業が集積を形成しつつ段階的に発展する「プロセス」を解明しようという研究は，これまで行われてこなかった。この問題を掘り下げることこそ本研究の主題である。

　本書は，日本，中国，台湾の産業集積地における事例研究に基づいて，産業発展のルーツと産業集積の役割を明らかにしようという試みである。岡崎（1997）は制度分析の経済理論を用いて，明治以来の日本の産業発展の軌跡を描き出すことに成功している。われわれは同様の理論的土台の上に産業集積という視点と，産業集積についての八つの現地調査と統計学的な分析に，三カ国の比較を加えることで，われわれの歴史的視野の狭さを補いたいと思う。本書の事例研究は，独自に収集した企業レベルのデータに基づいて，技術革新と模倣，経営者の人物像，産業集積の形成過程，さらには産業発展を支える諸制度の役割とその変化を描き出そうとしている点に特徴がある。こうした事例研究を，明治以来の持続的な産業発展を経験した日本，分散した工業化に成功した台湾，制度改革を伴いつつ目覚し

く躍進する中国という経済発展の異なる段階にある三カ国の間で比較することにより、産業発展の法則性を析出し、途上国の産業を活性化する戦略を見出そうというのがこの研究全体の究極的な狙いである。

　本章の残りの部分では、第2節において地域経済学、第3節では産地論、第4節では農村工業化論、そして第5節ではプロダクトサイクル論など、産業集積と産業発展に関連の深い分野の文献を展望する。そこでは既存の研究の成果を整理するとともに、疑問点や未解明の課題を洗い出し、本研究の問題意識と位置付けを明確にしたい。第2章では、これまで無関係に展開されてきたこれらの分野の研究成果を統合しつつ、途上国の産業発展プロセスに関して新しい包括的な発展段階仮説を提示する。第3章以降は、日中台の事例研究に基づく仮説の検証にあてる。

2　地域経済学

地域経済学の基本的な問題意識の一つは、中心地と後背地であるとか、都市と農村といった地域間で産業発展の違いが生じる原因を解明することにある。さまざまな原因の中で、地域経済学が最も重視するのが「集積の経済」(Agglomeration economies) である。集積の経済とは、多くの経済主体が狭い地域に集まって活動することによって、企業の生産性が向上したり、消費者の生活が便利になることを指す。一方、開発経済学の重要な研究課題の一つは、産業の発展による所得水準の向上と所得分配の不平等を明らかにすることであり、その中には地域間格差の分析も含まれるが、それを集積という現象と結びつけて考えようとした研究は、なぜか最近までほとんどなかった。したがって、独立に展開されてきたこれらの研究を統合する意義は大きい。本節では、集積の経済に関する地域経済学の研究成果を展望し、途上国における産業発展への適用を検討する。

2-1　主要な論点

Marshall (1920, 第10章) は現実の観察に基づき、産地のメリットを有名な教科書のなかで三つにまとめている。第一は、現代の経済学者が「情報

のスピルオーバー」(漏出)効果と呼んでいるものである。産地の外では得がたい生産やマーケティングの「秘訣」を，産地ではどの企業も知っている。産地では情報が伝わりやすいのである。そのため，発明や改良は同業者たちにたちまち知れ渡り，他社の工夫の上に工夫を加えてゆくことができる。これが情報のスピルオーバーというメリットである。

　第二に，分業の発達が挙げられる。産地では原料や部品に対する需要が大きいので，それらを卸す業者や製造する生産者が現れ，同様に機械設備の修繕業者も集まる。部品の加工を請け負う業者は，需要が大きいために，高価な専用機械を導入しても採算が取れる。こうして分業と特化が発達する。この議論は，遠隔地との取引よりも，互いに近接して立地する企業同士の取引の方が容易であることを暗黙のうちに仮定している。この点を，今日の経済学では，財の輸送費が産地内の取引では節約できるからだと説明するか（たとえば Krugman, 1991），産地では取引費用を軽減しやすいからだと説明している（たとえば Becker and Murphy, 1992）。産地内で取引費用が低いのは，取引相手の素性がわかり，監視も容易であるうえに，地縁や血縁による結びつきがある場合が多いからである。

　第三のメリットは，特殊技能の労働市場が発達することである。個々の企業は無名でも，産地の名は外の世界に知られやすい。そのため，特定の産業で使われる特殊な技能を持つ労働者は，その産業の産地へ行けば仕事を見つけやすいことを知っているし，そうした技能を必要とする企業も産地に立地していれば人材を集めやすい。つまり，産地は需要と供給のマッチングを容易にしてくれるのである。生産物についても同様で，産地全体がブランドとなって知名度を上げれば，個々の企業のマーケティング活動が促進される。以上の三つのメリットは，地域が特定の産業に特化することによるものであるから，「地域特化の経済」(Localization economies) と呼ばれている。

　大都市は産地とは対照的な集積地である。産地が特定の産業とその補助産業からなるのに対して，大都市では文化的なものも含めて多様な活動が営まれているし，工業だけをとっても規模が大きい。大都市が形成されるのは，都市のスケールと多様性が何らかのメリットをもたらすからに違いないと考えられよう。それらを総称して「都市化の経済」(Urbanization economies）という。都市化の経済の存在をデータに照らして確認した実証研究は，Sveikauskas (1975) や Moomaw (1981) をはじめとして枚挙に暇がない。都市の多様性やスケールがメリットを生む理由については，まさに多様な議論がある。Romer (1986) や Lucas (1988) 等の内生的成長理論にも影響を及ぼした Jacobs (1969, 1984) の議論によれば，知識の創造や技術の革新は大都市における異業種，異分野とのアイデアの交流から生まれる。これが正しいとすれば，多くの都市を比べた場合に，経済活動が多様で大規模な都市ほど技術進歩が著しく，その結果，雇用の増加率も高いだろうと予想される。Glaeser et al. (1992) の実証分析は，この予想がアメリカの都市別データと整合的であるという結果を得ている。

　要約すると，集積地における情報の流れのよさは技術革新と模倣を活発にし[1]，輸送費や取引費用の低さは企業間分業を発達させ，集積地の知名度は技能労働市場の形成やマーケティング・コストの節約をもたらす。それによって生じる収入の増大や費用の削減を，集積地の企業は対価を支払うことなく享受している。そういう意味で，集積の経済はミクロ経済理論でいうところの「外部経済」（External economies）の性格を持っている。また，集積地の企業数が増え，各社の生産量も増大して集積全体の規模が拡大すれば，集積地のなかを行き交う情報量は増え，外の世界での知名度も上がり取引相手も増えるので，集積の経済はますます強まる。その意味で，集積には「規模の経済」（Scale economies）という性格もある。換言すれば，集積の経済とは，企業の立地が地理的に集中するために生じる「外部的な規模の経済」である[2]。しかし，集積の規模が拡大すると社会的ロスも生じる。たとえば，中心部の地代が上昇するために，労働者の居住地は郊外へ広がり，通勤コストが増大するし，道路の渋滞も生じる（Mills, 1967）。こうした混雑現象によるロスは，「集積の不経済」（Agglomeration diseconomies）であり，集積は外部不経済の性格を併せ

---

1) もちろん模倣だけが活発であれば，それは革新への誘因を下げ，産業集積の活力をそぐでしょう。しかし実際には，革新は模倣とともに新たな革新を刺激し，それがもともとの革新者にも刺激をあたえるという相互依存的な好循環が存在するように思われる。

2) 消費者にとっても，大都市では多様な財・サービスを消費できるなどの集積の経済と，都市公害などの不経済はあるが，産業の発展をテーマにしている本書では，生産面の集積の経済や不経済に注意を集中する。

持っている。

　このような集積の経済と不経済のバランスによって，どんな産業がどこに立地するかが決まるというのが，地域経済学の基本的な考え方である（とくに Henderson, 1974, 1988)。大企業の本社機能やテレビのキー・ステーションは大都市に集中しがちであり，広告代理店，保険や銀行なども大都市型の産業である。それに対して，手袋やメガネや刃物の生産は地方の産地で営まれる傾向が強い。このような棲み分けは，産業によって都市化の経済による利益が異なることと，企業が集積の経済をできるだけ享受しつつ混雑によるコストを極力避けるように立地を選択することの結果である (Henderson, 1974)。アパレル産業を例にとると，ファッション性の高い衣服の企画，デザイン，販売にとって，大都市への立地はほとんど必須であるのに対し，流行の変化が少ない作業服のメーカーにとっては，都市化の経済の恩恵は混雑コストに比べて小さい。そのため，作業服メーカーは混雑を避けつつ，地域特化の経済の恩恵を享受するために地方で産地を形成する。つまり，都市化の経済の影響が強い産業は寄り集まって大都市を形成し，それの弱い産業は中小都市を形成し，都市化の経済とは無縁という産業は遠隔地に産地を形成する。

　首都に立地するメリットは，政府が企業の活動に干渉すればするほど大きくなる。政治家や役人への陳情や許認可の申請などが，企業の経営に重大な意味を持つからである。首都への一極集中型の立地構造をもつ途上国が多いのは，政府が立地をそのように誘導していたからではなく，企業の自由な活動を規制する産業政策によるところが大きいであろう (Henderson and Kuncoro, 1996)。韓国では大企業を優先する経済政策が改められると，企業立地の地方分散化が生じたが，それは混雑コストの高いソウルにわざわざ立地するメリットが低下したからであろう (Henderson, Lee, and Lee, 2001)。

　Jacobs (1969, 1984) が論じているように，新しい製品や技術が大都市で生まれる理由は，新興産業が都市化の経済の影響を強く受けるからであろう。他方成熟産業にとっては大都市に立地するメリットは小さい。Henderson, Kuncoro, and Turner (1995) は，アメリカの都市別・産業別データを用いて，新興産業は多様でスケールの大きな都市でより速く成

長し，成熟産業はそれに特化した都市でより高い成長率を維持することを示した。これは，産業の発展段階によって集積のメリットの中身が異なり，それに応じて立地の選択も異なることを示唆しており興味深い。しかし，その変化のプロセスで具体的に何が起こっているのかを追求していない点が惜しまれる。彼らの回帰分析の結果をよく見ると，新興産業も成熟産業もそれぞれ集積地の外へ分散してゆく傾向を持っていることがわかるのだが，そのことについてはほとんど議論されていない。Kim (1995) は，アメリカの1860年から最近時点までの長期的なデータを用いて，地域特化のパターンの決定因として最も重要なのは集積の経済であることを示しているが，この長期間にアメリカの製造業の立地が著しく地方へ分散していったことについては，なぜかほとんど触れていない。このように，地域経済の実証研究は集積の経済の意義を解明している反面，産業の無かった地方に産業が生まれ発展してゆく動学的なプロセスに対する関心は弱い。

　近年の地域経済学は，とくに数理モデルの開発の面で長足の進歩を遂げている。この分野は「新しい空間経済学」とも呼ばれ，複雑適応系の経済分析を進めており，地域経済モデルの変容に分析のメスを入れている（例えば Krugman, 1996; Fujita, Krugman, and Venables, 1999; Fujita and Thisse, 2002）。新しい数理モデルは，多数の経済主体がネットワーク的に連携することを明示的にモデルに取り込み，外部経済をあらかじめ仮定するのではなく，内生的に発生するように工夫している点が特徴的である。そこでは均衡の「不決定性」(Indeterminacy) や「ロック・イン」(Lock-in) など，従来のモデルにはなかった現象が生じる本質的な理由が，外部経済にあることが示されている。

　そこで外部経済の重要性を検討するために，互いに取引する企業1と企業2が，A市とB市という二つの候補地のどちらに立地するか選択するという例を考えてみよう。2社しかないなら相談して立地を決めそうなものだが，現実の世界で他企業と立地を相談する企業は比較的少ないだろうから，各社の立地選択は独立に行われるものと仮定する。内生的に外部経済が発生するようにすると話が複雑になるので，ここでは単純に，両企業がともに同じ市に立地すると各企業の利得は大きく，異なる市に分かれて立地すると利得は小さいことにして，外部経済を表すことにしよう（表1-1）。

表 1-1 均衡の不決定性とロック・イン：
立地の組み合わせと各企業の利得[a]

		企業2の立地	
		A市	B市
企業1の立地	A市	2, 2	0.8, 0.5
	B市	0.5, 0.8	1, 1

a) 各セルの左側の数字は企業1の利得を，右側の数字は企業2の利得を表す。

　また，A市のほうがB市よりも望ましい立地であることにして，両企業がA市を選ぶと各企業の利得は2，ともにB市を選ぶと1であり，A市とB市に分かれる場合には，A市に立地した方が0.8を得て，B市に立地した方は0.5という利得を得るものとする。表1-1の各セルの中の左側の数字は企業1の利得を，右側の数字は企業2の利得を表している。

　このケースで均衡というのは，他企業が動かない限り，自社も動かないのが得策であり，互いにそうなっているために，どちらの企業も動こうとしない立地の組み合わせである。明らかに，両企業ともA市に立地することが均衡であり，また，これが最も望ましい立地である。だが，両企業がB市に立地するのもやはり均衡である。なぜならば，いずれの企業も単独でB市からA市に移ろうとはしないからである。二つの均衡が存在するのは，相手と同じ立地が有利という利得の構造になっているからである。この例から類推されるように，外部経済があると複数の均衡が生じ得ることを，新しい空間経済学はより現実的かつ一般的なモデルを用いて示している。

　伝統的な経済理論では，経済現象は消費者の「嗜好」と「資源の賦存」状態と利用可能な「技術」に還元して理解できるとしていた。表1-1の例では，それらの要因は各企業が得る利得の数字に集約されている。しかし，均衡が複数あるということは，集積地がどこにできるかはそうした要因だけでは決まらないことを意味している。換言すれば，歴史の偶然に左右される面もあるということになろう。これが均衡の不決定性と呼ばれる性質である。また，表1-1の例ではB市は明らかにA市よりも劣ってい

るが，いったんB市が集積になってしまうと，（企業が相談しないという前提の下では）どちらの企業もA市へ移ろうとしない。これはロック・インという現象の一例である。Krugman（1993）は，水上輸送と鉄道の拠点として発達したシカゴが，トラック輸送や航空機の時代になっても大集積地であり続けていることは，ロック・インの現れと解釈できるとしている。

2-2 途上国への適用

途上国では，一般に輸送費や取引費用が高く，情報の伝達が不便だから，産業が集積してこれらの障害が取り除かれることのインパクトは先進国よりも大きいと考えられる。とくに農村地域に産地ができれば，産業発展の核となるとともに，雇用の吸収という点でも大きな効果を発揮する可能性が高い。もちろん，途上国では情報と資本は著しく大都市に集中しているから，農村地域では何を生産すれば売れるのか，どのような技術が利用できるのかがわからず，資金もないので，そうたやすく産地ができるわけではない。残念ながら地域経済学は，このような問題を克服することが可能なのか，どうすれば可能になるのかについて明らかにしていない。しかし，実際に農村地域に形成され，繁栄している途上国の産地は少なくないのである。次の第3節では，そうした途上国の産地の事例研究を展望する。

　新しい空間経済学は，純粋理論に立脚している結果として，どこに集積地が形成されるかは歴史の偶然に任せている。たしかに，産地がその町ではなく隣り町に発達していたとしても全く不思議ではないというケースは多い。したがって，どこに産地ができるのかは詳しく詮索しても始まらないのだが，しかし現実には，どのような人物が産地を興すのか，あるいは情報や資本を産地へ持ち込むのか，また，どのような産業がどのような地域に産地を形成する傾向があるかといったことは産業の発展を理解するうえできわめて重要なポイントであろう。そのように具体的で，政策含意を持ち得る情報が，地域経済学には乏しいように思われる。第4節では，その溝を新しい農村工業化論の事例研究がどの程度埋めているかを検討する。

　従来の地域経済学は静学的な分析を主としていたので，産地の動学的な変容に関する実証的な研究は極めて不足している。たとえば，Marshall

(1920) が挙げた産地の三つのメリットの間の相対的な重要性が，産地の発展とともにどのように変化するのかは，まだ明らかにされていない。途上国の農村地域にできた産地が，特殊な技能を持つ多様な労働者を必要としているとは考え難い。しかし，産地が発展して，品質の高い生産物あるいは技術的に難しい生産物を手がけるようになれば，技能労働の市場が形成されることの相対的な重要性は高まるであろう。また，その相対的な重要性は，産地を取り囲む環境の変化によっても変わり得る。たとえば，技能労働者と企業のマッチングについて，「この困難は鉄道・新聞・電信の発達によって緩和されてきている」と Marshall (1920, 第10章) が述べているように，社会の情報化が進むにつれて産地の優位性は低下する傾向があるかもしれない。ただし，現代の情報化社会といえども先端的な分野では特殊技能のマッチングは複雑かつ重要な問題であり，IT 産業の集積であるシリコンバレーの最大の優位性は，優秀な人材がそこに集まっていることにあるといわれている (Krugman, 1991, 第2章；Saxenian, 1994)。

Henderson et al. (1995) が，新興産業の成長は都市化の経済に強い影響を受け，成熟産業の成長は地域特化の経済の影響を強く受けることを発見した意義は大きい。彼らの発見は，産業の発展段階によって集積の原因が変容するという仮説や，新しい産業が大都市でスタートし，成熟するにつれて地方へ移転して産地を形成するという仮説と整合的であり，国際的な生産立地の理論である Vernon (1966) のプロダクトサイクル論にも通じるものがある (本章第5節を参照)。途上国の産業発展に対して示唆するところも大きいと思われるが，先進国の新興産業が新製品の研究開発から始まるのに対して，途上国の新興産業は先進国からの技術の借用によって始まるという違いには注意を払う必要があろう。途上国でもやはり産業は大都市からスタートするのか。そうだとすれば，どのようにして立地が分散し得るのかは興味深い問題である。

3 「産地論」の新展開

新しい産地論の展開に大きな影響を与えたのは，Piore and Sabel (1984)

の『第二の産業分水嶺』と題する著書であろう。彼らによれば，所得の向上ととともに人々は多種多様な新しい商品を次々と需要するようになるが，それには従来の大量生産型の生産体制では対応できない。多品種少量生産を効率的に実現するには，手工業的伝統技術（Craftsmanship）の長所を活かしつつ柔軟な生産特化と企業間ネットワークのシステムを構築する必要がある。それに成功している代表例として，中小企業の活力をベースに成長した北イタリアの産地が言及されている[3]。また日本の下請け契約を活用する生産システムにも高い評価が与えられている[4]。

中小企業のネットワークを土台とした北イタリアの産地的発展に刺激されて，途上国における産地の役割を再検討しようとする気運が起こってきた（Schmitz and Musyck, 1994; Schmitz and Nadvi, 1999; Humphrey and Schmitz, 1996, 1998）。厳密かつ体系的な数量分析は不足しているが，異なる工程を担当する企業間の垂直的分業が産地の優位性を生んでいること，また，輸出向けの製品の品質を向上させる段階では，比較的大きな企業による部品・中間財の内製がより重要になることが明らかにされつつある。

3-1 文献の展望

産業発展の初期段階では，企業は資金力に乏しく，多くの経営上のリスクと不確実性にさらされている。産地では，難しい部品や中間財を他の企業から容易に購入することができるから，新規企業は少ない初期投資でスタートを切ることができる。また，他の企業の生産方法や製品を模倣することも容易であるから，技術や技能の水準が低い小規模の企業が創業することも可能である。そこでSchmitz and Nadvi (1999) やWeijland (1999)は，産業発展の初期段階でこそ産地のメリットがとりわけ大きいという仮説を提起しているが，厳密な検証は行っていない。また彼らの議論からは，同じ生産工程や類似の製品を生産する企業のあいだの情報のスピルオーバ

---

3) 北イタリアの産地的発展を記述した著作は多いが分析的な研究が少ない。中ではBrusco (1982) がまとまりがある。

4) 日本の下請け契約に関する文献は枚挙にいとまがないが，ここではAsanuma (1985, 1989), Kawasaki and Macmillan (1987), Patrick and Rohlen (1987), Shinohara (1968), Watanabe (1970), Whittaker (1997) をあげておきたい。

ーが重要なのか，異なる生産工程を分担する企業の垂直的取引がより重要なのかが判然としない。

低品質のアパレル製品を製造しているペルーのリマの集積地では，垂直的な企業間取引は活発ではないにもかかわらず，小規模企業のパフォーマンスがとりわけ良好であることが報告されている（Visser, 1999）。その源泉が何にあるのかは明示的に説明されていないが，デザインなどに関する新しいアイディアはまたたく間に産地内で伝播するという叙述があることからすると，情報に関する外部経済がこの産地の存立を規定しているように思われる。インドのなめし皮産業の場合には，垂直的企業間分業は活発ではないが，それでも強固な産地を形成していることから，情報の外部経済が重要な役割を果たしているものと推察される（Kennedy, 1999）。

産業発展の初期には比較的質の低い製品が国内向けに生産される。初期の低品質の製品は創意工夫によって差別化された製品ではなく，標準品である傾向が強い。こうした状況での産地の特徴の一つは，標準的な部品・原材料・中間製品の市場が発達することである。最終製品を生産する企業は，そうした市場でもっぱら価格をにらみながら原材料等を購入する。前述したリマのアパレルのケースや（Visser, 1999），国内向けに質の低い靴を製造するメキシコの製靴業のケースでは（Rabellotti, 1999），標準品の市場取引が主流であり，注文に応じた下請け契約を通じた取引は見られない。Amsden (1977) は，台湾の工作機械の集積地である台中においても，産業の発展初期には標準的な部品の取引がもっぱら非人格的な市場取引において行われていたことを報告している。

Akerlof (1970) の有名な論文がはじめて指摘したように，買い手と売り手のあいだの情報の非対称性は取引の重大な障害となる。途上国では品質保証などの制度が未発達であるため，この種の取引費用は一般に高い。しかし，品質に関する買い手の要求水準が低く，手にとって見れば欠陥の有無がたちどころに分かってしまうような単純な生産物が取引されている段階では，そのような制度はまだ必要ではない。そのため，非人格的な市場取引が盛んに行われるのであろう。そして Coase (1937) の古典的論文が指摘しているように，市場取引の費用が低ければ，企業の内部でさまざまな部品などを生産する必要が少ないので，企業の規模は一般に小さい。

しかし，製品の質が向上するにつれて，取引関係は大きく変容する。ステンレス製の手術用器具のパキスタンにおける産地では，アメリカが衛生基準を変更しその製品を輸入禁止にしたために，品質の改善を迫られることになった（Nadvi, 1999）。品質を改善するための重要な対応の一つは，優良な部品供給メーカーを選別し，それとの緊密かつ協力的で長期的な下請け関係を構築することであった。Rabellotti（1995）は製靴産業についてイタリアとメキシコの比較研究を行い，イタリア製靴業が有する国際競争力の源泉の一つは密接な長期的下請け関係にあり，それによる高品質の素材や中間財の生産にあると指摘している。また Rabellotti（1999）では，1980年代における貿易自由化の高まりの中で，メキシコでも靴製品の品質向上の気運が高まり，密接な下請け関係が構築され始めたことが報告されている。Schmitz（1995, 1999）は，ブラジルの靴の産地において製品の高品質化とともに，半製品の長期取引が重要になっていることを指摘している[5]。さらに Tewari（1999）によれば，ソ連向けの低品質のアパレルを生産していたインドの産地では，ソ連の崩壊とともに輸出先が高品質を要求する北米やヨーロッパにシフトすることになったが，そこで起こったのが中間財メーカーとの長期的取引関係の構築であった。

台湾では多くの産業が地域的に集積し，下請け制度が発達してきたことはよく知られている。Amsden（1985）は，製品の高度化とともに台湾の工作機械産業の分業化が，1970年代において驚異的なスピードで進展したと述べている。Levy（1991）は，台湾の輸出向け製靴業において下請けネットワークが発達したことを示し，Levy and Kuo（1991）は台湾のパソコン産業においても下請け取引が重要な役割を果たしていることを報告している。

これら多くの事例が一様に指摘するように，製品の質の向上とともに良質な部品や中間財が必要になると，それを共同で開発したり，継続的に取引するための密接な下請け関係が発生することは疑いのない事実であろう。つまり，標準的な低品質の製品を生産する時には産地の優位性は標準的部

---

[5] Schmitz(1995)は，製品の質を高めるために，靴メーカーの従業員の雇用契約が長期化する傾向のあることを指摘している。後述する Amsden（1985）も，台湾の工作機械産業の雇用慣行について，同様の指摘を行っている。

品市場の存在にあるが，高品質でかつブランド品のように他社の製品から差別化された製品を生産するという次の段階に到達すると，産地の優位性の源泉は半製品を供給する企業との取引を支える垂直的かつ密接な協力関係に移っていくように思われる。それとは対照的に，同業者同士のあいだの情報のスピルオーバーは，製品の高度化とともに重要性を失っていくことがいくつかの研究によって指摘されている（Rabellotti, 1999; Schmitz, 1999）。

　産地によっては生産者組合を設立し，産地の外から流入する市場や技術に関する情報が産地の企業の間で単にスピルオーバーするのに任せておくのではなく，積極的に共有し，共同で分析して組合員に供しようとする試みも行われている。組合の機能についての詳しい説明はないが，イタリアばかりでなく（Brusco, 1982），パキスタンの医療器具（Nadvi, 1999）やブラジルの靴（Schmitz, 1995）でも，組合が製品の質を向上させるうえで重要な働きをしている。

　部品や中間財の質を改善する方策として，サプライヤーと長期的な下請け関係を構築するのも一つのやり方であるが，企業間の契約だけに取引費用がかかる。特に，部品の生産が下請けから孫請けまで何層にもピラミッド型に展開しているような場合には，各企業に納期を遵守させ，部品の質を望ましい水準に維持することは容易ではない。部品の生産を徹底的に管理し，より一層質の高い部品を生産しようとするほど企業間の取引費用は大きくなるであろう。であるとすれば，企業間で分業するのに比べて企業内で部品を内製することの効率性が相対的に上昇するかもしれない（Becker and Murphy, 1992）。そうした生産体制をとるのは一般に大企業であり，製品の質の改善がはかられる時期には，大企業の優位性が高まる可能性がある。

　産地に関するいくつかの実証研究は，製品の質の改善とともに大企業の優位性が高まるという仮説を支持している。インドのアパレルやメキシコの靴の場合，高級なデザインやブランドのついた製品を海外に輸出するようになったのは大企業であった（Cawthorne, 1995; Rabellotti, 1999）。パキスタンでは，大企業が内製率を高めることによって品質の向上に成功している（Nadvi, 1999）。ただし Schmitz（1995）が報告しているブラジル

の製靴業の事例では，品質の改善とともに小規模企業の相対的優位性が高まっている。詳細は不明であるが，改善された製品が新しい標準品として確立されてしまえば，一段と高いレベルでの標準的な部品の生産が可能になり，部品市場が発達し，それによって大規模生産の優位性が崩壊するという可能性がある。先進国やその直接投資先で発展しているいわゆる部品のモジュール化とは，ここでいう標準化の一形態であり，それは通常の市場取引を通じた企業間分業を助長するものである。このように製品の高度化と標準化が交互に繰り返され，それに応じて大規模生産と小規模生産の相対的優位性が入れ替わりながら産業が発展するというプロセスが存在するのかもしれない。

3-2 産地研究の問題点

これまで展望してきた産地に関する諸研究は，産業立地の決定因や企業間取引の重要性等について有益な示唆を与えるものであるが，その結論がどこまで一般性があるかについては疑問がないわけでない。まず第一に，それらの研究は少数のサンプル企業から得られた調査の結果を用いているという傾向が指摘できる。企業調査は綿密な実証研究を行うために有効な方法であるが，サンプル数が少ない場合には結論の一般性に疑問符が付くのはやむを得ない。今後はさらに，サンプル数を拡大しながら事例研究を積み重ねていく必要があろう。

第二に，展望した文献のほとんどが厳密な統計学的数量分析を行っておらず，したがって結論のほとんどは研究者の主観的判断に基づいているという問題がある[6]。詳細な実態把握はいかなる実証研究においても重要であるが，それだけでは実証研究として不十分である。例えば，品質が改善される段階で大企業の相対的効率性が上がると主張するのであれば，中小企業に比較して利潤や総要素生産性が上昇するか，あるいは販売額の成長率が高い等の点を厳密に検証する必要があるが，それは行われていない。主観的判断にたとえ間違いがないとしても，その統計的有意性や数値的重

---

6) いくつかの論文では簡単な回帰分析を行っているが，われわれの判断では，同時方程式バイアスの問題を無視したり，関数の定式化に理論的欠陥があったりするために，手法的には様々な問題を抱えている。

要性の評価は行う必要がある。

　第三の問題は，動学的な変化の過程を無視していることにある。最近の産地研究の全体を概観して Schmitz and Nadvi（1999）は，産地研究においては「動学的な変化の過程」(Dynamic process of change) の分析が重要であると主張しているが，実際には一時点のクロスセクション分析ないし短期間の変化に関する研究が主体であり，より長期的な変化についての分析はきわめて少ない。すでに触れたように，既存の研究で言及されている品質の向上の契機は，ソ連の崩壊，貿易の自由化，アメリカからの輸入の拒絶のような外的ショックに起因するものであった。これはある意味では，一時点の調査に基づく研究の宿命的な弱点であるとも言えるが，産地研究の成果を経済発展という長期的なプロセスの分析の中に意味のある形で組み込むためには，品質の向上を促すメカニズムを経済発展の過程そのものの中に見出す必要があろう。それが出来なければ，産地の分析と経済発展の分析との間の関係は疎遠なままであり続けるであろう。

　最後に，産地論は産地の発展と地理的な要因とを関係づける分析的視点を欠いている。これまでに紹介した文献で研究対象となった産地は，大都市郊外に立地している場合もあれば，地方に立地している場合もある。それによって産地内の産業組織や企業間関係がどのように異なるか，大都市との関係はどうなっているのかという問題は掘り下げられていない。ただし，これらの文献を読み比べるとつぎのような傾向が浮かび上がる。すなわち，大都市郊外に立地していても販売先は先進国である場合が多く，その意味では生産地と市場とは隣接していない。そのためにほとんど例外なく，商社，貿易商，問屋などが原材料の仕入れや製品の販売，さらにデザインの決定や品質の検査などを行っている。これは，産地の生産者が市場情報を十分に持たないかわりに，こうした商人が市場と産地を結び付ける重要な役割を果たしているためであろう。このようにしてマーケティングを商人の手に任せることが出来るならば，小規模な企業にとって産地の魅力はいっそう高まるであろう。Krugman and Elizondo（1996）の立地論によれば，輸出向けの製品の場合には国内での立地は大きな問題でなく，遠隔地での生産も可能であるとされているが，それにはこうした商人の活躍が不可欠であろう。

22　　　　　　　　　　第Ⅰ部　課題の設定

　産地の研究は企業行動のきわめて詳細なミクロ的側面を問題にしており，その研究には具体的な事例研究が不可欠である。産地の発展プロセスをこれまで以上により厳密に理解するには，より広範な地域で多様な調査を実施し，出来る限り長期的なデータを収集し，厳密な数量分析を行った上で，実証的規則性（Empirical regularity）を発見する必要があると言うことができよう。

4　新農村工業化論

農村工業化の成功には，原料を入手したり製品を都市へ輸送するための交通インフラが整備され，効率的な通信手段が発達していることが前提条件である。農村において発展している産業は，経験的には食品加工，繊維，アパレル，機械部品などである。それらのなかには，都市の製造企業や商社と委託加工などの下請け契約を結ぶ場合が多いが，それが成立するためには，生産工程を分断することのロスが小さいことが前提条件となる。こうした条件を踏まえた上で，農村工業の発展の可能性を探るのが本節の目的である。

4-1　主要な論点

歴史的には農村工業とは，自給自足的かあるいはせいぜい近隣のローカルな市場で流通するような糸，布，食料品，木工製品などを，農家が副業として家庭内で細々と旧式の技術を用いて生産するというイメージがある。技術が停滞的でしかも所得弾力性の低い財を生産する伝統的な農村工業が，技術進歩をともなって成長する都市型の工業部門に圧倒されるのは必然である（Hymer and Resnick, 1969; Resnick, 1970; Ho, 1978, 1982）。しかし，それが農村工業のすべてというわけではない。実際，台湾や中国においては，農村に立地する比較的小規模な企業が過去20-30年にわたって経済発展の推進に重要な役割を果たしてきた（Amsden, 1985; Chinn, 1979; Ho, 1979; Otsuka, Liu, and Murakami, 1998）。そこではRanis and Stewart (1993) が指摘するように，都市や海外からの需要が大きい製品が，近代

的な生産方法によって生産されている。そうした近代的な農村工業は，その他のアジア諸国においても発展する兆しを見せている（Hayami, 1998; Hayami and Kikuchi, 2000; Parikh and Thorbecke, 1996）。問題は，どうやったらそれをより所得水準の低い途上国にも広め，軌道に乗せることができるかである。

農村工業の最大の強みが低賃金労働の存在であることは，異論をはさむ余地がない（Mead, 1984; Lanjouw and Lanjouw, 2001）。農村において非熟練労働の賃金が安いのは，農村の物価が安いこと，労働が都市へ移動するには費用がかかること，また最低賃金法のような規制が農村では機能しないからである。農村工業として適性を持つのは，この低賃金の強みが活かせる労働使用的な技術を採用する労働集約的な産業であろう。もう一つの強みは，農村で生産された原料を用いることができることである。食品加工，竹細工，木工品，絹糸の生産などの産業がこれに該当する。原料の輸送費が製品の輸送費を大きく上回る場合や，原料の鮮度が重要な食品加工の場合には，当然ではあるが農村工業は比較優位を持つ（Hayami and Kawagoe, 1993）。

しかし農村工業には弱点が多い。第一は最新の技術的知識に対するアクセスが悪いこと，第二は流行のデザインや素材などの商品情報や販路に関する情報に疎いこと，そして第三に資金力に乏しいことである。これらの弱点をカバーして低賃金の強みを活かす方法として，Ranis and Stewart（1993）をはじめとする多くの農村工業化論の専門家は，農村の企業が都市の製造企業や商社と下請け関係をむすぶことを重視している（Schmitz, 1982; Lanjouw and Lanjouw, 2001）。

都市・農村間の下請け関係には，都市にある最新の技術や市場の情報と，農村の低賃金を結び付けるという長所がある。また生産工程が分割できる場合には，Stigler(1951)の古典的論文が指摘しているように，各工程が最適規模で操業されるように企業間で分業するほうがすべての工程を一つの企業内で行うよりも生産効率が高まるかもしれない。Watanabe（1971）やMead（1984）は，それが下請け契約の発展する基本的な原因であると主張している。さらに，下請けとして操業できるのであれば，生産規模が小さくてよいから創業資金が少なくてすみ，新規参入は比較的容

易になる（Watanabe, 1970; Mead, 1984; Levy, 1991）。しかも下請け契約が委託加工のような形態をとるならば，原材料は親企業が支給するから，下請け企業の側の流動資金の必要額も少なくなる。また市場の要求するデザイン等は原材料や仕様に織り込み済みであるし，下請け企業は製品の販売について心配する必要もない。親会社は良い製品をなるべく安価に生産したいから，技術指導にも熱心である。したがって，下請け契約は農村工業が抱えている制約条件を払拭する条件を備えている。

しかしMead（1984）が指摘しているように，下請け契約にも，契約に付き物の取引費用がかかる。下請け企業がある企業と契約を結んだ後に，より魅力的な契約のオファーを受けると，最初の約束の納期を破って後者の契約を優先する誘惑に駆られる。要求された品質の水準を守らなかったり，材料費を水増し請求する危険もある。逆に元請け企業の側にも，製品の質に難くせをつけて支払いを渋る可能性がある。要するに，情報の偏在のために逆選抜，モラルハザード（甘えの行動），詐欺的行為などが発生しがちなのである（Williamson, 1985; Milgrom and Roberts, 1992）。これらの取引費用が非常に高ければ，下請け取引に依存する企業間分業システムの効率性は低くなり，垂直的統合型の大企業システムの優位性が相対的に高まる。

したがって，農村工業化を成功させる必要条件の一つは，企業間取引に伴う取引費用を引き下げることであり，その手段として，Hayami（1998）は「関係的契約関係」（Relational contracting）の構築を重視している。関係的契約関係とは，地縁や血縁をベースに長期的な人間関係を内包する契約関係のことである。契約理論では，長期契約がモラルハザードや詐欺的行為を抑制することはよく知られている（例えば，Milgrom and Roberts, 1992; Laffont and Tirole, 1993）。これに人間関係や共同体が加わることにより，裏切り的行為を犯した場合のペナルティーはさらに重いものになる（Hayami and Kawagoe, 1993; Hayami and Otsuka, 1993）。都市・農村間の下請け契約を，長期的な信頼関係によって強化することが農村地域の産地を発展に導く鍵であろう。そうした関係的契約関係がまだ築かれていない初期の段階では，都市の情報に精通している地元の商人，すなわち，産地問屋の活躍が重要であるように思われる。

4-2 主要な発見

台湾と韓国の農村工業化の長期的傾向を，センサス・データ等を用いて産業別の従業員数の変化から検討したOtsuka（2000）の研究によれば，1930年から1960年頃にかけて農村内で相対的に成長した産業は食品加工であり，対照的に木工製品やアパレルの従業員シェアは大きく減少している。これはHymer and Resnick（1969）が主張する伝統的農村工業の衰退の一例であると考えられる。興味深いことに食品加工が農村における成長産業であるという特徴は，アフリカでも観察されている（Haggblade, Hazell, and Brown, 1989）。ところが台湾と韓国では，1960年以降の高度成長期になると，農村の食品加工も国内全体で見たシェアを落としてゆく。輸送コストの低下とともに，伝統的な産品である台湾の粗糖や韓国の植物油の生産が農村から排除されてしまったものと考えられる。少なくともこうした事実と，Hymer and Resnickの議論は符合するものがある。

1970年代以降において台湾や韓国の農村で成長したのは，金属加工や部品の生産を含む機械製造業である（Otsuka, 1998, 2000）。台湾では特に農村工業の発達が著しく，統計的には1976年から1991年にかけて製造業における農村工業の従業員シェアが41％から50％へと上昇した[7]。Ranis（1995）は，それは旧来の農村工業が基礎を提供したためであると主張しているが，Otsukaの分析では産業の立地が大都市から郊外へと拡大した傾向が観察される。また韓国の場合には，もともと農村であった地域に新興の都市が建設されたという経緯がある。

中国においては1980年代から1990年代中期にかけて，農村部の郷や村の政府が所有する新興の郷鎮企業が発展した。興味深いことは，台湾や韓国の場合と同じように，機械・部品製造業が特に発展した傾向が観察されることである。これらはいずれの国の農村にとっても明らかに新しい産業である（Otsuka, 2000）。こうした近代的農村工業は，上海郊外や近郊の江蘇省や浙江省，あるいは香港に隣接する広東省のような地理的に利便性の高い地域から発展をはじめ（Otsuka, Liu, and Murakami, 1998），その後

7）ただし，Otsuka（1998, 2000）の分析はHo（1978, 1979）の分析手法を踏襲しており，大都市以外をすべて農村として固定的に扱っていることに留意しなければならない。

より広い範囲に広がっている。

　どのような人物が創業者となり，どのような契約関係を構築し，いかなる製品をどのような技術を用いて実際に生産しているかといった産業発展のミクロ的実態は，工業センサス・データからは明かではなく，その解明には事例研究が不可欠である。今のところ，そうした研究は驚くほど少ないが，例外の一つである Hayami (1998) が組織した比較研究プロジェクトには，Itoh and Tanimoto (1998) の戦前期における入間地方の綿織物業，Kikuchi (1998) のフィリピンにおけるアパレル産業，Ohno and Jirapatpimol (1998) のタイの伝統的織物業とアパレル産業，Liu and Otsuka (1998) の中国のアパレル産業，Lee and Suh (1998) の韓国における織物業の研究が含まれている。それらの研究によれば，(1)立地的には交通の便に比較的恵まれた地域で農村工業は発展する傾向があり，(2)中国を除いて企業規模は小さく従業員は数名からせいぜい数十名程度であり，(3)農村企業の経営者の中には以前に都市の企業で働いた経験がある者が多く，(4)中国を除けば経営者は例外なく地元の出身者であり，(5)委託加工に代表されるように，それらの企業は都市の企業や商人と取引契約を結ぶ傾向がある。いずれの研究もサンプル企業の数は限られており，これらの研究から一般的な結論を導くことは危険であるが，少なくとも上述の実証的ファインディングは，近代的農村工業や都市・農村間の下請け契約を重視する最近の農村工業化論の主張と整合性がある。

5　プロダクトサイクル論・雁行形態論再考

　途上国における産業発展を考えるうえで，個々の製品の生産拠点がつぎつぎに先進国から途上国へ移動するプロセスを扱った Vernon (1966) のプロダクトサイクル論や，途上国の立場から産業の導入を見た Akamatsu (1961) の雁行形態論は，有用なヒントを含んでいる。アメリカや日本の国内の産業立地の変遷を分析した研究でも，プロダクトサイクル論が議論している要因はやはり重要であることが示唆されているし (Henderson, Kuncoro, and Turner, 1995; Mano and Otsuka, 2000)，中国やアジア諸国の

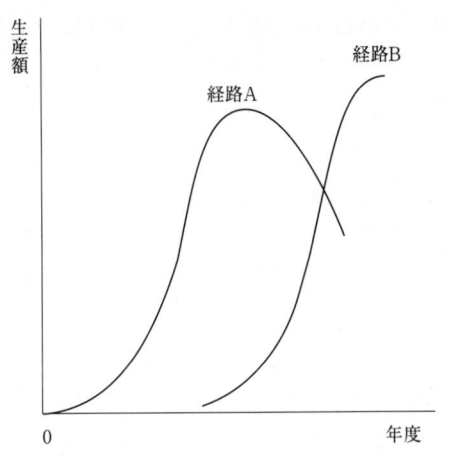

図 1-1 プロダクトサイクル論（経路 A＝ある財の先進国での生産，経路 B＝途上国での生産），雁行形態論（経路 A＝途上国での消費財の生産，経路 B＝途上国での資本財の生産），内生的産業発展論（経路 A＝標準品の途上国での生産，経路 B＝途上国での改善された製品の生産）の図示

発展を考えるうえで雁行形態論が有効であるという指摘がしばしばなされる（e.g., Lin, Cai, and Li, 1996）。これらの議論を概観し，途上国に適用するうえでの問題点を指摘しよう。

5-1 主要な論点

プロダクトサイクル論では，産業発展の三つの段階が区別されている。第一は，「新製品（New Product）の開発」段階である。新製品は，所得が高く「最先端の需要」があるアメリカなどの先進国で開発される傾向が強い。また情報技術やバイオテクノロジーに代表されるように，新製品の開発に科学者や優秀な技術者を必要とするのであれば，この傾向は一層強まる。図 1-1 の経路 A は，先進国において新しい製品が開発され生産が増大する状況を描いているが，Vernon によれば，その前半の部分が「新製品の開発」段階に対応する。この段階では試行錯誤によって製造方法の開発が行われており，手作業的な試作品の生産を通じて製品自体や生産方法

に無数の改善が加えられる。そのため，研究者や異なる技能を有した熟練工を中心とする柔軟な生産システムが要求される。

　第二段階は「標準化」(Standardization) の段階であり，製造方法がある程度確立して標準化が進む。新たな工夫の重要性は減り，最適な素材や部品が確定されてくると同時に機械化が進展する。それとともに研究者や技術者や熟練工の重要度は減少してくる。単純な作業が多くなるために，比較的熟練度の低い労働でも生産を行うことが出来るようになる。それによって製品の価格が低下し，他の国々からの需要が増大するため輸出が伸びる。さらにその傾向が強まるにつれて，生産拠点は賃金の低い他の先進国や中進国へ移動することになる。第三段階は，「成熟化」(Maturing) の段階であり，生産方法はますます単純化されるために，非熟練労働のコストが決定的に重要になる。すると生産拠点は途上国へ移動するようになる。しかし第二段階と第三段階の区別はここでの目的にとって重要ではないので，図1-1ではこれらの段階を区別せずにプロダクトサイクル論のエッセンスを示した。

　要は，生産方法の標準化が進むと労賃の高い先進国での生産が割高になるため，経路Aに沿って先進国での生産が減少に向かい，それに呼応して，その他の地域（中進国や途上国）での生産が経路Bに沿って増大するというものである。その結果，その産業を生みだした先進国はその財の輸出国から輸入国になり，その他の国は輸入国から輸出国へ脱皮する。アメリカやヨーロッパで開発された技術を導入しながら発展してきた日本の経験は，大筋としてはプロダクトサイクル論の妥当性を支持するものであろう。また日本から台湾，東南アジア，さらに中国への技術移転，あるいは子会社を通じての生産拠点の変化も，製品や製造方法の標準化と結びついており，プロダクトサイクル論と整合的である。

　このように，プロダクトサイクル論のキーワードは，製品ならびに生産方法の「標準化」である。コスト削減のための標準化が，熟練労働の必要性を低下させ，低賃金労働の重要性を増大させる結果，生産拠点の先進国から途上国への移動を促す。他方，Akamatsu (1961) の雁行形態論では，標準化の概念は登場しないかわりに，途上国側の技術導入，それに続く輸入代替，さらには輸出の増大へと進む一連のプロセスが強調される。議論

の出発点は，途上国による消費財の輸入である。輸入品が高く売れることに刺激されて，国内生産が開始され，生産経験の蓄積ともに生産性が向上し，国内生産が輸入を代替しつつ増大して，やがて輸出が開始される。消費財の国内生産の初期には，生産設備は先進国からの輸入によってまかなわれるが，やがて輸入機械を参考にした国産機械が徐々に増えてゆく。こうして消費財のみならず資本財についても，輸入代替が起こり，さらには資本財の輸出が開始されるというのが，この議論がモデルとする産業発展のパターンである。

模式的に示せば，雁行形態論では労働集約的な消費財の生産が図1-1の経路Aに沿って行われ，やがてより資本集約的な資本財の生産が開始されて経路Bに沿って生産が拡大する。Akamatsu (1961) では，幾種類かの消費財と生産財の生産が同時に図示されているが，議論の本質は図1-1のように単純化しても変わらない。この議論は，たとえば日本では明治初期に綿糸や綿布の輸入が急増したが，その後は国内生産が活発化し，やがて日本が綿製品の大輸出国になり，さらには紡織機の輸出国にまで成長したという歴史的事実と整合的である (Otsuka, Ranis, and Saxonhouse, 1988)。またわれわれの理解によれば雁行形態論が主張するように，「ミラクル」的な発展に成功した東アジアの国々はいずれも，労働集約的な消費財産業から経済発展を開始し，徐々により資本集約的な資本財産業へと中核を変化させてきた[8]。同様のことは，1978年の改革以来の中国の経済発展の経験にも当てはまると言われる (Lin, Cai, and Li, 1996)。

5-2 途上国への適用

プロダクトサイクル論や雁行形態論が，現実説明力のある議論であることに異論はないが，途上国の産業発展を理解するのには，いくつかの点で不十分である。第一に，生産拠点の国際的移動はプロダクトサイクル論が想定しているほど単純ではない。プロダクトサイクル論では，標準化された製品の標準化された生産方法がそのまま直接先進国から途上国に移転され

---

[8] ただし，東アジア諸国の発展パターンを考察したWorld Bank (1993) の研究では，共通性や規則性は見出しがたいと結論している。

ることが想定されている。多国籍企業が中心になって生産拠点の国際移動を進める場合にはその通りかもしれない。しかし，先進国の標準品は途上国にとっては高級品であり，それをそのまま生産する企業は途上国の中では伸びず，かわりに国内向けの低級品を生産する企業の方が成長著しいというケースが多い。途上国の成功例を見ると，低級品を生産していた国内企業がやがて製品を改良し，先進国の標準品のレベルに追いつくというのがパターンになっているように思われる。そうした事例は過去の日本では枚挙にいとまがないし（清川，1995；Minami et al., 1995），中国や台湾でもしばしば観察される。例えば，現在の台湾で行われているパソコンのODM あるいは OEM（発注企業のブランドによる販売）生産は，確かにアメリカや日本のパソコンメーカーの生産方式を台湾に直接移転するという側面が強いが，そうした生産が開始される以前から台湾メーカーは，国内向けや東南アジア向けに低級なパソコンを独自に生産していたのである（川上，1998）。

　第二の問題点として，プロダクトサイクル論や雁行形態論は，市場を補完する制度が未発達な産業発展の始発期をリードする企業家像や，生産組織や産業組織の構造的特徴については関心を払っていないことが挙げられる。Schumpeter (1912) によれば，経済発展とは，企業家による画期的な革新が，追随者によって模倣されながら経済全体に浸透していく創造的破壊のプロセスである。途上国において技術導入を実行する企業家は，国際的には追随者であるが，国内的には画期的な事業を立ち上げる企業家であるとみなすべきであろう。彼らの工夫があってはじめて技術導入は成功するのであり，その革新は追随者によって模倣されながら国内に浸透していく。それでは，産業発展の始発期において，革新的な企業家はどのようなプロセスから生まれ，どのようにして多数の追随者が出現するのだろうか。彼らが技術を獲得し，製品のマーケティングや部品の調達を行い，生産を組織する具体的な姿が，プロダクトサイクル論や雁行形態論では不問に付されている。

6 プロダクト・ライフサイクル論

前節で検討したプロダクトサイクル論と瓜二つの呼称だが，プロダクト・ライフサイクル論は別の流れの研究である。産業発展の初期の段階には新規企業が活発に参入するが，企業数が増大するにつれて競争は激烈になり，新規参入はやがて下火になる。さらには既存の企業の多くが淘汰の憂き目にあって退出せざるを得ない。このような参入と退出のバランスの変化の結果として，産業の企業数は急速に増大したあと徐々に減り続け，生き残った少数の企業が寡占体制を確立することが多い。これは先進国の多くの産業が共通して経験してきたパターンである。そうした例は，日本だけを見てもオートバイ（第7章），カメラ，電卓など枚挙に暇がない。プロダクト・ライフサイクルというのは，産業が新製品の開発とともに誕生してから成熟して寡占化するまでのこのような進化論的なプロセスのことである。このプロダクト・ライフサイクルを説明しようという理論モデルが，Jovanovic (1982), Hopenhayn (1992), Ericson and Pakes (1995), Klepper (1996), Pakes and Ericson (1998) などによって構築されている。

プロダクト・ライフサイクルに関する実証的な研究も盛んに行われている。産業の発展初期の段階に関しては，Abernathy, Clark, and Kantrow (1983) や Abernathy and Utterback (1978) など経営史の立場からの記述的な研究が優れている。それによれば，産業が誕生したばかりでまだ「決定版」(dominant design)ともいうべき標準的な製品が無い時期には，多数の企業がそれぞれ独自に製品を開発して産業への参入を果たす。この時期には大量生産は行われない。なぜなら，次々と優れた製品が市場に現れるので設備投資の焦点が絞れないからである。しかし，やがてアイディアが枯渇して製品開発が頭打ちになる頃，人気商品のデザインや性能が標準として定着し，標準品を大量に生産するための設備投資が活発になる。決定版が確立すると，技術陣の力の入れどころは製品開発よりも製造工程の改善へシフトする。また限られた市場で競争する限りは，量産化によっ

て企業数は減らざるを得ないから，設備投資やコスト削減競争に敗れた企業の淘汰（shake out）が生じるようになる。経済学が得意とする分析的な実証研究の多くは，アメリカやイギリスのデータを用いてこの淘汰の時代の企業の生き残り競争を中心に分析している。特に企業の生き残り確率の分析は Dunne, Roberts, and Samuelson（1988，1989）をはじめとして数多い。企業レベルのデータを用いた Greenstein and Wade（1998），Klepper and Simons（2000），Klepper（2002）などの研究によれば，企業規模が大きく，産業集積に立地し，操業年数が長いほど企業が生き残る確率は高く，プロダクト・ライフサイクルの途上に生まれた新技術を素早く取り入れる傾向がある。

　これまでの実証的な観察結果を Klepper（1996）がまとめた要約によれば，産業が誕生してから成熟するまでに，企業数はいったん増大してから減少し，製品の開発は企業数が増大する段階で最も活発であり，製品開発に最も熱心なのは新規参入企業であるといった傾向が見られる。また彼の分析によれば，企業数が増える段階に行われる技術革新は新製品の開発だけではなく，生産工程の改善も含むという。要するに，産業発展の初期に技術は進歩し，企業数も増大するというのである。たしかに，自動車産業の歴史を振り返ると，初期にはさまざまな生産者が試行錯誤を繰り返しながら新しいタイプの自動車を矢継ぎ早に打ち出しており，その当時の技術進歩が計り知れなく大きいことが分かる（Abernathy, 1978）。

　しかし，アメリカやイギリスといった先進国の経験だけに基づいて構築されたプロダクト・ライフサイクル論が，そのまま途上国にも当てはまるとは考え難い。というのも，途上国の場合にはお手本となる決定版の製品がそもそも先進国に存在し，模倣によってその低級版を生産する企業が産業のスタートを切ることが多いからである。前節でも述べたように，これは模倣といってもリスキーな試みで苦労も大きい。そうした試みが成功を収めると，それをさらに模倣しようとする企業が次々と現れて，新産業が旧産業を押しのけて次第に形を成してゆくわけであるから，これも立派な創造的破壊のプロセスといえる。しかし，製品開発などの技術革新がこの産業の創成期の重要課題ではないし，ましてや模倣の模倣によって後から参入してくる企業が製品開発の担い手である訳でもない。彼らは，いわゆ

るゾロゾロ・メーカーであって技術革新を目論んでいるわけではない。企業数がいったん増大してから減少するというプロダクト・ライフサイクル論の指摘は途上国にも当てはまるが，技術革新のタイミングについての議論は途上国には成立しないように思われる。途上国のデータを用いて途上国の産業発展プロセスを解明するという観点からのプロダクト・ライフサイクル論的な実証分析はこれまでほとんど行われてこなかった。

7 ま と め

　最後にこれまでの議論を要約しておこう。(1)「地域経済学」は，集積の利益の重要性を指摘し経済学的研究に大きく貢献したが，その役割を産業発展のプロセスの中で評価していないという限界がある。(2)「産地論」は，途上国における産地の潜在的重要性を描き出したという貢献がある一方で，厳密な実証研究が不足している。(3)「新農村工業化論」は，農村工業が都市の企業や商人との下請け契約を利用して成長しているという興味深い事実を提示しているが，体系的な分析には欠けている。(4)「プロダクトサイクル論」は，製品や製造方法の標準化が低賃金地域への産業の立地移動を促す重要な要因であることを明らかにしたという貢献はあるが，先進国へのキャッチアップを目指す途上国の産業発展論・産業立地論にはなっていないのではないかという疑問が残る。(5)「プロダクト・ライフサイクル論」は，企業数が増大する局面と減少する局面によって産業の発展段階を分類し，発展段階によって技術革新の内容が内生的に変化することを理論と実証の両面から示しているが，途上国の実態とはかけ離れている。

　要するに，産業集積と産業発展については，別の角度から異なる分野の研究者達が独自の研究を展開してきた感が強い。しかも，途上国における産業発展の担い手の変化，産業の高度化にともなう生産組織や企業間関係の変化，市場制度の発展，さらに産業立地の変化について厳密な実証研究はほとんど行われてこなかった。これからは体系的な理論的アプローチを構築し，以上で指摘したような諸課題について地道な実証分析を積み重ねていく必要があろう。

第2章

日中台の産業発展モデル

シリコンバレーを持ち出すまでもなく，世界的に随所で産業集積が形成されつつある。そもそも伝統的に日本や台湾のような東アジア経済では，経済発展の過程において産業集積が重要な役割を果たしてきた。またわれわれ自身の観察によれば，世界の工場と化した現在の中国においても，すさまじい勢いで産業集積が形成されつつある（第5章参照）。こうした現象は，「集積の経済」が産業発展を促進していることを強く示唆するものである。そうであるとすれば，産業発展のメカニズムを理解するためには，産業集積の役割について解明する必要があろう。

しかし奇妙なことに，最近の地域経済学の研究が「集積の経済」の意義について解明を図っている一方で，経済発展論は集積の経済についてほとんど注意を払っていない。他方，地域経済学では，集積の形成過程に関心を抱く反面，集積の内部で展開される革新の創造プロセスや，それにともなう集積の利益の変容過程のような動学的な産業発展のプロセスには関心を示していない[1]。

本書の究極的な目的は，産業集積の形成過程を経済発展論の立場から究明し，それを経済発展論における重要な課題として位置付けることにある。そのためには，どのような時期にどのような産業で地理的集中や拡散が起こるかを明らかにするとともに，どのような理由によって産業集積が形成され，それがどのように発展していくのかという基本的なメカニズムを解

---

1) 例外的に，Fujita and Mori (1999) は集積の経済と産業の雁行形態的発展の関係について考察している。また，経済地理学的なアプローチ全般に関しては，Fujita, Krugman and Venables (1999), Fujita and Thisse (2002) が詳しい。

明することが不可欠であろう。

1　産業発展の共通性と異質性

本書では，産業の誕生から成熟までのプロセスには内生的に展開していく制度的変革の過程があり，しかも産業間や日中台の間に非常に強い同質性があることを，産業集積と産業発展の事例研究をベースにしながら示してみたい。とは言っても，事例研究の対象としたのはわずかに八つの産業に過ぎず，また事例研究の中に韓国は含まれていない。また，個別産業の発展過程を企業レベルの調査に基づいて研究した文献は数少なく，本書の主張を既存の文献を通じて補強することも容易ではない。したがって，東アジアに共通する「東アジア型」の「産業発展モデル」が存在するという本書の主張は，本書が検証している「仮説」というよりはむしろ，本書が事例研究を通じてようやく提起する段階まで到達した「仮説」であると理解すべきかもしれない。

　「産業発展モデル」の特徴を理解することが，産業発展を政策的に促進するうえで決定的に重要であることは強調しておきたい。もし産業発展にそうした共通のモデル的構造がなければ，あるいはそうした構造について無知であれば，先の展開を読みつつ産業の発展を後押しするような産業振興策を企画することは出来ない。換言すれば，産業発展モデルを解明できないのであれば，経済学は産業発展の促進に対して無力であると言っても過言ではない。

　しかしわれわれは，そうした悲観的な立場をとるものではない。現地調査から得られた結論は，産業発展のパターンの驚くほどの類似性であり，共通性である。またたとえ異質性があったとしても，それは理解できる異質性であり，共通性に通じるものである。本書に貢献があるとすれば，たとえ荒削りであっても「東アジア型産業発展モデル」の存在を予感させるのに十分な証拠を提出していることにあるのではないかと思う。またわれわれは，東アジアに共通する特徴は何かをより明らかにするために，東南アジアやアフリカで産業集積の調査を開始しつつあり，将来的には南アジ

アでの調査も予定している[2]。

2　産業集積の研究対象

　本書で展開する事例研究には三つの特徴がある。第一は，特定の産業を選択し，独自に収集した企業レベルのデータを分析に用いていることである。異なる産業に属する企業間のパフォーマンスを比較することは困難である。また統計書に記載されているレベルのデータからは，企業の行動パターンを肌で感じ取ることはできない。特定の産業に焦点を絞ることによって，企業間の生産性格差を厳密に比較することが可能になり，革新的企業や模倣的企業の行動を理解することができるようになる。

　第二に，産業の誕生から成長，そして成熟へという長期にわたる産業発展の軌跡を解明しようとしていることがあげられる。データ上の制約は強いが，この研究では出来る限り長期の発展パターンを究明することによって，技術革新と模倣，経営者の教育水準，産業集積の形成，さらには産業発展を支える諸制度の役割とその変化を，丹念に描き出したいと考えている。

　第三の特徴は，同一産業について日中間，あるいは台中間の比較分析を行っていることである。社会的・経済的・政治的環境の異なる状況下における同一産業の発展の同質性と異質性を解明することによって，産業発展の法則性を析出しようというのがこの比較分析の狙いである。

　ところで第1章で検討したように，Marshall (1920) 以来の情報のスピルオーバーに関する議論では，生産に関する企業間の技術情報のスピルオーバーに関心が集中していた傾向がある。その重要性は否定すべくもないが，市場情報に関するスピルオーバーの重要性については余りにも軽視されてきた感がある。産業は一般に，生産物を消費する市場から離れた場所で集積する。そのため市場情報を産業集積地に的確に伝える商業的活動や，逆に製品に関する情報を集積地から市場に伝達する活動が重要になる。

　2）　具体的には，フィリピンの製靴とアパレル，ケニアのアパレル，エチオピアの製靴産業，ガーナの自動車修理・部品産業について実証研究を行いつつある。

市場情報は産業の集積地に集まっており，情報を伝えるシステムも集積地で整備される。実際に集積地においては商人の活発な活動や，原材料や製品の市場の発達がしばしば観察される。こうした状況のもとで，どのような製品に対してどのような地域で旺盛な需要があるかといった市場情報は，集積地内で製造を行う企業にスピルオーバーしていくのである。

　Marshall が指摘したように，集積内で分業の発達というメリットが発生するのは，取引する企業同士が地理的に近接しているために輸送費が節約されるからでもあるが，同時にさまざまな取引費用も節約されるからである。たとえば，取引相手が約束を破らないようにモニターするのが容易であったり，不正行為をすれば悪評がまたたく間に同業者中に知れ渡ってしまうためにルールを遵守せざるを得ないことがあげられる。また，集積地を形成する個々の企業は無名でも，集積地の地名が一つのブランドネームとして広く知られるようになり，それによって販路の開拓や原材料のサーチコストが低くなるという意味での取引費用の節約もある。日本の各地にある「産地」とは，そうした機能を内包する産業集積の好例であろう。既存の産業集積の文献では，部品を生産する企業と最終製品を製造する企業との企業間分業ばかりが問題にされてきたが，取引費用に関する上述の議論は生産に従事する企業とマーケティングに従事する企業との間の分業や取引にもあてはまる。要するに，これまでの産業集積に関する研究では，取引費用の重要性について十分な考察が行われてこなかったように思われる。

　こうした問題意識を持って，これまで産業集積に関する事例研究を行ってきた。表2-1には，研究対象としている日中台の事例を列挙してある。中国の事例が多いが，これは現在の中国経済で急速に新しい産業が集積を形成しながら成長しているという理由が大きい[3]。

　アパレル産業については，戦後に形成された広島県備後地方の作業衣の産地と，上海の西約220km にある浙江省湖州市織里鎮の子供服の産地を比較研究の対象とした。アパレルの生産はミシン一つあれば可能であり，

---

[3]　中国経済は急速に自由経済化しており，相対的に縮小を続ける国有部門を除けば社会主義的制度は姿を消しつつある。数少ない例外が市町村レベルの行政組織の企業管理の建前であり，そのお陰でそうした組織と連携することで，現段階では企業調査を実施することができた。しかしそうした調査のやり方もやがて困難になるであろう。

表 2-1　事例研究の対象と類型

国および地域	産業	類型
日本：		
備後（広島県）	アパレル	商人主導
浜松，東京等	オートバイ	技術者主導
台湾：		
台中	工作機械	技術者主導
桃園（北部）	プリント基板	技術者主導
中国：		
織里（浙江省）	アパレル	商人主導
温州（浙江省）	弱電機器	商人主導
重慶	オートバイ	技術者主導
昆山，蘇州，常州（江蘇省）	プリント基板	商人主導

技術的には容易である。しかしこの産業の経営の決め手は製品のマーケティングの能力にあり，消費者が望むデザインと品質を備えた衣服を生産するためには的確な市場情報の入手が欠かせない。興味深いことに両産地ともに流通に精通した商人出身の経営者がきわめて多い。本書では，こうした発展を「商人主導型発展」と呼ぶことにしたい。

　生産技術がより複雑な産業の代表として，オートバイ産業を選んだ。オートバイ産業は日本の高度成長期に急速に成長した産業であり，現在中国で急速に成長している産業である。日本については様々な2次資料から企業レベルのデータを収集し，中国では代表的な集積地である重慶において企業調査を実施してデータを収集した。この産業は，活発な企業参入のあとに技術革新が起こり，その後，急激な企業の退出が起こるという特徴がある。また，技術者がその発展に重要な役割を果たしたことが特筆される。そこでこうした発展を「技術者主導型発展」と呼ぶ。尾高（2000）が明治期の日本について詳細に研究しているように，経験で技能を身に付けた「職工」と，教育を受けて技術を理解している「Engineer」では，産業発展における役割がかなり異なるかもしれない。本書ではそうした区別はしていないが，機械産業等では，後に述べる「始発期」や「量的拡大期」では職工的な人物が重要な役割を果たし，「質的向上期」ではEngineerが重要になるように思われる。

　機械産業の代表として，台中の工作機械産業の集積と，温州（上海の南

約250km）の弱電機器産業を選んだ。前者は成熟段階に近づきつつある産業集積であるが，「30分歩けばすべての部品が調達できる」というほどの濃密な集積として著名である。後者は中国としては早くから私企業中心で発達した集積であり，「農家の土間から生産を始め」，今では数千人規模の大企業を含む大集積地に発展したことで有名である。台中では技術者が経営者として起業するというパターンが観察されたが，温州では地元の商人が起業を行った。そもそも温州の発展の端緒は，貧しく辺鄙な農村地域の農家の内職で作られた服や履物などの家庭用品を，商人たちが全国で行商したことにある。弱電産業もそもそもは農民が修理部品を生産したことから始まり，その後に参入した商人達が，新しい販売戦略の導入などの商人的な知恵でその後の発展を支えたという特徴がある。つまり温州の弱電機器の場合には，きわめて簡単な製品から生産を開始したという経緯があり，アパレルほどではないものの，どちらかと言えば技術よりもマーケティングに産業発展の隘路があったものと思われる[4]。

　もう一つ，技術者主導型の産業を想定して台湾と中国（江蘇省）のプリント配線板産業を選んだ。これは家電産業，パソコン産業，携帯電話産業にとってのいわゆるサポーティングインダストリーであり，中国や東南アジアにおける電機や電子関係の日系合弁企業の採算を左右するといわれる代表的な産業である。台湾の場合には1970年代に創設されたアメリカ系の合弁企業から技術者が次々とスピンオフし，細胞が分裂するように新規参入が起こった。中国の場合は広東省に家電向けの一大集積地があるが，江蘇省にはパソコン向けから家電向けまで三つの異質な私企業中心の集積地が存在する。蘇州市の上海市に隣接する昆山地域ではパソコン向けの多層板がかなり生産され，同市の西側では家電向けの単純な片面板が生産され，上海から160km西に離れた常州市では家電向けの片面板や両面版が生産されている。興味深いことは，経営者のほとんどが国有企業や町営や村営の郷鎮企業の販売部門出身者で占められていることである。これは予想外の出来事であったが，その原因としては，中国ではマーケティング部門が

4）温州には弱電製品の他に，製靴，服装，ボタン，ライターなど，別々の場所に異なる産業集積がある。

弱いこと，また簡単な製品から生産を開始しているために技術的な知識の重要性が低いことがあげられよう[5]。

こうした産業集積の事例研究を実施するにあたっては，10日間から14日間程度の予備調査を一，二回実施し，発展の本質的部分を出来る限り耳から把握することに努力した。そこで学んだ事実を経済学的に解釈し，仮説を構築し，その仮説を検証するためにコンパクトな質問表を用意して本調査を行った[6]。したがって，本調査を実施する段階ではかなり正確に実態を把握していたつもりである。こうした作業を通じて得られた最大の成果は，様々な産業の発展パターンに大きな類似性があることを見出したことである。まだそのプロセスを厳密に説明できるような理論モデルの構築には至っていないが，発展プロセスには「内生的な」変化をともなう共通項の多い段階的な発展があるというのが，これまでの結論である。

3　内生的産業発展論

われわれが考えている「内生的産業発展論」の概要は，表2-2に模式的に示してあるが，以下では段階を追ってその特徴を説明しよう。

〈始発期〉　日本をはじめとする東アジア経済の産業の発展は，海外にある技術の模倣から開始されることが多い。しかし模倣といっても技術をそのまま真似するのではなく，その土地で容易に雇用できる技術者や入手できる原材料を利用し，かつ一般に熟練度の低い労働者を雇用して生産を開始するのであるから，幾多の工夫が必要となる[7]。技術的にはたとえ幼稚であっても，経済発展に与える甚大なインパクトを考えれば，この模倣は

---

[5]　北京市の中関村におけるITソフトの産業集積も研究対象に加えることを試みたが，企業が調査を拒否することが多く断念せざるを得なかった。この産業集積では，北京大学や清華大学のような中国を代表する大学や，国立の研究所の科学者が企業経営に参加しその発展に大きな貢献をしてきたという特徴がある。しかしながら，こうしたハイテク産業でも科学者に加えて商人の協力が看過できない働きをしたことは指摘しておきたい。

[6]　ただし本調査は現地の機関に依頼した。

[7]　例えば明治期の日本の綿紡績業における模倣的技術導入のプロセスでは，数多くの改善が加えられた。これについてはOtsuka, Ranis, and Saxonhouse（1988）参照。

表 2-2　内生的産業発展論の概要

発展段階	企業家の出自	企業家の学歴	技術革新と模倣	制度と立地
始発期	商　人 技術者	低学歴	外国技術の模倣	農　村 都市近郊 都　市
量的拡大期	同業者からのスピンオフ	混　在	参入企業による模倣をベースとした量的発展。利潤率の減少と生産性の緩慢な上昇ないしは低下	低品質の標準品の生産、市場取引の拡大、農村や都市近郊で産業集積の形成
質的向上期	始発期の創始者の二代目、経営や技術を外部で学んだ革新者	高等教育	技術革新による製品の質的な向上。非効率な企業の退出、利潤率の回復、生産性の急上昇	ブランドの確立、直接販売の隆盛、吸収合併、長期下請け契約による企業間分業の発展

Schumpeter 的な「革新」の中に含められるべきであると思う。都市で海外の技術の模倣がまず起こり、それが地方でさらに模倣されるというケースもある。前章の第5節でみた図1-1でいえば、「始発期」は経路Aの出だしの部分に相当する。

日本のアパレルの場合であれば、リバース・エンジニアリングさながらに市販されていた服をバラバラにし、アイロンをかけてパーツの型取りから試作を始めたという。台湾の工作機械産業では、アメリカのブリッジポート市にある企業のフライス盤を徹底的に模倣し、やや粗悪な「ブリッジポート」と称する製品を多くの企業が製造するようになった。中国のオートバイの場合には日本製品の模倣が発展の土台であり、「本田式」、「鈴木式」等と称して日本製品を真似できることを宣伝文句に取り入れている企業が多い。しかし本家の日本のオートバイ産業でも、かつてはドイツ製やアメリカ製のオートバイを徹底的に模倣したといわれている。他の産業の場合も初期の状況は似かよっている。

これが始発期の特徴であり、完璧な模倣は困難であるために製品の質は悪い。温州などは、その製品が粗悪品の代名詞になったほどである。しかし国民の所得が低く質の低い製品に対する需要があることは、産業の誕生には決定的に有利な条件である。もし品質の悪い製品に対する需要がなければ、低所得国で新しい産業を起こすことはきわめて困難になろう。

製造は技術的に容易であるが，マーケティングが難しいような産業の場合には，商人が起業し企業家の役割を担う傾向が強い。その代表はアパレルである。このタイプの商人主導型の発展が起こるためには，もともと商人が存在するような環境が必要である。備後のアパレル産業の発展を起こしたのは戦前から備後絣を扱っていた地元の商人たちであり，中国の織里の発展を支えたのは農家の主婦が内職して作った枕カバーなどの雑貨を1970年代から全国に販売していた地元の商人たちであった。彼らは，都市におけるアパレル市場の貴重な情報をいち早く察知し，それを賃金の低い地元の農村に持ち込んだ。温州の弱電産業の場合も，商人主導のもとで原始的な機器の修理から始まり，その後簡単なスイッチのような製品の生産が開始されたという経緯がある。商人が持ち込む市場情報はスピルオーバーすることによって起業を促し，産業集積の形成を促す。しかしながら，産業集積に関する既存の文献では，スピルオーバーといえば技術情報についてのことであると暗黙のうちに了解されていて，市場情報のスピルオーバーの効果の重要性が認識されることはなかった。

　生産は簡単であるから，賃金が安い農村に産業集積が生まれる傾向が強い。しかしだからといって遠隔地の農村が選ばれることは少ない。なぜならば，都市との距離が離れると急激に市場情報の伝達にコストがかかるようになるからである。ラフに言えば，ある程度便利でなおかつ「農業では食えない」，つまり農業に比較優位がないような場所が集積地として選ばれる傾向があるように思われる。この点では，産業革命前のヨーロッパや戦前の日本における「プロト工業化」時代の産業発展に通じるものがある（斉藤，1985）。

　オートバイ，工作機械，プリント配線板に代表されるような，より生産工程が複雑な産業の場合には関連する産業の技術者が企業家の役割を担う傾向が強い。例えば機械関係の技術者が台湾の工作機械産業の創始者達であり，軍需トラックの生産に携わった技術者が中国の重慶のオートバイ産業の発展を牽引した。これらの産業は，技術者や熟練労働者が都市に集まっていること，必要な部品が都市において調達しやすいことから，都市またはその近郊でその発展が開始される傾向がある。このタイプの発展は「技術者主導」が特徴である。ちなみに1980年代の中国における町営，村営型の郷鎮企業の発展には，都市にある国有企業の技術者が大きく貢献し

た（大塚他，1995；Otsuka et al., 1998)[8]。そうしたタイプの発展は，有力な国有企業があった上海，蘇州，無錫，南京等の大都市の郊外でみられたのであり，それは「蘇南」モデルとして知られるようになった。明治期の日本でも，学歴の低い職工が機械産業等の発展で主導的な役割を果たしたことが報告されている（尾高，2000)。

ただし，部品の修理から開始された温州の弱電や，片面版のような簡単な製品から出発した中国のプリント配線板産業のような場合には，商人主導で起業が行われた。その場合，創業者は技術者や熟練工を他の企業から引き抜いたことは言うまでもない。この背景には，中国では取引のルールが明確でないために「信頼できる」セールスマンの価値が高いという特殊な事情があるように思われる。その証拠に，独立系のセールスマンや企業の販売部門の担当者には高所得者が多く，彼らは自己資金で起業することが多い。

われわれが分析対象とした産業において発展の初期に活躍した起業家は，特に高い教育を受けた人物ではなかった。この時期に大事な人的資本の中味は，学校で学ぶような一般的な知識ではなく，経験から獲得した市場情報や経験から得た技術的知識であったものと思われる。また資金源としては，自己資金プラス親戚や友人からの支援が圧倒的に重要であった。

〈量的拡大期〉　始発期の経緯が産業によって異なるのに対して，それに続く「量的拡大期」には産業間でより顕著な共通性がある。始発期に低品質の製品の製造方法が確立されたのを受けて，それを模倣する新規参入企業が続出するのがこの時期である。それを先導するのが，始発期に創業した企業に勤務していた労働者や技術者であり，スピンオフした企業家群である。彼らは類似の製品を模倣して生産するために，低品質の「標準品」が集積地の内部で大量に出回るようになる。標準品であるから，標準的な原材料や部品を必要としており，教科書的な意味での非人格的なインプットの「市場」が発達する。同様に，類似の製品を販売する製品の「市場」が発達するようになる[9]。そしてひとたび市場が発展すると，材料の調達

---

8) 温州や重慶における私企業の発展の場合にも，国有企業の技術者を通じた技術の移転は重要であった。
9) 「市場」は「しじょう」と読むべきであるが，実際の取引は売り手と買い手が集まる「いちば」(Marketplace) で行われていることが多い。

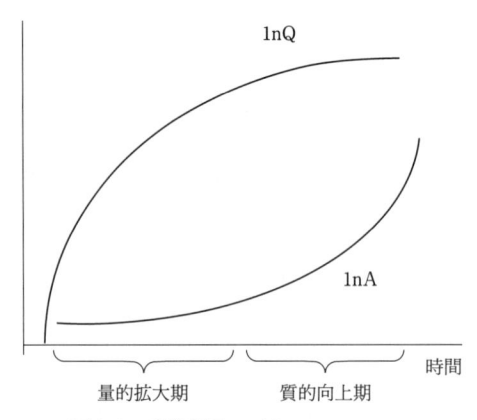

図 2-1 産業発展のパターン：
生産量(Q)と生産性(A)の変化

も製品の販売も簡単になるから新規参入はますます容易になり，産業全体の生産量は飛躍的に伸びるようになる。つまりここでは，「市場取引」システムの発展が産業集積を発展させる原動力となる。しかしこの市場取引システムが集中することの利点についても，既存の産業集積の研究では注意が払われてこなかった。

この段階において産業全体の生産量は図1-1の経路Aに沿って急速に増大し，工場が密集して産業集積らしい様相を呈するようになる。しかし生産が増大する一方で，生産性の向上はほとんどない。なぜならば，基本的には生産は模倣によって水平的に拡大するばかりだからである。それに加えて，新規参入企業の経営者能力や技術力は，老舗の企業のそれに比して劣る傾向があるために，産業全体の総要素生産性は低下する傾向すらある。こうした状況では，企業間競争の激化とともに利潤率が減少していく。経営者とのインタビューによれば，昭和40年代の備後やつい最近までの織里では，売れ筋の製品が新しく販売されると3〜4日のうちに他の多くの生産者に真似されてしまったとのことである。

図2-1に模式的に示したように，量的拡大期には生産量は増大するが生産効率は停滞する。なおこの図の縦軸は対数目盛りで測られていて，曲線の傾きが生産量や生産性の上昇率を示していると解釈していただきたい。

量的拡大期に参入を果たす企業家群は模倣者であり，一般に教育水準は

高くない。織里では1980年代に参入した企業の経営者の半数以上が教育水準の低い農民達であった。台湾の工作機械産業において1968年以前に創業したパイオニア的7社の創業者のうち5人は小学校卒業であったが，そこからスピンオフした模倣的企業24社の経営者は高卒が主体であった。備後の場合で言えば，量的な拡大が重要であった1968年や1977年においては，経営者の学歴は平均で10年程度であった。量的拡大期においては，始発期と比較して生産と販売両面において特に高い経営能力を要求されることはなく，教育のある経営者の生産性向上への貢献は決して高いものでなかったと推察される。

　しかし生産性の向上なき発展は，Krugman（1994）が想定したような産業発展の停滞ではなく，技術革新を誘発し，製品の質をめぐって展開される「質的向上期」の呼び水となる。なぜならば，単純な製品の生産では採算が取れないことが明らかになった状況において，経営能力の高い企業家がシュムペーター的な「革新」を志向するようになるからである。つまりわれわれの見解では，追随者の参入による利潤の減少が革新の契機となっている。もう一つ見落としてならないことは，量的拡大期の末期には部品メーカーや地元の商人の層が厚くなり，かつ経験によって実力を向上させていることである。こうしたメーカーや商人をうまく活用して，新しく下請け制度を構築したり，製品の販売ネットワークを作り上げるような「革新」の機会も広がってくる。

　〈質的向上期〉　この段階では技術革新によって製品の質が向上するとともに，技術革新競争の結果として製品の差別化が起こる。図1-1が示すように，標準品の生産が減少し，代わりに，各企業が改善の工夫を凝らした製品の生産が急速に増大するのである。それとともに，企業や製品に特殊的な新しい部品や原材料の確保，新しい製造方法の開発，ブランドの確立，そうしたブランド製品の系列小売店等での直接販売等，多岐にわたる分野での「革新」が重要になる。そのために，革新能力のない企業は業績が悪化し退出を余儀なくされる。その典型は，量的拡大期に参入した日本のオートバイ産業の模倣的企業群である（第7章参照）。この段階では多面的な革新によって存続企業の生産性は向上し，利潤率も増大する[10]。他方，産業全体の生産性は非効率な企業の退出とあいまって大きく上昇しは

じめる（図2-1）。

　経済全体の発展は，一人当たりの所得の向上を通じて質の高い製品への需要を高め，質的向上期への移行を刺激する。ただし，そうした需要構造の変化は特定の産業の発展の結果としておこるものではなく，産業にとって「内生的」な変化ではない。そのため，本研究の分析ではこうした需要構造の変化は与件として扱うことにしたい。

　重要な制度的な変化として，差別化された製品の生産を効率的に行うように，長期下請け契約による部品の注文生産が活発化することが挙げられる。その取引費用を節約するために，関連する部品や製品を生産する企業群が地理的に集積する傾向が強まる。このことは，台湾の工作機械，温州の弱電機器，重慶のオートバイ等で明確に観察される。

　またブランドの確立は販売面での優位性を企業に付与し，それに失敗した企業と成功した企業でパフォーマンスに大きな格差が発生する。そして前者は退出したり（日本のオートバイ，台湾のプリント配線板），後者に吸収合併されてしまう傾向が生まれる（温州の弱電）。直営店の開設，系列店の開拓も質的向上期の大きな特徴であり，量的拡大期に重要な役割を果たした「市場取引」は重要性を失っていく。なぜならば非人格的な市場取引は，有名な Akerlof（1970）の中古車の例を引きあいに出すまでもなく，質の異なる製品を取引するのには不向きだからである[11]。換言すれば，質的向上期にはブランドをめぐる企業間競争が産業集積の発展に重要な役割を果たす。

　この段階に入ると，経営者の教育水準は決定的に重要な役割を果たすようになる。1980年代中期以降，備後産地において教育のある経営者は積極的に直接販売に乗り出し，海外（特に中国）での生産を増大させることによって，売上を高めていった。同様に織里でも教育水準の高い経営者は，1990年代後半に製品の差別化を進め，直接販売の比率を高めていった。台湾の工作機械産業では1990年代において大卒の経営者が積極的にコンピュ

　10）　製品の質の向上があるために，生産性の上昇を実際に計測することは容易ではない。ここで言う生産性とは，効率性を意味する概念であると理解していただきたい。
　11）　これは，質に関する情報の非対称性が存在するために，ニセモノが横行し，質の高い製品と見分けがつかなくなって市場取引自体が成立しなくなってしまうからである。

ータ制御の NC 製品の開発と製造に取り組み，生産性を高めることに成功した。温州の弱電機器では，教育のある経営者は直接販売の比率を高め，生産性を向上させながら企業規模の拡大を図った。なお質的向上期では，一般従業員の平均教育年数や技術者の比率等，労働者の人的資本の代理変数も企業のパフォーマンスに重大な影響を与えるようになる。

要するに，質的向上期には生産技術，生産組織，販売方法等，多面的な革新の重要性が高まり，そこにおいて経営者の教育が決定的に重要な役割を果たすようになるのである。こうした経営者は始発期の創業者の二代目であったり，経営や技術に関する知識を大学で学んだあと異業種の企業でさらに経験を積んだ企業家であったりする。

4　分析のスコープ

Vernon (1966) のプロダクトサイクル論によれば，先進国でまず新製品の開発と製造方法の確立の過程があり，そのあとで製品と製造方法の標準化の過程が続き，やがて非熟練労働者でも生産ができるようになると，生産拠点が賃金の低い発展途上国に移転されるようになる。試行錯誤をともなう新産業の発展の初期段階では，教育水準の高い科学者や技術者，そしておそらく教育水準の高い経営者が産業の発展に大きく貢献するものと思われる。しかし標準的な技術を導入する途上国の側では，試行錯誤を繰り返しながら技術導入を行うのは教育水準の高い企業家ではない。少なくとも Hayami (2001) の言う「目に見える技術」や「手で触って分かるような技術」を導入するのは，経験が豊富な技術者や市場の動向に敏感な商人達である。

われわれの主張は，始発期に確立される単純な技術は模倣が容易であるために，大量の新規企業の参入を誘発し，その結果として利潤率の低下を招いてしまうというものである。その段階において，教育水準の高い企業家が Schumpeter 的な「革新」を起こし，非革新的な企業の退出を促し，産業全体の生産効率の向上に貢献することになる。もちろんその背景には，始発期や量的拡大期に蓄積した経験や，部品産業，流通業の発展も重要な

役割を果たすであろう。しかしそれ以上に，一般的な知識としての教育が重要な役割を果たすようになる。またここでいう「革新」とは，台湾の工作機械におけるNC機の導入に示されているように，先進的技術のより本格的な「模倣」をともなうことが多い。

　もしわれわれの議論が正しいとすれば，産業集積の大きなメリットの一つは，市場情報のスピルオーバーや広い意味での市場システムの構築にある。企業が設立されて発展するためには，技術や経営に関する知識だけでは不十分であり，市場情報へのアクセスが不可欠である。特にこの傾向は産業の始発期において強い。実際問題としてこの点を考慮することなしには，産業発展の初期において商人の起業が多いことを説明することは困難であろう。また商人は，量的拡大期において投入要素や生産物の市場を創設することによって産業集積の形成を支えるという役割を果たす。この市場の役割を無視しては，量的拡大期における多数の企業の参入を説明することは困難である。さらに質的向上期には，ブランドや直接販売システムの確立が，産業集積の中での企業間競争の成否を左右するようになる。ここでもまた，製品の質をめぐる市場情報システムの構築が重要な役割を果たしている。要するにわれわれの研究は，市場情報の不完全性を克服するシステムとしての産業集積の意義と，産業集積を通じて産業発展を促進するうえでの「商人」の役割の重要性を示唆するものである。

　以下「第II部」（産業立地と産業発展）では，産業集積の事例研究の成果を検討する前に，産業集積の形成と産業発展の関係を把握するために市町村レベルのデータを用いた分析を行う。産業集積に関するこれまでの実証分析では，クロスセクションデータを用いて特定の産業の特定の期間における雇用の成長を説明するという方法がしばしば採用されてきた (Glaeser et al. 1992; Henderson et al. 1995)。回帰式の基本形は

$$\ln(L_1/L_0) = \alpha_0 + \alpha_1 \ln(L_0) + \alpha_2 \text{（その他の諸変数）}_0 + 誤差項$$

のように表現できる（回帰分析については付論「回帰分析について」を参照）。ただし，α は推定すべきパラメーターであり，L は雇用量，下つきの添え字は0は基準時点を，1は比較時点を示す。ここで問題になるのは α_1 の符号であり，これが正であればもともと雇用量が多い地域ほど雇用の成長率が高いことになり，産業集積が加速することを示す。逆に α_1 の符

号が負であれば，産業の地理的拡散が起こっていることになる。

　Glaeser et al. (1992) や Henderson et al. (1995) の先駆的な研究によれば，戦後のアメリカでは，α_1は一般的に負で有意である。つまりアメリカ経済に関する限り，産業集積の形成は一般的な現象ではなく，むしろ産業の地理的拡散が一般的である。この原因については，プロダクトサイクル論の想定にしたがって，成熟した産業は低賃金を求めて地方に移動しているのではないかという推測が行われている。Mano and Otsuka (2000) の日本の戦後の都道府県データを用いた機械産業等の産業別分析でも，α_1は負であり，産業の地理的拡散が進んでいることがわかる。この分析結果は，藤田・久武 (1998) の叙述的な分析の結果とも整合的である。つまりアメリカや日本のような先進国経済では，全体的には産業の地理的集中よりも産業の地理的拡散傾向が強いと言うことができよう。それでは先進国では，産業集積は重要性を失う傾向があるのであろうか。

　第3章から第5章では同様の分析を関東地方，台湾，揚子江下流域の事例に適用し，町村レベルのデータを用いた分析の結果を議論する。関東地方についての分析では，戦後を高度成長期 (1960-75年) とその後の期間 (1975-2000年) に分割し，濃密な集積を形成していた京浜地方（例えば大田区）から周辺地域への産業の立地移動の原因と結果について考察する。そこでの焦点は，産業移動が産業集積の崩壊を意味するのか，あるいは新たな産業集積の形成につながっているかを明らかにすることである。台湾については1976-86年と1986－96年の期間に関して，多くの産業が都市の郊外で産業集積を形成するプロセスについて解明を図る。

　中国については，江蘇省と浙江省で町レベルの資料を独自に収集した。江蘇省では1980年代に町営・村営型の郷鎮企業が急速に成長したが，1990年代になると，1980年代に零細な私企業が育ち始めた浙江省でより急激な発展が起こり，成長スピードでは江蘇省を凌駕することになった[12]。この

---

　12) これは江蘇省と浙江省での企業調査の際に，しばしば耳にした議論である。ところが省レベルのデータの比較からはこの点は確認できなかった。その背景には，発展の遅れた揚子江以北の江蘇省の発展が浙江省のそれに類似していること，そして江蘇省において民営化が急速に起こり，予想以上に浙江省と類似した発展パターンにシフトしたことがあげられよう。

浙江省の発展を象徴するのが温州市の発展であり，それは「温州モデル」として知られる。この温州モデルに限らず，織里を含めて浙江省の発展は産業集積依存型であり，各町に特有の産業集積があると言っても過言ではない。他方江蘇省では，町や村の政府が郷鎮企業の発展にコミットしており，同一の町村に類似の製品を製造する企業を複数設立することを抑制してきたために，1990年代中ごろまでは産業集積が形成されることはほとんどなかった。私企業を中心とした目覚しい浙江省の発展に刺激された江蘇省では，1990年代の中頃から郷鎮企業の民営化を徹底して行うようになった（Sonobe and Otsuka, 2003）。この研究によれば民営化促進政策のもとで企業の創設が自由になると，郷鎮企業や国有企業からのスピンオフが続出し，産業集積が急速に形成されるようになった。その結果，1990年代末以降，再び江蘇省の成長率が浙江省のそれを上回るようになった感がある。第5章では，こうした中国における最近の産業集積の形成について厳密な解明を図る。

　上述したような2次資料を用いた分析は，産業集積の大雑把な状況を把握するのには有効であるが，どのような経営者がどのような時期に起業し，その結果どのような革新が生まれ，どの程度情報のスピルオーバーを通じた模倣が起こり，企業間分業が促進されるかといった，産業集積の形成のメカニズムとそのプロセスの特徴を解明することはできない。そこで次に第Ⅲ部（産業集積の比較研究）で，事例研究の成果について検討することにしたい。第6章では備後と織里のアパレル産業，第7章では浜松を中心とした日本と中国の重慶のオートバイ産業，第8章では台中の工作機械と温州の弱電機器産業，第9章では桃園と蘇南のプリント配線板産業について，それぞれの発展過程を比較検討する。こうした比較事例研究を通じて産業発展の同質性を浮き彫りにしたい。

　そして最後の第10章において，「内生的産業発展論」の構築に向けてこれまでの研究成果の総括を行う。そこではまた，本研究から得られた政策的インプリケイションと残された研究課題についても議論する。

第II部

産業立地と産業発展

第3章

関東地方の広域集積型発展

―――――

　すでに第1章と第2章で議論したように，産業集積が産業の発展にきわめて重大な役割を果たすことが広く認識されるようになってきた。次章で検討する台湾のケースもそうであるが，日本の場合も地理的に密集した産業集積内で濃密かつ多層的な下請け関係を構築し，それが産業の発展を支えたことは多くの研究が指摘する通りである（Kawasaki and Macmillan, 1987; Asanuma, 1989; Whittaker, 1997）。ところが産業立地に関するアメリカの先行研究（Glaeser et al., 1992; Henderson, Kuncoro, and Turner, 1995; Kim, 1995）や日本の研究よれば（Fujita and Tabuchi, 1997; Mano and Otsuka, 2000），産業の立地は時間とともに分散する傾向にあり，集中する傾向は観察されない。ということは，産業集積は産業の発展とともに形成され強化されていくのではなく，むしろ消滅していくのではないかという疑問が湧く。

　Henderson, Kunkoro, and Turner（1995）は，この疑問に対して彼ら自身の研究成果をもとに以下のような解釈を示した。すなわち，まず新しい産業は都市化の経済を享受するために大都市で生まれるが，やがて産業が成熟するとともに地域特化の経済を享受するために地方都市へ重心を移すようになる。こうした展開が新たに誕生した産業ごとに繰り返されてゆくという考え方は，Vernon（1966）のプロダクトサイクル論に通じるものがある。しかし日本の場合，特に戦後いち早く復興を果たした関東地方のその後の工業の歴史を振り返ると，京浜工業地帯への圧倒的な集中が崩れる一方で，地域特化の経済を実現するような地方都市が出現したようには思われない。それでは，京浜工業地帯を中核とする関東地方の産業発展

は，都市化の経済や地域特化の経済と無関係に展開されたのであろうか。あるいはまた，都市化の経済や地域特化の経済が機能する新たな産業集積が，かつての中心地の外に形成されたのであろうか。この問題は，産業集積と産業発展の関係を理解するうえで決定的な重要性を持つ。

そこで本章では，東京都，神奈川県，埼玉県，群馬県南部を含む「大東京圏」を対象にして，戦後の成長期（1960-75年）と成熟期（1975-2000年）について産業の立地的変化の状況とその決定因を分析する。事例として，金属製品製造業とそれに関連する四つの機械産業（一般機械，電気機械，輸送用機械，精密機械）を選んだ。これらの産業は戦前から京浜工業地帯に集中的に立地していたが，その後はダイナミックに立地の移動を伴いつつ成長を遂げた産業である。京浜工業地帯の絶対的な優位性が崩れて，製造業が地方へ分散化したことの原因に関する本研究の仮説は，サービス化や宅地化によって製造業が大都市やその近郊での比較優位を喪失したという「プッシュ要因」だけでなく，郊外に形成された新たな産業集積が企業立地を引き寄せたという「プル要因」も重要であったというものである。

以下，第1節で関東地方における産業立地の変化を概観したあと，第2節で検証可能な仮説を提起する。本章で用いる回帰分析の定式化は次章での分析にも共通するので，第3節ではそれをやや詳しく説明してから仮説の統計的検証を行い，第4節で結論を述べる。

1 関東地方における産業立地の変化

本研究では，関東平野のうち，東京の中心部から北西へ100km，南西へ60kmの地点を含む一帯をカバーする（図3-1参照）。この狭い地域が1960年には日本のGDPの25%を産み出し，製造業の付加価値の実に29%を生産していた。この研究では千葉県は含めなかったが，それは京葉地域が化学や製鉄などの素材産業を中心とし，金属製品や機械類の比重が大きい京浜工業地帯とは産業構造を異にすると思われるからである。また，関東地方を超えて広域をカバーしなかったのは，そうすると他の大工業地帯（すなわち中京，阪神，北九州工業地帯）からの影響と，京浜工業地帯が周辺地

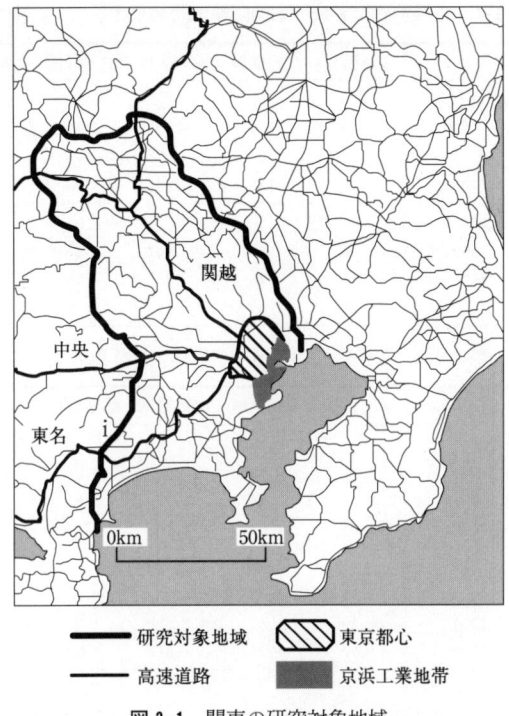

第 3 章　関東地方の広域集積型発展　　　　55

図 3-1　関東の研究対象地域

域に及ぼす影響とが干渉しあって,後者の効果を検出しにくくなるからである。観察の単位は,東京の23区,川崎市と横浜市の区,それに都下と3県の一般の市である。行政区分の変更の前後で整合的なデータが取れるように調整した結果,そうした区や市は合計120あり,そのうち9つの区が京浜工業地帯に含まれる[1]。データは通商産業省(現経済産業省)が発表する『工業統計表』である。なお研究対象である金属製品製造業は主に機械産業へ部品を供給し,四つの機械産業は半製品や完成品を製造する。

　表3-1は,研究対象地域における各産業の雇用者数と,そのうちの京浜工業地帯のシェアを1960年,1975年,2000年について示したものである。

---

[1] それらは東京都大田区,品川区,江東区,墨田区,港区,中央区,川崎市幸区,川崎区,横浜市鶴見区である。

表 3-1　産業別雇用者数と京浜工業地帯の雇用シェアの推移

	金属製品	一般機械	電気機械	輸送機械	精密機械
雇用者数（千人）					
1960	159	199	295	163	85
1975	175	234	347	223	80
2000	101	157	224	132	36
京浜工業地帯の雇用シェア（％）					
1960	46	46	46	34	30
1975	28	28	26	13	24
2000	18	17	11	7	11

表 3-2　産業別の雇用と事業所数の変動係数の推移

	金属製品	一般機械	電気機械	輸送機械	精密機械
雇用					
1960	2.31	2.44	2.49	1.93	2.36
1975	1.56	1.56	1.77	1.61	2.08
2000	1.41	1.38	1.28	1.73	1.62
事業所数					
1960	2.55	2.43	2.96	2.27	2.20
1975	1.59	1.82	1.68	1.43	1.78
2000	1.57	1.75	1.41	1.16	1.41

精密機械産業を例外としてこれらの産業では成長期（1960-75年）に雇用が増大しているが，この時期は奇跡とも呼ばれた高度成長期とほぼ重なっているから，これは予想された結果であろう。その後の低成長期（1975-2000年）になると雇用は減少に向かった。表には示していないが，事業所数で見ても同様の傾向が観察される。

　京浜工業地帯は第一次大戦後，重化学工業化の波に乗って急速に発展してきた（Whittaker, 1997；通商産業省,1996）。図3-1から明らかなようにこの工業地帯はわずかな面積しか占めていないが，雇用については表3-1が示すように1960年の時点で研究対象地域の中で巨大なシェアを占めていた。中でも金属製品，一般機械，電気機械産業では半分近くを占め，輸送用機械や精密機械産業も約3分の1に達していた。ところがその後の40年の間に，これらの産業の雇用シェアは10％からせいぜい20％の水準まで落ち込むことになった。こうした産業立地の分散化の傾向は，雇用と事業所数についての変動係数を産業別に計測した表3-2からも明瞭に読み

取ることができる。この係数の値は,地理的な分散が進むほど小さくなる。一つの例外を除いて係数は減少傾向にあり,とりわけ成長期に速いスピードで減少した。これは産業の成長期に,京浜工業地帯という混雑の著しい地域から,より土地の確保が容易であり生活費の安い郊外へ,産業立地が移動したことの結果であろう。

いわゆる東京一極集中という現象は高度成長期に始まり,その後,経済構造の重心が製造業からサービス産業へとシフトするとともに,一段と強化されていった(Fujita and Tabuchi, 1997)。政府は四大工業地帯の間の中間地点に中規模の工業地帯を新たに造成して,太平洋沿岸を数珠繋ぎ状に工業化する太平洋ベルト地帯構想を打ち出すとともに,大都市での工業を制限する法律(「首都圏の既成市街地における工業等の制限に関する法律」)を1959年に制定して大都市の過密化問題に取り組み始めた。このいわゆる工業(場)等制限法は,首都圏における特定の指定地域内に一定規模以上の工場を新設あるいは増設することを原則禁止としたから,本研究の対象地域内の産業立地に影響を与えたことは疑いない。しかし規制された地域は都市化が特に進んだ地域であり,規制がたとえなかったとしても,地価の高騰のために多くの工場が転出したであろうこともまた想像にかたくない。断定的な議論は避けるべきであろうが,産業立地の分散をすべて規制に帰すことには無理があるように思われる。なお,政府が造成した中規模の工業地帯(あるいは,いわゆる「新産業都市」)は,本研究の対象地域には含まれていない。

ここでの主要な分析課題は,工場が旧来の産業集積地から単に追い出されたのか,それとも郊外で新たに構築された産業集積に誘い出されたのかを究明することである。すでに指摘したように,一般に産業集積の利益は,都市化の利益と地域特化の利益に分けられるので,表3-3では前者について,表3-4では後者について関連のある叙述的な統計を示すことにする。

具体的には表3-3では,京浜工業地帯とその他の地域に分けて,一つの区または市当たりの製造業全体の平均雇用者数と製造業の多様性指標の平均値が示してある。多様性指標は,2桁産業分類を利用して計測したハーフィンダール指数を1から差し引いて求めたものである[2]。京浜工業地帯では雇用規模が大幅に減少しているのに対し,その他の地域では40年間

表 3-3 平均雇用規模と産業多様性の推移：
京浜工業地帯とその他の地域の比較

	平均雇用者数（千人）		多様性指標	
	京浜工業地帯	その他の地域	京浜工業地帯	その他の地域
1960	76	10	0.80	0.75
1975	51	14	0.79	0.79
2000	26	12	0.72	0.80

表 3-4 産業別の事業所規模と付加価値率の推移：
京浜工業地帯とその他の地域の比較

平均事業所規模（人）

	金属製品	一般機械	電気機械	輸送機械	精密機械
京浜工業地帯					
1960	25	40	73	63	49
1975	13	22	40	46	36
2000	10	26	16	36	16
その他の地域					
1960	24	37	75	85	42
1975	11	24	43	66	22
2000	14	23	44	70	23

付加価値率（％）

	金属製品	一般機械	電気機械	輸送機械	精密機械
京浜工業地帯					
1960	37	37	37	32	42
1975	48	49	40	39	50
2000	56	50	44	44	55
その他の地域					
1960	47	50	52	44	49
1975	49	48	46	42	53
2000	55	47	44	46	52

2) ハーフィンダール指数は，21の産業の雇用シェアの二乗和として求めた。一つの産業に雇用が完全に集中していればこの指数の値は1であり，分散していればそれより小さくなる。逆に，雇用がどの産業にも偏らず，雇用者数がどの産業でも全く同じであるなら，ハーフィンダール指数は1/21となる。このように，ハーフィンダール指数は集中の程度を表す指数なので，我々は1からこれを引いたものを多様性の指標とする。この指標は，Henderson, Kuncoro, and Turner（1995）などの先行研究でも用いられている。

にわたって安定している。多様性についても，1960年でこそ京浜工業地帯のそれが傑出して高かったが，1975年にはその他の地域に追いつかれ，その後は逆転されている。したがって，京浜工業地帯から他の地域に産業が移転するにつれ，後者の区や市では特定の業種に偏らずに，多様な産業が育っていったことになる。経済地理学の文献では，産業の多様性こそが大都市に特有の魅力であり，それが都市化の経済を生み出すと考えられてきた。しかし関東地方のケースでは，郊外もそうした多様性を備えるようになったのである。

表3-4は，特定の生産プロセスへの特化と企業間分業の程度を検討するために，平均的な事業所規模と付加価値率を示している。事業所規模は，事業所当たりの雇用者数であり，付加価値率は付加価値の売上高に対する比率である。企業間分業がきめ細かなほど，分業に参加した企業の売上の合計に対して付加価値の合計は相対的に小さくなるから，付加価値率は小さな値を取る。そのため付加価値率は，企業間分業の程度を測る指標としてしばしば用いられてきた（Adelman, 1955; Levy, 1985; Holmes, 1999）。ただし，たとえ分業の程度が不変でも，付加価値率は賃金や資本コストが上がれば大きくなるであろうし，景気にも左右される（Perry, 1989, p. 238）。したがって，付加価値率の時系列的な変化が何を示しているのかは判断が難しいという問題がある。それに対して，一時点の地域間の比較であれば，賃金や資本コストが大幅に異なることはないので，付加価値率は分業の程度とかなり密接に関係しているものと思われる。ただし，工程によって付加価値率が違ってくることには注意しなければならない（Holmes, 1999）。たとえば，原材料の加工などの川上の工程と，最終製品の組立工程などの川下の工程を比べると，川下の方が付加価値率は小さくなりやすい。なぜならば川下では，販売する製品の価格のかなりの部分が川上で生産された部品の購入にあてられるからである。こうした点は，表3-4の統計数値を理解するうえで留意しなければならない。

雇用者数で測った平均事業所規模は，京浜工業地帯とその他の地域とを問わず第1期に大幅に減少している。これはおそらく高度成長期の賃金の急上昇に対応して，企業が労働節約的な生産方法を取り入れたことや，労働使用的な工場が関東地方以外のより賃金の低い地域に移動したことが大

きな原因であろう。また，第1期には京浜工業地帯とその他の地域で事業所規模がさほど変わらなかったのに，第2期には前者だけ規模が減少傾向になり，後者ではほぼ不変であったという違いが生じたことも興味深い。後により詳しく述べるように，こうした乖離が発生したのは，京浜工業地帯とその他の地域では異なるタイプの生産活動が行われるようになったためであると考えられる。

通産省（1996）の調査によれば，京浜工業地帯にある中小企業の多くはハイテク企業への変貌を遂げていった。中小企業というと，伝統的部門の構成員であり，近代的部門を代表する大企業に搾取される存在という二重構造論的なイメージが付きまとう。たしかに高度成長期にはこの地域でも下請企業として比較的古い機械を用いて，比較的標準的な部品を生産していた。しかし高度成長期以降は，実態はこのようなイメージから離れて行った。まず大企業は下請企業との取引費用を節約するために，機械化によって特に標準的な部品の内製率を高める一方で，生産システムの柔軟性を保つために，優秀な下請け企業を新製品や試作品のための特注部品の開発や生産に活用することにした（Friedman, 1988）。そのためには高水準の技術が必要であり，熟練技能工を擁する京浜工業地帯はその比較優位をいかんなく発揮するようになった（Whittaker, 1997）。かくして京浜工業地帯では，非標準的部品生産，それもハイテク型の部品や，さらに超精密な検査機器の設計や生産に特化するようになったのである。こうした背景があって，この地域では事業所規模が著しく縮小してきた。

それに呼応して，京浜工業地帯における付加価値率は上昇を続けた。1960年には，分業が相対的に発達していた京浜工業地帯で付加価値率がその他の地域より低かったが，2000年にはほぼ等しくなっている。付加価値率が均等化しているのは，京浜工業地帯が相変わらずきめ細かい分業を行う一方で，より手の込んだ技能労働集約的な作業も行うようになり付加価値率が上昇したためであろう。その他の地域において，付加価値率が大きく変化しなかったことも注目に値する。なぜならば，長期的に実質賃金が上昇している中でそれが不変であったということは，この地域で企業間分業が深化してきたことや，組立てのような付加価値率の低い工程への特化があったことを示唆しているからである。

2　仮説の提起

新しい事業を興そうとすれば，多種多様な新しい部品や技能工が必要であるから，大都市または大工業地帯に立地することが有利であろう。しかしVernon (1966) のプロダクトサイクル論が主張するように，試行錯誤を経て製品や生産方法の標準化が進むと，非熟練労働でも生産が行えるようになり，生産拠点は賃金の低い地域に移動するようになる。つまり成熟しつつある産業は都市や工業地帯における比較優位を失ってしまう[3]。それに加えて都市の混雑のために集積の利益を上回るコストが発生する一方で (Mills, 1967; Kanemoto, Ohkawara, and Suzuki, 1996)，消費者と直結する都市で比較優位を発揮するサービス産業との競争にも打ち勝ちがたいという問題がある。したがって，産業立地には産業を都市から追い出そうとする，「プッシュ要因」が常に作用しているように思われる。そこで次のような実証仮説を提起したい。

仮説1　京浜工業地帯で形成された産業集積は，時とともにサービス産業との競争に敗れ，また土地の住宅需要にも押され，それ以外の地域へ移動するようになった。

この仮説を検証するために，次節では雇用の成長率をサービス産業の相対的重要性や住宅密度（可住地あたりの住宅数）に対して回帰することにする。それに加えて立地規制の効果を検討するために，立地規制がかかった区や市とその他の地域を分けるダミー変数を用いた回帰式も推定してみた。しかし上述の二つの変数と同時にこのダミー変数を用いると，ダミー変数の効果は有意ではなく，規制の効果と都市の混雑の影響を識別することは困難であった。そこで次節で行う回帰分析では，規制の変数は用いないことにした。

都市化の経済の動学的な効果を重視する研究は，プロダクトサイクル仮説と同じく，新産業は都市で発達するという主張を展開している

---

[3]　最近，Duranton and Puga (2001) は，このモデルの厳密な定式化を行った。

(Jacobs, 1969; Glaeser et al., 1992; Henderson, Kuncoro, and Turner, 1995)。これは，産業だけでなく大学なども立地する大都市の多様性が，新製品の開発という創造的な活動にとって有益だと考えられるからである。ところが関東圏の場合には，製造業関連の企業が次々と京浜工業地帯から郊外へ移転したばかりでなく，企業の研究所や大学までもが都心から郊外へ移転した。それでも集積の経済が重要な役割を演じているとすれば，関東圏の場合には，郊外において新たな「都市型」の産業集積が形成された可能性が高い。そこで次の仮説を提起しよう。

仮説2　いくつかの郊外において，多様性のある新たな産業集積が形成され都市化の経済が享受されるようになった。

この仮説は，製造業の規模と多様性を説明変数に含む雇用関数の推定によって検証できるであろう。

表3-4を用いて検討したように，1975年から2000年にかけて京浜工業地帯では付加価値率が上昇し事業所規模が縮小した。もし仮説2のいうように新製品の開発や生産を行う都市型の集積が郊外に形成されたのであれば，そこでも京浜工業地帯と同様に付加価値率は上昇し，事業所規模は減少したであろう。しかし，表3-4によれば，郊外全体としては特に1975年から2000年にかけて事業所規模や付加価値率は安定的に推移した。これは都市型の集積での事業所規模や付加価値率の動きとともに，それを相殺するような動きが郊外で生じたことを示唆している。おそらく，分業が発達するか組立などに特化することによって付加価値率が低下した地域や，事業所規模が大きくなりやすい標準品の生産などに特化する地域もあったのであろう。この点に注目して，次のような仮説を提起したい。

仮説3　標準的な製品の生産や組立てに従事する比較的規模の大きな事業所も，郊外に立地するようになった。

この仮説を検証するために，付加価値率の変化を説明する関数と事業所規模の変化を説明する関数を推定しよう。

3　回帰分析

回帰式の定式化

本節では，(1)区や市における特定の産業の雇用者数の対数値の変化，(2)付加価値率の変化，(3)事業所規模の対数値の変化を従属変数とし，それらの変数の基準年の値と区や市の特性を説明変数とする3本の回帰式を推定する。なお，雇用者数は事業所規模と事業所数の積であるから，雇用者数の変化のかわりに，事業所規模の変化と事業所数の変化のそれぞれを従属変数にしてもよいが，推定結果に大きな違いはなかった。

この分析は，いわゆる誘導形（純粋な外生変数または先決変数と従属変数の関係）の推定であって，三つの従属変数の間の因果関係を究明しようとするものではない。どこで産業の雇用が増えたか，どのような地域で企業間分業が盛んになったか，またどこで大規模な操業が行われるようになったかを究明しようとすることにより，仮説を検証しようとするものである。もしサービス化や宅地化の著しい地域で雇用が減少したとすれば，それは仮説1を支持すると言えよう。もし製造業全体の雇用規模が大きく多様性が高い地域で当該産業の雇用が伸びるとすれば，それは仮説2を支持するものと解釈する。またもし郊外に，とくに第2期において事業所規模が増大し付加価値率が低下した地域があったとすれば，それは仮説3と整合的であると解釈される。

推定した関数形は以下のように示される。

$$(Y_{ijt} - Y_{ijt-\mathrm{T}})/T = 切片 + \alpha_1 \ln 雇用者数_{ijt-\mathrm{T}} + \alpha_2 付加価値率_{ijt-\mathrm{T}}$$
$$+ \beta_1 \ln 総雇用_{jt-\mathrm{T}} + \beta_2 多様性_{jt-\mathrm{T}} + \beta_3 \ln 近隣雇用者数_{ijt-\mathrm{T}} + \beta_4 \ln 関連産業_{ijt-\mathrm{T}} + \gamma_1 サービス比率_{jt-\mathrm{T}} + \gamma_2 混雑度_{jt-\mathrm{T}} + \lambda_1 距離_{jt-\mathrm{T}} + \lambda_2 (距離_{jt-\mathrm{T}})^2 + \lambda_3 東名高速比率_{jt-\mathrm{T}} + \lambda_4 関越高速比率_{jt-\mathrm{T}} + \lambda_5 中央高速比率_{jt-\mathrm{T}} + u_{ijt}$$

ここでYは3つの従属変数のうちのいずれかの変数であり，下付き添え字のiはi番目の産業を示し，jはj番目の地域（区または市）を指す。$(Y_{ijt} - Y_{ijt-\mathrm{T}})/T$は$t-T$年から$t$年までの年当たりの変化率を示し，$T$

は期間の長さ（第1期では15年，第2期では25年）を表す。α, β, γ, λ は推定すべきパラメーターであり，u は誤差項である。

説明変数は以下の通りである。まず第一に，当該産業の雇用者数の対数値と付加価値率の基準年（すなわち第1期では1960年，第2期では1975年）の値を用いた。なお，事業所規模を従属変数とした回帰分析では，雇用者数を事業所数と事業所規模に分解して両方の基準年の値を説明変数として用いた。第二に，都市化の経済の重要性を検証するために，製造業の総雇用者数の対数値（ln 総雇用）と，多様性の指数を用いた。第三に地域特化の経済の効果を検証するために，直接的に関係する関連産業の同一地域での雇用（ln 関連産業）[4]や，同一産業の近隣地域での雇用（ln 近隣雇用者数）を含めた。いずれも対数値である。第四に，サービス産業との競争や土地の住宅需要との競合の効果を検討するために，サービス業と製造業の雇用者比率（サービス比率），可住地面積あたりの住宅数の対数値（混雑度）を用いた。第五に，京浜工業地帯との近接性の利益を考慮するために，京浜工業地帯の端から当該の市または区までの距離とその二乗項を用いた。回帰式の右辺から距離に関する部分を取り出すと λ_1距離$+\lambda_2$(距離)^2 となっている。λ_1 が正であり λ_2 が負であれば，この部分は放物線を描き，距離が $\lambda_1 + 2\lambda_2$距離 $= 0$ を満たすとき（すなわち距離が $-\lambda_1/(2\lambda_2)$ となるとき），距離の効果は頂点に達する。たとえば，産業の雇用者数を従属変数とする回帰において，そのような頂点が郊外にあるとしよう。既存の集積の効果は基準年における雇用者数や総雇用や多様性などの変数でコントロールされているので，距離の効果が郊外で頂点に達するということは，そこで雇用が伸びて新しい集積を形成しつつあることを示唆する。

最後に，高速道路の産業振興への効果を検討するために，距離のうちで東名高速道路，中央自動車道，および関越自動車道が利用可能な部分の比率を用いることにし，それぞれ東名比率，関越比率，中央比率と名づけた。東名比率は1960-75年と1975-2000年の双方の回帰分析で用いたが，中央自動車道と関越自動車道は1980年代に入ってから建設されたので，中央比率

---

[4] 金属製品業にとっての関連作業とは，研究に含めた四つの機械産業であり，各機械産業にとっての関連産業とは金属製品業である。

と関越比率は第2期の回帰分析に限って用いることにした[5]。推定は五つの産業について別々に，かつ2期間に分けて行った。

従属変数の基準年の値や集積を表す変数を説明変数とするこのような定式化は，Glaeser et al. (1992) や Henderson et al. (1995) などの先行研究によっても用いられているが，これらの説明変数が誤差項と相関している可能性があるという問題点が指摘されている (Ellison and Glaeser, 1997; Henderson, 1997)。この内生性という問題は，適切な操作変数があれば解決できるか，そうした変数は実際には入手可能ではない。したがって，以下で示す推定結果は多少ともバイアスを伴う可能性があることは指摘しておきたい。ただしバイアスの程度が一定であるとすれば，第1期と第2期の係数の変化は有用な情報を提供すると期待できよう。

推定結果

最小二乗法による推定結果は表3-5から表3-7に示してあるが，各表の上段が第1期，下段が第2期に関する結果である。表3-5に掲げた雇用の成長に関する推定結果は，多くの点で興味深い。まず第一に，当該産業の雇用者数の係数が負できわめて有意であり，基準年に雇用者数の大きかった市や区ではその後の雇用の伸びが鈍い（あるいは雇用が減少した）という結果になっている。また，この係数は第1期においてより大きな負の値をとっている。これらの結果は，産業が急速に成長するときほど産業立地が既存の集積地の外へ広がる傾向があることを示している。第二に，総雇用や多様性という都市化の経済に関連する変数は，第1期においては二つのケースにおいてのみ統計的に有意であったが，第2期には四つのケースで有意であり，他にも有意水準が高まったケースがある。これらの推定結果は，第2期において都市化の経済がより重要になったことを示唆している。また，こうした傾向が強いのが金属製品業や一般機械産業であることも注目に値する。なぜならば，これらの産業で京浜工業地帯の雇用シェアが比較的大きかったことと，一貫性があるからである（表3-1参照）。

第三に，地域特化の経済を示す近隣地域の雇用者数と関連産業の雇用者数が有意な効果を持ったケースは少なく，とくに第2期においてそうであ

---

5) 距離変数は高速道路が建設される以前は一般道路を利用しての距離であり，高速道路建設後は一般道路と高速道路を組み合わせた距離である。

表 3-5 雇用の成長に関する回帰分析の結果，1960-75年と1975-2000年[a]

	金属製品	一般機械	電気機械	輸送機械	精密機械
1960-1975年					
ln（雇用者数）	-0.038** (-7.03)	-0.036** (-5.81)	-0.028** (-6.77)	-0.028** (-2.84)	-0.027** (-6.21)
付加価値率	-0.014 (-0.41)	0.000 (0.00)	0.028 (1.22)	0.004 (0.18)	-0.051 (-1.11)
ln（総雇用）	0.009 (0.98)	0.008 (0.75)	-0.003 (-0.31)	0.029 (1.16)	0.001 (0.04)
多様性	0.123** (3.36)	0.050 (1.21)	0.084* (1.86)	0.006 (0.08)	-0.025 (-0.56)
ln（近隣雇用者数）	0.013** (2.75)	0.009 (1.43)	0.014** (2.65)	0.006 (0.61)	0.002 (0.27)
ln（関連産業）	0.005 (0.12)	0.018* (2.81)	0.001 (0.09)	-0.010 (-0.66)	0.006 (0.69)
サービス産業比率	-0.160** (-2.94)	-0.147* (-2.35)	-0.031 (-0.49)	-0.020 (-0.16)	-0.151* (-2.03)
混雑度	-0.028** (-3.17)	-0.020* (-1.75)	-0.022* (-1.95)	-0.055** (-2.45)	-0.006 (-0.44)
距離[b]	0.039 (0.54)	0.204* (1.75)	0.201* (1.87)	0.091 (0.47)	0.064 (0.45)
（距離）^{2}	-0.043 (-0.92)	-0.216* (-2.42)	-0.158* (-1.82)	-0.102 (-0.68)	-0.099 (-0.71)
東名高速比率	0.004 (1.49)	0.015** (2.88)	0.009* (1.92)	0.003 (0.40)	-0.007 (-0.87)
R^2	0.79	0.74	0.69	0.47	0.72
1975-2000年					
ln（雇用者数）	-0.016** (-3.52)	-0.020** (-5.88)	-0.010** (-3.75)	-0.011** (-3.20)	-0.023** (-6.76)
付加価値率	0.062** (2.80)	0.012 (0.51)	0.011 (0.50)	0.040 (1.45)	0.019 (0.69)
ln（総雇用）	0.012* (1.87)	0.010* (1.89)	-0.000 (-0.03)	0.013 (1.30)	0.004 (0.43)
多様性	0.068** (2.71)	0.082** (3.51)	0.002 (0.11)	-0.015 (-0.41)	0.046 (1.38)
ln（近隣雇用者数）	0.005 (1.35)	0.009* (2.23)	0.003 (1.21)	0.001 (0.31)	-0.003 (-0.66)
ln（関連産業）	0.002 (0.52)	0.008* (1.82)	0.005 (1.32)	0.008 (1.12)	0.000 (0.04)
サービス産業比率	-0.091* (-1.82)	-0.052 (-1.03)	-0.077* (-1.72)	-0.021 (-0.36)	-0.098 (-1.54)
混雑度	-0.010* (-1.90)	-0.014** (-2.49)	-0.005 (-0.92)	-0.015* (-2.15)	0.014* (1.80)
距離[b]	0.055 (1.41)	0.055 (1.30)	0.103** (2.57)	0.187** (3.22)	0.174** (2.62)
（距離）^{2}	-0.051* (-1.96)	-0.007 (-0.25)	-0.065* (-2.37)	-0.097* (-2.10)	-0.138** (-2.50)
東名高速比率	-0.000 (-0.30)	0.002 (1.04)	0.000 (0.01)	-0.004* (-1.96)	0.004 (0.89)
中央高速比率	0.039* (2.32)	0.032* (1.77)	0.027 (1.61)	-0.003 (-0.13)	0.000 (0.01)

第3章　関東地方の広域集積型発展

関越高速比率	-0.002 (-0.12)	-0.024 (-1.11)	0.002 (0.12)	-0.044* (-1.76)	0.005 (0.16)
R^2	0.79	0.77	0.77	0.78	0.41

a) 従属変数は1975年と1960年の当該産業の雇用者数の対数値の差を15で割った値（上段），あるいは2000年と1975年の差を25で割った値（下段）。説明変数は1960年の値（上段），あるいは1975年の値（下段）。カッコ内はt-統計量。＊は片側検定5％水準で，＊＊は1％水準で有意であることを示す。表では報告していないが，推定には切片を含めた。
b) 距離の単位は100 km。

表3-6 付加価値率の変化に関する回帰分析の結果，1960-75年と1975-2000年[a]

	金属製品	一般機械	電気機械	輸送機械	精密機械
1960-1975年					
ln（雇用者数）	-0.002* (-1.75)	-0.000 (-0.32)	-0.000 (-0.06)	-0.003** (-2.70)	-0.002** (-3.16)
付加価値率	-0.074** (-12.62)	-0.062** (-12.89)	-0.069** (-20.67)	-0.071** (-33.56)	-0.058** (-8.63)
ln（総雇用）	0.000 (0.25)	0.001 (0.84)	-0.002 (-1.37)	0.001 (0.38)	-0.001 (-0.58)
多様性	0.008 (1.22)	-0.012* (-2.36)	-0.004 (-0.57)	-0.004 (-0.57)	-0.003 (-0.50)
ln（近隣雇用者数）	-0.001 (-0.85)	-0.001 (-0.82)	-0.001 (-1.54)	0.000 (0.54)	0.001 (1.02)
ln（関連産業）	0.001 (1.30)	-0.001 (-0.95)	0.001 (0.60)	-0.000 (-0.11)	-0.001 (-0.42)
サービス産業比率	0.013 (1.40)	0.000 (0.05)	0.011 (1.19)	0.011 (0.93)	-0.019* (-1.78)
混雑度	0.000 (0.31)	0.002 (1.12)	0.003* (2.04)	0.001 (0.32)	0.004* (2.18)
距離[b]	-0.013 (-1.04)	0.004 (0.24)	0.015 (0.93)	0.003 (0.19)	0.008 (0.39)
（距離）^{2}	0.009 (1.09)	-0.001 (-0.57)	-0.010 (-0.78)	0.0001 (0.05)	-0.0003 (-0.14)
東名高速比率	-0.000 (-0.01)	-0.001 (-0.89)	0.001 (1.14)	-0.001 (-1.38)	-0.001 (-0.94)
R^2	0.19	0.16	0.18	0.21	0.26
1975-2000年					
ln（雇用者数）	-0.000 (-0.37)	-0.001* (-1.95)	-0.002** (-3.25)	-0.002** (-2.79)	-0.001* (-1.90)
付加価値率	-0.036** (-11.11)	-0.034** (-9.13)	-0.031** (-7.21)	-0.041** (-9.00)	-0.030** (-6.59)
ln（総雇用）	0.000 (0.33)	0.000 (0.53)	-0.001 (-1.02)	-0.001 (-0.47)	0.002 (1.18)
多様性	-0.005 (-1.26)	0.004 (1.19)	0.004 (1.06)	-0.001 (-0.19)	-0.010* (-1.74)
ln（近隣雇用者数）	0.001* (1.67)	-0.000 (-0.46)	0.001 (1.51)	-0.000 (-0.89)	0.001 (1.47)
ln（関連産業）	-0.001* (-1.96)	-0.001 (-0.92)	0.001 (0.78)	0.001 (0.44)	-0.001 (-1.11)

	金属製品	一般機械	電気機械	輸送機械	精密機械
サービス産業比率	-0.006 (-0.90)	0.003 (0.33)	-0.009 (-1.01)	0.002 (0.21)	-0.000 (-0.04)
混雑度	0.001 (1.32)	-0.000 (-0.15)	0.001 (1.48)	0.000 (0.05)	0.001 (0.60)
距離[b]	-0.003 (-0.46)	-0.088 (-1.33)	-0.011 (-1.42)	-0.012 (-1.22)	0.008 (0.69)
(距離)^2	-0.0006 (-0.15)	0.006 (1.36)	0.009 (1.63)	0.008 (1.04)	-0.006 (-0.70)
東名高速比率	0.000 (1.37)	-0.001** (-2.53)	0.000 (0.61)	0.001* (2.14)	0.000 (0.26)
中央高速比率	0.005* (2.20)	-0.002 (-0.82)	0.000 (0.02)	0.002 (0.45)	-0.002 (-0.40)
関越高速比率	0.003 (1.20)	-0.007* (-2.16)	0.004 (0.95)	-0.001 (-0.27)	-0.001 (-0.21)
R^2	0.26	0.32	0.25	0.28	0.27

a) 従属変数は1975年と1960年の当該産業の付加価値率の差を15で割った値（上段），あるいは2000年と1975年の差を25で割った値（下段）。説明変数は1960年の値（上段），あるいは1975年の値（下段）。t-統計量をカッコ内に示す。＊は片側検定5％水準で，＊＊は1％水準で有意であることを示す。表では報告していないが，推定には切片を含めた。
b) 距離の単位は100 km。

表3-7 事業所規模の成長に関する回帰分析の結果，1960-75年と1975-2000年[a]

	金属製品	一般機械	電気機械	輸送機械	精密機械
1960-1975年					
ln（事業所数）	0.002 (0.47)	-0.003 (-0.42)	0.002 (0.33)	-0.013 (-0.85)	0.006 (0.09)
ln（事業所規模）	-0.054** (-9.71)	-0.031** (-4.91)	-0.039** (-8.35)	-0.023** (-2.63)	-0.031** (-5.91)
付加価値率	0.006 (0.29)	-0.040 (-1.28)	0.011 (0.58)	0.019 (0.11)	-0.036 (-0.98)
ln（総雇用）	-0.001 (-0.16)	0.012 (1.21)	0.001 (0.06)	0.022 (1.01)	-0.004 (-0.37)
多様性	0.013 (0.51)	-0.014 (-0.37)	0.028 (0.67)	-0.019 (-0.29)	-0.002 (-0.06)
ln（近隣雇用者数）	0.001 (0.35)	-0.0002 (-0.04)	0.006 (1.40)	0.003 (0.34)	-0.009* (-1.68)
ln（関連産業）	-0.001 (-0.20)	-0.001 (-0.12)	-0.004 (-0.63)	-0.010 (-0.79)	0.011 (1.53)
サービス産業比率	-0.003 (-0.07)	0.009 (0.18)	0.089* (1.65)	0.200* (1.99)	0.077 (1.31)
混雑度	-0.004 (-0.70)	-0.006 (-0.63)	-0.010 (-1.11)	-0.041* (-2.27)	-0.011 (-1.12)
距離[b]	0.040 (0.84)	0.170* (1.77)	0.144 (1.64)	-0.106 (-0.69)	0.003 (0.003)
(距離)^2	-0.048 (-1.58)	-0.172* (-2.32)	-0.098 (-1.37)	0.079 (0.66)	-0.028 (-0.25)
東名高速比率	0.002 (1.22)	-0.0005 (-0.72)	0.006 (1.59)	-0.007 (-0.90)	-0.005 (-0.87)
R^2	0.65	0.30	0.60	0.22	0.48

第3章 関東地方の広域集積型発展

1975-2000年					
ln（事業所数）	-0.002 (-0.67)	-0.003 (-0.58)	-0.001 (-0.30)	0.004 (0.87)	-0.002 (-0.49)
ln（事業所規模）	-0.032** (-7.51)	-0.025** (-8.47)	-0.012** (-3.86)	-0.017** (-5.49)	-0.027** (-7.15)
付加価値率	0.036** (2.35)	-0.007 (-0.34)	-0.013 (-0.68)	0.032 (1.27)	-0.004 (-0.18)
ln（総雇用）	-0.003 (-0.67)	-0.001 (-0.29)	-0.003 (-0.66)	0.013 (1.33)	-0.014* (1.84)
多様性	0.019 (1.15)	0.025 (1.25)	-0.014 (-0.73)	-0.015 (-0.45)	0.030 (1.02)
ln（近隣雇用者数）	0.004 (1.48)	0.005 (1.59)	-0.0004 (-0.17)	-0.0004 (-0.14)	-0.004 (-1.03)
ln（関連産業）	0.005* (1.88)	0.006* (1.66)	0.001 (0.22)	0.002 (0.23)	0.005 (0.82)
サービス産業比率	0.043 (1.26)	0.044 (1.09)	-0.063 (-1.59)	-0.010 (-0.19)	-0.107* (-1.97)
混雑度	-0.006* (-1.74)	-0.006 (-1.33)	0.005 (1.19)	-0.010* (-1.71)	0.020** (2.92)
距離[b]	0.037 (1.41)	0.064* (1.92)	0.067* (1.93)	0.124** (2.38)	0.110* (1.92)
（距離）^{2}	-0.014 (-0.83)	-0.016 (-0.71)	-0.047* (-1.98)	-0.078* (-1.88)	-0.078* (-1.65)
東名高速比率	0.001 (0.94)	0.002 (1.09)	-0.001 (-0.91)	-0.003* (-1.78)	0.001 (0.22)
中央高速比率	0.0001 (0.00)	-0.008 (-0.56)	-0.001 (-0.09)	0.014 (0.64)	-0.009 (-0.40)
関越高速比率	-0.002 (-0.12)	-0.012 (-0.72)	0.006 (0.38)	-0.031 (-1.37)	0.019 (0.77)
R^2	0.51	0.52	0.27	0.53	0.61

a) 従属変数は1975年と1960年の事業所当りの雇用者数の対数値の差を15で割った値（上段），あるいは2000年と1975年の差を25で割った値（下段）。説明変数は1960年の値（上段），あるいは1975年の値（下段）。t-統計量をカッコ内に示す。＊は片側検定5％水準で，＊＊は1％水準で有意であることを示す。表では報告していないが，推定には切片を含めた。
b) 距離の単位は100 km。

ったことが指摘できる。このことは地域特化の経済は関東地方においては，さほど重要な役割を果たさなかったことを意味する。第四に，サービス産業比率や混雑度はすべてのケースについて係数が負であり，かつ多くのケースで有意であった。これは，都市部でのサービス産業との競争や混雑が産業立地の移転を促しているという仮説1を強く支持するものである。第五に，距離の係数はすべて正であり，その二乗項はすべて負であり，電気機械，輸送機械，精密機械といった組立型産業でそれらがともに有意であることが指摘できる。これらの産業では，第2期においてあまり遠方ではない郊外（京浜工業地帯の端から約50kmから80kmの地点）に，新たな産業

集積が形成されたことを示唆している。一方，金属製品産業では，距離の二乗項だけが負で有意なので，京浜工業地帯の端に近い辺りで雇用が伸びたことがわかる。

　高速道路比率の係数からは，第1期には一般機械や電気機械産業が東名高速道路方面で発展し，第2期には金属製品や一般機械産業が中央自動車道方面で発展したことがわかる。第1期の金属製品産業の東名高速比率，第2期の電気機械産業の中央高速比率もかろうじて有意な効果を示している。それとは対照的に，関越高速比率には有意に正の効果はなく，関越方面では産業の目立った発展がなかったことがわかる。距離変数の結果と合わせるなら，京浜工業地帯の外れから中央自動車道の方面に金属製品，一般機械，電気機械産業が発展し，新しい産業集積を形成していったものと思われる。それに対して，輸送機械や精密機械産業は，高速道路沿いというよりも環状線方向に集積しつつあった形跡がある。

　次に表3-6の付加価値率の変化に関する推定結果を検討しよう。付加価値率の初期値の係数は負であり，第1期のほうが第2期よりも絶対値で見て約2倍程度大きい。これは，京浜工業地帯とその他の地域の付加価値率の格差が，第1期に急速に縮小したという表3-4のデータと整合的である。産業の過去の雇用者数の係数はすべて負であり，大半のケースで有意である。これは既存の集積地において，分業が発展したか，あるいは付加価値率の低い工程（例えば組立）への特化があったことを反映するものであろう。第2期の金属製品産業は例外的であるが，それは金属製品業が機械産業と異なり，部品の加工を中心としていて組立工程を持たないことと整合的である[6]。距離変数は付加価値率の変化に対してまったく有意な効果を持たなかった。

　最後に，事業所規模の変化に関する推定結果を検討しよう（表3-7参照）。産業の過去の事業所規模の係数は負で有意であり，第1期の方が係数の絶対値が大きい。これは表3-4の考察で指摘したように，京浜工業地帯，その他の地域ともに第1期には急激に事業所規模が減少したが，第

---

　[6] 別の説明として，金属製品産業では手の込んだ特注部品の生産等が増加して，分業の発展による付加価値率の低下を相殺した可能性も挙げられよう。

2期にはその他の地域で減少傾向にストップがかかったことと符合する。

　距離とその二乗項は，第1期にはほとんど有意な効果を持たないが，第2期になると，それらは金属製品業を除く四つの産業で有意になる。距離と二乗項の係数から，事業所規模が京浜工業地帯から70－80kmほど離れた地点で最大になることがわかる[7]。これは，組立型産業が標準品の生産や組立てなど事業所規模の大きな工程を郊外の事業所に集中するようになったことを示唆するものであり，仮説3と整合的である。高速道路の比率はたった一つの例外を除いて有意な効果を及ぼしておらず，表3-5で中央高速比率が雇用の成長に有意な効果を持っていたのとは対照的である。これは，組立型産業の標準品の生産や組立てが，中央自動車道沿いに形成された都市型の集積とは別の地点で行われるようになったことを示唆している。

　表3-5，3-6，3-7を通じて一貫していることは，従属変数の基準年の水準が，その後の変化にマイナスの効果を及ぼしていることである。そのようなマイナスの効果は，雇用規模，付加価値率，事業所規模が大きかった地域ほど縮小または低下し，小さかった地域ほど拡大または上昇すること，すわなち，地域間で均等化する傾向があることを意味している。また，そのマイナスの効果が第1期においてより強く，第2期には弱まっていることから，産業の成長期には，立地が分散し，付加価値率や事業所規模に関しても地域と地域が似通う傾向が強くなることがうかがわれる。

4　結　　論

　経済地理学の最近の研究では暗黙のうちに，産業集積とはシリコンバレーや北イタリアのように関連する類似の産業が狭い地域に集まっている集積か，都市型の多様な産業を包摂する工業地帯のような集積を指しているように思われる。しかし再三指摘するように，アメリカや日本の戦後に関す

---

[7]　距離の係数 λ_1 が正で距離の二乗の係数 λ_2 が負でともに有意であることから，距離の効果がピークを持つことがわかる。ピークとなる距離は，$-\lambda_1/(2\lambda_2)$ である。

るこれまでの実証研究の結果は，そうしたイメージにはそぐわない。すなわち，実際には産業はその発展とともに地域的に分散化していく傾向が強いのである。このイメージと実態のギャップを埋めるために，本章では東京圏としての関東地方を対象として，産業集積が産業の地理的分散化の過程で重要性を失うのか否かについて検討を行った。

　本章の分析結果によれば，(1)大都市に集中していた製造業は，サービス産業の隆盛に追われ，住宅需要の高まりにも影響を受けて，大都市から移動するようになった，(2)その過程で，郊外には多様な産業からなる新しい産業集積が形成され，都市化の経済を享受するようになった，(3)郊外には，大量生産や標準品的な製品の生産を行う組立型産業の集積も形成され，旧来の産業集積や郊外の都市型の集積と一種の棲み分けが行われるようになった。

　関東地方では都市化の経済を享受するように，新しい産業集積が郊外で発展したというファインディングは非常に興味深い。これはアメリカの事例研究が示唆するような状況，すなわち新しい産業は都市化の経済を享受するために都市で生まれ，その後地域特化の経済を享受するために地方都市に移動する，ということとは明らかに異なるからである。文字通りに解釈すれば，常に新製品や新製造技術の開発を目指す日本企業は，アメリカの新産業と同じように，都市化の経済を活用しつつ新しい革新を目指して首都圏で生産活動を行ってきたものと思われる。

　本章の統計分析には改善の余地があることは重ねて指摘しておきたい。しかしながら，産業が地理的に集中しつつあるから産業集積が重要であるとか，分散化の傾向があるから集積は役割を終えたというような判断の仕方は危険であるということは本章の結論として言えるであろう。産業の発展過程において，産業がどこに立地し，企業間分業や企業規模がどのように変化するか，そして産業集積がその中でどのような役割を果たしていくかは，産業発展のプロセスを理解するうえで，より一層詳細な研究が必要とされる分野であろう。そこで本書では，次章で台湾のケースを，第5章で中国のケースを分析し，より一般性のある結論を導出することを目指したい。

第4章

台湾の郊外集積型発展

　台湾は，東アジアのなかでも最も地理的に分散した産業発展を遂げたと言われている（Fei et al., 1979; Ho, 1979; Skoggard, 1996）。その一方で，台湾には様々な製造業の産地があり，日本以上に企業間分業が盛んであるとも言われている[1]。地理的に分散した産業発展と産業集積はどのような関係にあるのだろうか。本章では，台湾の製造業を代表すると思われる五つの産業を選び，1970年代中期から90年代中期までの工業センサスデータを用いて，産業立地の変遷と企業間分業の進展を，産業集積の役割に注意を払いながら分析したい。

　すでに第1章や第2章で議論したように，新しい産業は様々な技能を持った労働者や，様々な原材料を入手しやすい都市で誕生する傾向があるが，本格的な産業集積の形成は土地や労働がより安価な郊外で成立すると考えられる。特にこれは，産業発展の初期段階で単純な製品が標準化された方法で製造されているような「量的拡大期」で起こりやすい。なぜならば，模倣が簡単なために企業の活発な新規参入が起こるからである。その後，「質的向上期」になると，第2章で議論したように，手に取っただけでは品質が見極められない複雑な部品や半製品が企業間で取引されるようになる。そうなると取引費用が高くなっていくので，企業間分業は困難になりがちであろう。そこで本章では，企業間分業の程度は一般的には質的向上期に減少するという仮説を提起したい。しかし，集積地では取引相手との

　1）たとえば，工作機械産業については Amsden (1985), Fransman (1986), Sonobe, Kawakami, and Otsuka (2003)，履物産業については Levy (1991)，電子機器産業については Levy and Kuo (1991), Chen et al. (1992) などの事例研究を参照せよ。

距離が近いという利点を生かして、質的向上期にも企業間分業を維持するという仮説も同時に提起したい。つまり産業集積の利点は、取引費用が高くなる質的向上期においてより一層顕著になると考えられる。

以下第1節では、台湾における産業立地の変遷と企業間分業の状況を概観し、第2節では産業の成長と分業の程度の変化についての検証仮説を整理する。続く第3節では回帰分析によって仮説の検証を行う。最後に結論として本研究の含意について議論する。

1 台湾の産業発展

産業の成長

本研究のために台湾の行政院主計処から、1976、1986、1996年の3カ年における町別の雇用と生産データを入手することができた。1996年時点の台湾の行政区分では、18の県と、それと同等のレベルの市が7つある。県の下には市と郷と鎮があり、県レベルの市の下には区がある。本研究では、県の下のレベルの市、区、郷、鎮を「町」と呼んで観察の単位とする。ちなみに「町」の下には里や村がある。われわれが入手したのは、町レベルで集計された事業所の雇用と生産のデータである[2]。なお、山がちでほとんど産業らしい産業がない東部の4県は研究対象に含めなかった[3]。つまり対象地域は北部、中部、そして南部であり（図4-1参照）、町の数は275である[4]。

1980年代中ごろまでの台湾の製造業は、輸出の増大を追い風にして順調に成長した。ところが1980年代に賃金水準が急上昇し、1986-87年にアメリカドルに対する通貨の急激な切り上げが起こって事態は大きく変化することになった。1980年代中期には経済成長に対する純輸出の寄与率は50％

---

2) 台湾では複数の事業所を持つ企業は少ないため、企業数と事業所数の相違は小さい。平均的には、1社が1.05の事業所を運営していた。

3) 製造業の雇用者数で言えば、東部のシェアは5パーセント程度しかない。

4) 分析対象期間に合併や分割があったために、275という数は実際の町の数とは一致しない。合併の場合には合併後の町、分割の場合には分割前の町を、研究期間を通じて一つの町として扱った。

であったが，1990年代の中期になるとそれは20％にまで激減した。そして輸出品は，単純労働集約的な製品から技能労働集約型に大きくシフトした（Chan, Chen, and Hu, 1999）。こうした変化に東南アジア諸国からの追い上げが加わって，台湾の製造業は「質」を重視する方向へと転換していったのである。

この研究が分析対象としたのは，アパレル，プラスチック製品，機械，電器製品，コンピュータという五つの産業である。これらの産業では，全体の生産工程を様々な工程に分割して企業間分業を行うことが可能である。なお最初の四つの産業は産業の二桁分類にほぼ対応するが，コンピュータ産業は二桁分類の「電器製品」の一部門であるのを格上げした。したがってここでの電器産業にはコンピュータ産業が含まれない上に，音響機械部門の1976年のデータが欠如しているので，1986年と96年についてもこの部門を電器産業から除外した。コンピュータ産業の場合には，1976年のデータが得られないので，その時期を分析から除外せざるを得なかった。

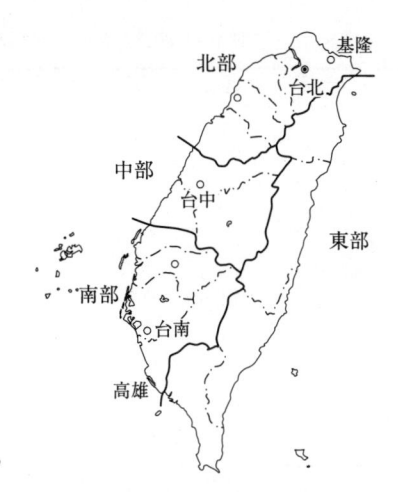

図 4-1 台湾の研究対象地域

表4-1が示すように，この五つの産業は対照的な成長パフォーマンスを示している。製造業の雇用に占めるアパレル産業のシェアは，1976年の12％弱から，1996年の4％へと激減している。この労働集約的な産業は，早い時期から比較優位を失っていったものと思われる。さらに，台湾から中国本土への生産拠点の移転が加わって，1986年から96年にかけて大幅に雇用が減少した（Tu, 2000）。プラスチック製品や電器産業の場合にも，1980年代の後半からは中国を含む途上国の追い上げや生産拠点の移転にあって，国内の雇用は減少した。他方，機械産業の場合には，雇用は増大を続け，特に後半には雇用シェアを伸ばした。おそらく機械産業の場合には，標準的な製品からコンピュータ制御のついた製品へ，より「質」の高い製

表 4-1 産業別の雇用シェアと雇用成長率の推移 (%)

	アパレル	プラスチック製品	機械	電器製品	コンピュータ
シェア					
1976	11.7	9.1	4.8	1.3	n.a.[a]
1986	9.1	11.6	4.5	1.4	1.2
1996	3.9	7.5	7.9	1.4	4.2
年成長率					
1976-86	1.1	6.1	2.9	3.9	n.a.[a]
1986-96	-9.2	-5.1	4.9	-0.1	11.3

a) データが存在しない。

表 4-2 産業別の付加価値率の推移[a] (%)

	アパレル	プラスチック製品	機械	電器製品	コンピュータ
1966	33	32	38	33	n.a.[b]
1976	22	22	29	28	n.a.[b]
1986	28	26	28	24	(14)
1996	33	32	32	27	(17)

a) コンピュータ産業を除いては，データの出所は行政院主計処である。産業分類は年度によって若干異なる。なお，コンピュータ産業については著者達が保有するデータから計算した。
b) データが存在しない。

品にシフトしたことが成果を発揮したものと思われる[5]。また，コンピュータ産業も急速な成長を遂げた。

分業の発達

台湾では多くの部品生産や加工専門の中小企業が，組立てに特化した比較的大規模な企業と濃密な企業間分業システムを構築している（Abe and Kawakami, 1997; Amsden, 1985; Levy, 1991; Levy and Kuo, 1991）。そのようなシステムはいつごろ発達したのだろうか。表4-2は，1966年から1996年までの付加価値率（付加価値額/生産額）の推移を産業別に示している。他の表と異なりこの表だけは，1966年を含めるために，行政院主計処が公表している台湾全島に関する統計からデータをとっているが，1976年以降の3時点については手元のデータから付加価値率を計算しても結果

---

5) 工作機械については，第8章を参照。

に大した差はない。また、コンピュータ産業については手元のデータを用いた。この表から明らかなことは、1966年から76年にかけて付加価値率が急減していることである。アダム・スミスが提起した「分業の程度は市場の規模によって規定される」という著名な命題に基づいて、Stigler (1951) は産業の成長期に分業が進展するという主張を展開した。1966年から76年にかけての付加価値率の大幅な低下は、この主張を支持しているものと思われる。

1976年から86年にかけての付加価値率の変化は微々たるものであったが、1986年から96年にかけて付加価値率がいずれの産業においても明らかに上昇していることは興味深い。付加価値率の上昇は、様々な工程が一企業の内部で行われるようになる垂直的統合が生じたことを示唆している。前章で述べたように、付加価値率は分業の程度が不変でも賃金の上昇とともに高まることがあるので断定するのは避けたいが、産業が質的向上の段階に入って、取引費用の増大のために企業間分業が困難になり、垂直的統合が進んだ公算が大きい。少なくともこの時期には、賃金の上昇による効果を相殺するほどには企業間分業が進展しなかったということは言えるであろう。

産業立地の変化

表4-3と表4-4は、異なる角度から産業立地の変化を検討したものである。表4-3の上段には産業が存在した町の数が示されており、下段には変動係数（標準偏差/平均雇用者数）が示されている。変動係数は産業立地が分散しているほど小さい。どちらで見ても、前半（1976-86年）に産業立地の分散化がおこったことを示している。ところが後半（1986-96年）になると、そうした傾向は弱まり、プラスチックやアパレル産業の場合には、むしろ地理的な集中化の傾向が見られる。

産業が集中したのはどのような地域であり、雇用が減少したのはどのような地域であったかを考察するために、表4-4では275の町を都市、その郊外、その他の地域に分類して雇用シェアの比較を行ってみた。ここで、(1)都市とは県レベルの七つの市のうち、特に大きい台北、基隆、台中、台南、高雄の五つの市に属する44の町を指し、(2)郊外とは上記の五つの都市に隣接する町と、残りの二つの市に属する町の合計104の町であり、

表 4-3 産業別の立地多様性の変化

	アパレル	プラスチック製品	機械	電器製品	コンピュータ
産業が存在した町村の数					
1976	200	225	183	74	n.a.[a]
1986	238	234	206	124	53
1996	221	230	238	151	116
雇用の変動係数					
1976	2.24	1.64	2.47	4.82	n.a.[a]
1986	2.14	1.50	2.07	3.74	3.54
1996	2.07	1.74	1.94	3.35	3.33

a) データが存在しない。

表 4-4 地域別, 産業別の雇用シェアの推移 (%)

	アパレル	プラスチック製品	機械	電器製品	コンピュータ
都市					
1976	30.9	24.8	42.4	30.3	n.a.
1986	27.7	16.6	26.7	20.9	25.8
1996	29.0	15.9	20.9	22.0	25.2
郊外					
1976	53.8	54.3	51.5	61.1	n.a.
1986	56.3	56.9	63.0	68.8	62.2
1996	57.6	65.1	65.1	70.7	69.4
その他					
1976	15.3	21.0	6.1	8.5	n.a.
1986	16.0	26.6	10.3	10.2	11.9
1996	13.4	19.0	14.0	7.2	5.4

(3)その他の地域は残りの127の町である。この表から明らかなことは，すべての産業において前後半ともに，郊外の雇用シェアが増大していることである。他方，都市では前半に雇用シェアが減少し，後半にも三つの産業でシェアが減っている。その他の地域では，前半に増加傾向が見られたが，後半は減少傾向に転じてしまった。結論すれば，都市から郊外に産業立地が移動していったことが読み取れよう。これは第3章の関東地方のケースと類似している。

再三指摘しているように，産業は都市で生まれる傾向があるが，台湾のコンピュータ産業は例外で，産業が始まって間もない1986年の時点でも都市の雇用シェアは低かった。コンピュータの製造技術は，1980年代の初め

表 4-5 町全体と雇用者数が最も多い五つの町の製造業
従事者数と産業多様性の平均値の比較

	雇用者数（千人）					
	都市		郊外		その他	
	平均	トップ5	平均	トップ5	平均	トップ5
1976	12.2	37.0	9.9	50.9	2.0	11.8
1986	13.6	40.1	15.2	68.0	3.5	18.0
1996	11.0	34.1	14.6	64.8	3.2	16.1
	多様性指標[a]					
	都市		郊外		その他	
	平均	トップ5	平均	トップ5	平均	トップ5
1976	0.81	0.85	0.75	0.86	0.65	0.81
1986	0.80	0.78	0.81	0.87	0.73	0.84
1996	0.81	0.78	0.81	0.82	0.74	0.86

にアメリカの企業によって導入されたものである。やがて台湾の大手の電気・電子企業に対してOEM生産の要請があり，また技術的な支援が加わって，製造技術が徐々に広まっていった。立地的には台北と桃園の間で発展したが，それはこの地域が電気・電子産業の中心地であったためである(Chang, 1992; Kishimoto, 2003)。それに加えて，人材の育成を通じて台湾への先進技術の導入を促進した工業技術研究所が桃園に近い新竹にあったことも，この地域が発展拠点となった大きな理由である。こうした経緯があったために，コンピュータ産業では郊外の雇用シェアが最初から高かったのである。

　もし都市から郊外へと産業立地が大規模に変化したならば，郊外における雇用の規模や産業の多様性は都市のそれを凌ぐようになったはずである。そこで表4-5には，都市，郊外，その他の地域別に，町の平均雇用者数と産業多様性[6]，それから比較のために製造業の雇用の多い順に5番目の町までの平均雇用者数と産業多様性を示した。平均値を見ると，1976年時点では雇用規模に関しても多様性に関しても，都市が群を抜いて高かったことがわかる。ところが1986年には郊外が都市を追い越し，1996年にかけ

---

6) 多様性の指標については第3章の注2を参照。

てさらに差を広げていった。興味深いことに，トップ5の町で見るとすでに1976年において郊外が雇用規模で勝り，多様性でもほぼ互角で，その後は格差が拡大していった。要するに1970年代中ごろまでには，多様な産業を含む大きな産業集積が郊外に形成され始めたと考えていいであろう。こうした変化は，戦後の関東地方の発展パターンにかなり類似している。

分業の相違

重要な分析的課題は，なぜ集積が郊外で形成されたかである。それには多種多様な原因があったであろうが，台湾の場合，部品や半製品の企業間取引の費用を低くするために，企業が地理的に密集したことが重要な原因の一つであろう。もちろん，都市も企業間取引の費用を抑えるのに適してはいるが，土地代や生活費が高いので，現実にはほぼ新製品の開発に限って優位性を発揮している。地方は，土地代や生活費は安いが，企業間分業に適しているわけではない。つまるところ郊外は，土地代や生活費がかなり安く，都市の多様な労働市場や部品企業群にもアクセスできるという意味で，産業立地にとって有利性が高いのであろう。

　表4-6は都市・郊外・地方の間の付加価値率の相違を比較したものである。星印は，それぞれの地域の平均と雇用の多いトップ5の町の平均との比較の結果を示すために付した（詳しい説明は表の脚注を参照）。この表から三つのことがわかる。第一に，付加価値率はアパレル，機械，電器産業のように都市と郊外とで同等か，プラスチックやコンピュータ産業のように都市のほうが郊外より低い傾向がある。このことは，分業が都市と郊外とで大差ないか，あるいは都市でやや深化していることを示している。第二に，地方では付加価値率が郊外や都市に比べて明らかに高い。つまり，その他の地域では産業の集積が弱く，分業はあまり行われていない。最後に，星印が示しているように，平均の方がトップ5の町よりも付加価値率が41ケース中38のケースで高く，25ケースで5％以上の差があることを指摘したい。これは，工業化の進んだ地域で企業間分業がより盛んであることを如実に物語っている。

第4章　台湾の郊外集積型発展　　　　　　　　　　81

表4-6　地域別，産業別の平均付加価値率[a]
(%)

	アパレル	プラスチック製品	機械	電器製品	コンピュータ
都市					
1976	26**	21*	30***	32**	n.a.[b]
1986	34**	26**	30**	24*	27*
1996	35**	31**	38**	35***	31***
郊外					
1976	26**	26**	31	31**	n.a.[b]
1986	36**	30*	31*	31*	31**
1996	39**	33*	35*	33*	36**
その他					
1976	31*	26*	35*	36	n.a.[b]
1986	48***	35*	35**	34***	n.a.[c]
1996	48***	36**	43***	48***	38

a)　*は雇用者数が最も多い五つの町村の付加価値率が平均より5％ないしそれ以下の差で低いことを示す。同様にして，**は5～10％の差，***は10％以上の差があることを示す。
b)　データ存在せず。
c)　2町村のデータしかないため無視。

2　仮説の提起

すでに指摘したように，(1)情報のスピルオーバー，(2)熟練労働市場の発達，(3)企業間分業の三つが，Marshall (1920) 以来，産業集積の利点であると考えられてきた。途上国の産業集積に関する最近の研究は企業間分業の利点に関する従来の議論に付け加えて，集積地では初期投資の資金がわずかでも，特定の生産工程に特化して参入できるために企業数が速やかに増大すると主張している[7]。また，企業数が増大すれば，Stigler (1951) が指摘するように，分業はさらに進展するであろう。しかし，産業集積がどのような地域で形成されるのかについては，これまでほとんど実証的な分析は行われてこなかった。開発経済学の伝統的な議論によれば，産業は都市で発展するものとされてきたが，分業の発達や企業数の増大は，

---

7)　たとえば，Schmitz and Nadvi (1999) の文献サーベイを参照。

土地代や生活費のかさむ都市よりも郊外で起こる可能性が高い。これは，前章で考察した関東地方のケースだけでなく台湾にも当てはまるのではないだろうか。このことを検証するために次の仮説を提起したい。

仮説1　成長する産業では，郊外において新しい産業集積が形成される。

この仮説の妥当性を検証するために，町レベルの雇用者数の成長を北部，中部，南部の中心都市（つまり台北，台中，高雄）からの距離とその二乗項に対して回帰することにする。仮説1が正しければ，中心都市からある程度はなれた町で雇用の成長が最大になるであろう。したがって，距離の係数は正で有意，二乗項の係数は負で有意になると予想される。

第3章で考察した関東のケースでもそうであったように，製造業の規模と多様性は都市だけでなく郊外でも高い。すなわち，「都市化の経済」は都市だけのものではなく，郊外においても重要である公算が大きい。都市化の経済は，都市においては産業が転出するのを阻む要因となり，郊外に形成された新しい集積においては産業を引き込むプル要因となると考えられる。そこで以下のような仮説を提起したい。

仮説2　製造業全体の規模と多様性が高い地域ほど，新しい企業の参入と既存の企業の成長を通じて，雇用規模の成長が速い。

第3章と同様に，この仮説の妥当性を，製造業の雇用者数と多様性を説明変数として含む雇用成長関数の推定によって検証したい。

Marshall (1920) と Stigler (1951) と Becker and Murphy (1992) は共通して，企業間分業は産業集積においてとくに活発であると指摘している。しかし，分業の程度を規定するものが何であるかに関しては意見の相違がある。Stigler (1951) が市場規模の重要性を唱えるのに対して，Becker and Murphy (1992) は，取引費用の重要性を強調する。後者によれば，企業が互いに近接して立地すると取引費用が節約されやすくなり，そのため集積地で分業が発達する。しかし，取引費用の問題が深刻になるのは，産業の発展が質的向上期に入り，特定のサプライヤーが特定のユーザーに対して特殊な部品や半製品を供給する段階であろう[8]。そうである

---

8) もし良質な部品と粗悪な部品が混じっていれば，いわゆる「レモン」の問題が起こり

なら，分業と集積の関係は質的向上期においてとくに強いと予想される。換言すれば，

仮説3　とりわけ質的向上期には，多様な産業が集まっている集積地において企業間分業が相対的に活発である。

この仮説を検証するために，第3章で行ったように雇用者数や多様性の指標などを説明変数に含む付加価値率関数を推定する。

3 回帰分析

定式化

この節では，産業の雇用や付加価値率を従属変数とし，町の地域的特色や産業の過去のパフォーマンスを説明変数とする次のような誘導形の回帰式を推定する。

$$(Y_{ijt} - Y_{ijt-T})/T = 切片 + \alpha_1 \ln 雇用者数_{ijt-T} + \alpha_2 付加価値率_{ijt-T} + \beta_1 \ln 総雇用_{jt-T} + \beta_2 多様性_{jt-T} + \beta_3 \ln 近隣雇用者数_{ijt-T} + \lambda_1 \ln 距離_j + \lambda_2 (\ln 距離_j)^2 + \lambda_3 中部ダミー_j + \lambda_4 南部ダミー_j + u_{ijt} \tag{1}$$

ここで左辺の Y は，当該産業の雇用者数の対数値（ln 雇用者数）と付加価値率のいずれかの変数であり，下付添え字の i は i 番目の産業を示し，j は j 番目の町を指し，T は10年間である。説明変数としては，Y の基準年の値のほかに，次の変数を用いる。まず第一は，製造業の従業者数の対数値（ln 総雇用）と多様性指数である。第二に，同じ産業が近隣の町で発展すれば，地域特化の経済が作用するかもしれないので，隣接する町の当該産業の平均雇用者数の対数値（ln 近隣雇用者数）を用いた。第三に，観察不可能な地域的相違や大都市へのアクセスの良さの効果を検討するために，中部と南部の地域ダミーと，それぞれの地域における大都市からの距離の

うる（Akerlof, 1970; Klein and Leffler, 1981）。下請け取引が行われたとしても，納期や質をめぐるトラブルは起こりうるし（Mead, 1984; Kawasaki and Macmillan, 1987），もし特注品が売り手と買い手の合意の下で契約生産されたとしても，他に売り先のないことを見越して，事後的に買い手が価格を不当に値切るホールドアップ問題が起こる可能性がある（Williamson, 1985）。

対数値（ln 距離），およびその二乗項を用いた。

推定結果

雇用者数と付加価値率について，(1) 式を五つの産業と二つの期間（1976-86年，1986-96年）に分けて別々に推計した結果を表4-7から表4-10に示した。前半期の雇用成長関数に関する表4-7によれば，いずれの産業についても当該産業の雇用者数は，その後の雇用者数の伸びに対して負の効果を持った。この結果は，第3章の関東地方に関する推定結果と同じように，「地域特化の経済」がさほど重要ではなかったことを意味するものであろう[9]。プラスチック産業と機械産業の場合には，隣接する町での当該産業の雇用の係数が正で有意であり，地域特化の経済がある程度の雇用創出効果を持っていることを示している。

製造業の総雇用の係数は四つのケースともに正で有意であり，多様性の係数も二つのケースで有意である。こうした推定結果は，都市化の経済の重要性を主張する仮説2と整合的である。ただし，当該産業の雇用の成長率と，製造業の総雇用や多様性との間に正の相関関係があっても，因果関係があるとは限らないことに注意しておきたい。たとえば，インフラの整備状況のような第三の要因を通じて両者が相関しているだけであるという可能性は否定できない[10]。いずれにせよ，総雇用や多様性と個々の産業の雇用の成長が正の相関を持つという推定結果は，第3章の分析も含めて日米の多くの分析に共通しているという意味で一般性が高い（Glaeser et al., 1992; Henderson, Kuncoro, and Turner, 1995; Ellison and Glaeser, 1997; Henderson, 1997; Mano and Otsuka, 2000）。

表4-7の重大な推定結果は，距離の係数が一つの例外を除いて正であり，その二乗項の係数がすべて負であったことである。しかも両者がともに有意となるペアが四つある。これは，他の条件を一定にすると，雇用の成長率が最も高くなる地点が郊外にあることを意味する。つまり，既存の集積の程度が仮にどの町でも同様であるとするなら，雇用は郊外の特定の町やその周辺で伸びており，そこに新たな集積が形成されつつあることを

---

9) ただしこの解釈には，「平均への回帰」という問題があるために注意を要する。

10) 計量経済学的な観点からの批判的議論について詳しくは，Ellison and Glaeser (1997) や Henderson (1997) などを参照されたい。

第4章 台湾の郊外集積型発展

表 4-7 雇用に関する回帰分析の結果，1976-86年[a]

	アパレル	プラスチック製品	機械	電器製品
	(1)	(2)	(3)	(4)
ln（雇用者数）	-0.063** (-9.23)	-0.068** (-8.68)	-0.069** (-9.25)	-0.056** (-5.24)
付加価値率	-0.040 (-0.54)	-0.069 (-0.74)	-0.072 (-1.08)	0.164 (1.22)
ln（総雇用）	0.034** (3.14)	0.034** (4.21)	0.053** (4.56)	0.041* (2.03)
多様性	0.148* (2.10)	0.242** (4.20)	0.110 (1.40)	-0.005 (-0.02)
ln（近隣雇用者数）	0.003 (0.41)	0.035** (4.34)	0.018** (2.93)	-0.016 (-1.09)
ln 距離（北部）	-0.009 (-0.40)	0.055* (2.05)	0.031 (0.98)	0.088 (0.93)
[ln 距離（北部）]^2	-0.001 (-0.21)	-0.005 (-1.04)	-0.004 (-0.61)	-0.011 (-0.52)
ln 距離（中部）	0.011 (0.27)	0.078 (1.44)	0.141* (2.74)	0486** (3.00)
[ln 距離（中部）]^2	-0.001 (-0.09)	-0.006 (-0.57)	-0.033** (-2.62)	-0.112** (-3.46)
ln 距離（南部）	0.105* (1.67)	0.155** (3.40)	0.138** (3.56)	0.381 (1.46)
[ln 距離（南部）]^2	-0.012 (-1.26)	-0.018** (-2.54)	-0.022** (-3.42)	-0.066 (-1.31)
中部ダミー	-0.093* (-2.11)	-0.016 (-0.23)	-0.036 (-0.59)	-0.330 (-1.62)
南部ダミー	-0.256** (-2.56)	-0.166* (-2.19)	-0.128* (-1.92)	-0.384 (-1.34)
切片	0.032 (0.36)	-0.344** (-3.54)	-0.277* (-2.26)	-0.142 (-0.45)
標本数	185	212	167	57
R^2	0.41	0.54	0.54	0.55
中部:最大(小)の地点(km)			最大 8.6	最大 8.7
南部:最大(小)の地点(km)		最大 69.0	最大 22.3	

a) 従属変数は1986年と1976年の当該産業の雇用者数の対数値の差を10で割った値。説明変数は1976年の値。Whiteの標準誤差を用いた t-統計量をカッコ内に示す。＊は片側検定5％水準で，＊＊は1％水準で有意であることを示す。

示唆している。こうした推定結果は仮説1の妥当性を支持するものである。

興味深いことに，付加価値率の過去の値はこの表では全く有意ではなかった。したがって，企業間分業が発達していたことが雇用の成長を促進したわけではないと考えられる。また地域ダミーの推定結果からすると，北部で雇用の成長率が高かったことがうかがえる。

第2期における雇用の成長に関する表4-8によれば，総雇用の係数は

表 4-8 雇用に関する回帰分析の結果，1986-96年[a]

	アパレル	プラスチック製品	機械	電器製品	コンピューター
	(1)	(2)	(3)	(4)	(5)
ln（雇用者数）	-0.054**	-0.065**	-0.066**	-0.053**	-0.062**
	(-6.35)	(-8.10)	(-9.54)	(-5.01)	(-2.57)
付加価値率	-0.018	-0.162*	-0.021	-0.028	-0.048
	(-0.36)	(-1.97)	(-0.40)	(-0.39)	(-0.36)
ln（総雇用）	0.035**	0.046**	0.056**	0.045**	0.074**
	(3.83)	(3.58)	(5.68)	(2.36)	(3.11)
多様性	0.045	0.090	0.115	0.304*	-0.332
	(0.51)	(1.44)	(1.54)	(1.79)	(-1.12)
ln（近隣雇用者数）	0.016	0.035**	0.011*	0.011	0.013
	(1.47)	(4.16)	(1.96)	(1.21)	(0.46)
ln 距離（北部）	-0.078**	-0.020	0.009	0.018	0.004
	(-4.00)	(-0.70)	(0.35)	(0.29)	(0.07)
[ln 距離（北部）]^2	0.012**	0.003	-0.002	-0.008	0.001
	(3.07)	(0.49)	(-0.41)	(-0.69)	(0.06)
ln 距離（中部）	0.060	0.070	0.119**	0.001	0.508
	(1.21)	(1.11)	(3.08)	(0.01)	(0.44)
[ln 距離（中部）]^2	-0.009	-0.010	-0.025**	-0.001	-0.123
	(-0.79)	(-0.84)	(-2.76)	(-0.03)	(-0.41)
ln 距離（南部）	-0.052	0.044	0.071*	-0.056	0.241
	(1.40)	(1.06)	(2.00)	(-0.51)	(1.06)
[ln 距離（南部）]^2	0.012*	-0.006	-0.012*	0.006	-0.050
	(1.87)	(-0.91)	(-1.94)	(0.32)	(-1.08)
中部ダミー	-0.205**	-0.132	0.086	-0.002	-0.594
	(-3.58)	(-1.63)	(-1.52)	(-0.01)	(-0.60)
南部ダミー	-0.103*	-0.080	-0.083	0.092	-0.295
	(-1.68)	(-1.34)	(-1.40)	(0.66)	(-1.10)
切片	-0.102	-0.290**	-0.250*	-0.475*	-0.065
	(-0.92)	(-2.56)	(-1.92)	(-1.92)	(-0.19)
標本数	216	220	201	108	48
R^2	0.30	0.36	0.49	0.34	0.43
北部:最大(小)の地点(km)	最小 25.3				
中部:最大(小)の地点(km)			最大 11.0		
南部:最大(小)の地点(km)	最小 8.6		最大 20.8		

a) 従属変数は 1996 年と 1986 年の当該産業の雇用者数の対数値の差を 10 で割った値。説明変数は 1986 年の値。White の標準誤差を用いた t-統計量をカッコ内に示す。＊は片側検定 5％水準で，＊＊は 1％水準で有意であることを示す。

すべて正で有意であり，その値は第 1 期のそれとほとんど変わらないのに対して，多様性の係数は電気製品のケースを除いて有意性を失ってしまった[11]。

---

11) コンピューター産業の場合には，産業の多様性の係数は有意ではなかったが負であった。この結果は必ずしも台湾に特異ではなく，Henderson（2003）によればアメリカのハイテク産業でも観察されている。

総雇用の係数は，コンピューターのような成長産業で際立って大きい。こうした計測結果は，雇用規模の大きい大型で総合型の産業集積で雇用成長が大きかったことを示すものである。これは仮説2を支持している。注意したいのは，当該産業の過去の雇用の係数が第1期と第2期でほとんど同じであることである。これは，都市化の経済が時間とともに重要性を失い，地域特化の経済が重要性を増すという Henderson, Kuncoro, and Turner (1995) の分析結果とは共通性がない。

　表4-8に掲げた推定結果で最も興味深いのは，機械産業とアパレル産業を除いて距離関係の変数が有意でないことである。つまり，表4-3や表4-4で検討したように，郊外での集積の形成が第2期には勢いを失ったことが読み取れよう。ただし機械産業の場合には二つの距離変数が期待される符号条件を満たしており，郊外の特定の地点で集積が形成されつつあったことがうかがわれる。なお表4-1で見たように機械産業の雇用は第2期においても伸びているから，郊外でこの産業の雇用の集中が見られたことは仮説1を支持するものである。アパレル産業の場合は，北部の距離の係数が負でありその二乗項が正である。これは，衰退産業の立地は郊外から退却して都市へ戻る傾向があることを示唆している。

　雇用規模の成長に関する回帰分析の結果は総じて叙述的な分析結果と一致しており，既存の研究成果とも通じるところがある。次に，既存の研究では推定されることのなかった付加価値率関数の推定結果の検討に移ろう。前半期に関する推定結果を掲げた表4-9は，対応する表4-7に比べて有意な変数が少ないことが目に付く。例えば表4-9では地域の経済や都市化の経済を代表する変数はいずれでも有意ではないが，それらの多くが表4-7では有意であった。それに加えて距離関係の変数も，一つの例外を除いて有意ではない。こうした推定結果は，産業の集積地が都市から郊外に移動したときに，企業間分業の程度はほとんど変化しなかったことを示している。これは表4-6が示しているように，都市と郊外の間で付加価値率がほとんど同じであったことと整合性がある。

　ところが，後半期に関する表4-10では，産業の規模と多様性は六つのケースにおいて負で有意な効果を持っている。すでに表4-6でも指摘したように，大規模で多様な産業をかかえる集積地では企業間分業は依然と

表 4-9 付加価値率に関する回帰分析の結果，1976-86年[a]

	アパレル	プラスチック製品	機械	電器製品
	(1)	(2)	(3)	(4)
ln（雇用者数）	-0.002 (-1.49)	-0.002* (-2.08)	-0.001 (-0.88)	-0.001 (-0.69)
付加価値率	-0.071** (-5.47)	0.086** (-12.66)	-0.086** (-10.43)	-0.092** (-4.04)
ln（総雇用）	-0.003 (-1.61)	0.001 (1.07)	-0.0004 (-0.26)	0.001 (0.22)
多様性	-0.017 (-1.08)	-0.005 (-0.63)	-0.005 (-0.49)	-0.033 (-0.55)
ln（近隣雇用者数）	-0.001 (-0.53)	-0.002 (-1.21)	-0.001 (-1.08)	-0.002 (-0.77)
ln 距離（北部）	0.004 (0.93)	-0.001 (-0.37)	0.001 (0.18)	0.0003 (0.02)
[ln 距離（北部）]^2	-0.0003 (-0.30)	0.0003 (0.54)	-0.0001 (-0.22)	-0.00005 (-0.02)
ln 距離（中部）	-0.001 (-0.17)	0.006* (1.89)	0.001 (0.10)	-0.038 (-1.49)
[ln 距離（中部）]^2	0.0005 (0.26)	-0.001 (1.65)	0.0002 (0.12)	0.009 (1.62)
ln 距離（南部）	0.008 (1.05)	-0.005 (-0.92)	-0.007 (-1.33)	-0.014 (-0.51)
[ln 距離（南部）]^2	-0.001 (-0.89)	0.001 (0.61)	0.001 (1.22)	0.003 (0.54)
中部ダミー	-0.001 (-0.12)	-0.003 (-0.75)	-0.007 (-0.77)	0.029 (1.00)
南部ダミー	-0.008 (-0.69)	0.009 (1.19)	0.006 (0.78)	0.001 (0.03)
切片	0.082** (3.58)	0.039** (3.50)	0.045** (3.68)	0.057 (1.16)
標本数	184	211	166	55
R^2	0.37	0.47	0.51	0.51

a) 従属変数は 1986 年と 1976 年の当該産業の付加価値率の差を 10 で割った値。説明変数は 1976 年の値。White の標準誤差を用いた t-統計量をカッコ内に示す。＊は片側検定 5％水準で，＊＊は 1％水準で有意であることを示す。

して活発であるのに対して，非集積地では垂直的統合型の生産が行われるようになったものと思われる。企業間分業にともなう取引費用を重視する立場から言えば，質的向上期にはいると，取引費用を節約するための長期的かつ安定的な取引関係が集積地の内部で定着していったものと解釈できよう。当該産業の過去の雇用の効果は，第 1 期と同様に第 2 期であまり強くはなかった。つまり，付加価値率の地域間の相違を維持した主な要因は製造業の規模と多様性であったと推察される。

表 4-10 付加価値率に関する回帰分析の結果, 1986-96年[a]

	アパレル	プラスチック製品	機械	電器製品	コンピューター
	(1)	(2)	(3)	(4)	(5)
ln（雇用者数）	-0.0003 (-0.45)	0.0004 (0.61)	0.002* (1.75)	-0.002* (-2.04)	-0.003 (-1.07)
付加価値率	-0.088** (-13.06)	-0.080** (-11.26)	-0.072** (-9.62)	-0.082** (-10.99)	-0.106** (-5.55)
ln（総雇用）	-0.003** (-2.53)	-0.002* (-2.17)	-0.006** (-4.47)	0.0001 (0.06)	-0.002 (-0.64)
多様性	-0.023** (-2.44)	-0.011 (-1.58)	-0.014* (-2.06)	-0.048* (-2.13)	0.046 (1.48)
ln（近隣雇用者数）	-0.002 (-1.64)	-0.00004 (-0.05)	-0.001 (-1.49)	-0.001 (-0.78)	-0.001 (-0.25)
ln 距離（北部）	-0.001 (0.46)	0.006 (0.27)	0.003 (1.22)	-0.008 (-1.55)	-0.006 (-0.79)
[ln 距離（北部）]^2	0.001 (0.99)	0.0001 (0.36)	-0.001 (-1.24)	0.002 (1.19)	0.002 (0.96)
ln 距離（中部）	0.006 (0.96)	0.008 (-1.08)	0.006 (1.57)	-0.009 (-0.46)	0.014 (0.10)
[ln 距離（中部）]^2	-0.001 (-0.79)	-0.002 (-1.26)	-0.001 (-1.37)	0.001 (0.32)	-0.007 (-0.19)
ln 距離（南部）	0.009* (1.99)	-0.007 (-1.35)	-0.006 (-1.43)	-0.005 (-0.45)	0.014 (0.36)
[ln 距離（南部）]^2	-0.001 (-1.46)	0.001 (1.46)	0.001 (0.91)	0.001 (0.57)	-0.004 (-0.50)
中部ダミー	-0.012 (-1.36)	-0.002 (-0.25)	-0.008 (-1.64)	0.001 (0.05)	-0.006 (-0.05)
南部ダミー	-0.012 (-1.65)	0.014 (1.64)	0.010 (1.64)	-0.007 (-0.50)	0.001 (0.01)
切片	0.097** (6.68)	0.050** (4.59)	0.093** (7.13)	0.093** (3.14)	0.040 (1.08)
標本数	216	220	201	105	48
R^2	0.59	0.47	0.51	0.60	0.66

a) 従属変数は1996年と1986年の当該産業の付加価値率の差を10で割った値。説明変数は1986年の値。Whiteの標準誤差を用いた t-統計量をカッコ内に示す。＊は片側検定5％水準で，＊＊は1％水準で有意であることを示す。

4 結 論

台湾が地理的に分散した産業発展を遂げたのは，産業集積が重要でなかったからではなく，郊外において産業集積が形成されたからである。そして，そこでは活発な企業間分業が展開された。われわれの見解では，低品質の

標準品が生産されていた1970年代中期以前から，台湾では分業に基づく生産システムが形成されていった。しかしその後はそれほど分業を深化させることなく，郊外への移転をともないながら産業が急速に発展していったものと推測される。その後，国際市場における比較優位の変化に応じて，徐々に台湾の製造業は労働集約的で簡単な製品から質の高い製品への転換を行った。そして1980年代中期以降は，企業間分業にともなう取引費用を節約するために，生産の垂直的統合の気運が生まれた。しかし他方で，郊外で発展した大型で多様な産業を含む集積地では，質的向上期にも活発な企業間分業が維持された。

　量的拡大期を経てやがて質的向上期に移行するという「内生的産業発展論」が現実妥当性を有するとすれば，そのプロセスを支えるように産業立地や企業間分業が変化していかなければならない。なぜならば，量的拡大に適した地域と質的向上に適した地域は異なり，同じように最適な分業の程度も産業発展の段階によって異なってくる可能性があるからである。すなわち，都市の郊外の産業集積は低品質の標準品の生産を行うために形成され，そこでは企業間で活発な部品の取引が行われる。しかしやがて質的向上期になると垂直的統合型の企業が他地域で発展する一方で，郊外型の産業集積では都市化の経済のメリットを生かしつつ，企業間分業が維持されていく。こうした基本的な特徴は，台湾と関東地方のケースで相当な類似性がある。それはまた，われわれが主張する「内生的産業発展」のプロセスの存在を裏付けるものでもある。もし台湾と関東地方に相違があるとすれば，前者における産業の都市郊外での地理的な集中であり，そこでの企業間分業の強さである。それとは対象的に関東地方では，産業は郊外に立地を移しつつも，都市化の経済を享受しようとする傾向が強かった。それは，成熟段階を迎え常に新技術の開発を目指す日本の製造業と，海外からの技術の模倣をベースにしつつ製品の質の向上を目指す台湾の製造業の発展段階の差を反映しているように思われる。

第5章

揚子江下流域の集積形成型産業発展

　改革解放が始まった1978年末以降，中国の経済成長は目覚しい。はじめに産業発展に成功したのは香港に隣接する広東省であり，そこでは外資および外国技術の導入が発展の原動力となった。その後は江蘇省や浙江省という上海に隣接する揚子江下流域の産業発展が注目を集めた（関，1995）。江蘇省の南部では，国有企業の下請けや分工場として操業していた多数の町営企業が，国有企業の技術や経営ノウハウを吸収して実力をつけていった（Chen et al., 1992; Jefferson et al., 1996; Otsuka et al., 1998; 大塚他，1995）。その発展パターンは「蘇南モデル」として喧伝された。他方，温州をはじめとする浙江省の南部では，計画経済下では存在しなかったはずの私企業が地方政府の黙認のもとに多数出現して，民間の活力で産業発展を成功に導いた（Zhang, 1989; Zhang, 1999; Sonobe et al., 2004）。この発展パターンは「温州モデル」と呼ばれている。浙江省南部には紹興酒で知られる紹興やハムの名産地である金華だけでなく，特定の産業に特化した町が無数にある。第8章で取り上げる温州の楽清市柳市鎮という町に発達した弱電機器産業の産地もその一つである。浙江省人民政府のある幹部は，浙江省の経済的成功の秘訣は何かという我々の質問に答えて，第一に市場メカニズムを尊重した経済発展を進めたことであり，第二に特定の産業に特化した個性の強い町が多いことであると誇らしげに語った。このように民間主導の温州モデルでは，産業集積が産業の発展に重要な役割を果たした。

　しかし，中国の他の地域の発展に関しては産業集積の重要性が指摘されることはほとんどなかったし，我々が数回訪問した江蘇省の人民政府でも産地に言及する人は誰もいなかった。たしかに蘇南地方の金看板といえば，

昆山，蘇州，無錫などの都市に造成され近代的な大工場が立ち並ぶ工業区であり，特定の産業に自然に特化した産地ではない。ところが驚いたことに，そうした工業区からそう遠くないところにある多くの町が，実は1990年代の前半から産地化していたのである。第9章で取り上げる昆山，蘇州，常州のプリント配線板の産地も1990年代に形成された産業集積である。それでは産地化はどのように始まったのか。我々の質問に対して，その発端は民営化だったと企業の経営者たちは異口同音に語ってくれた。1990年代の初頭から経営者や株主が国有企業や町営企業を部分的に所有することが可能になり，それとともに私企業の設立や活動に対する制限も次第に緩和された[1]。1980年代から90年代初頭にかけて町営企業の活躍に牽引されて発展した蘇南地方でも，90年代後半には他の地域に劣らず急激な民営化を果たした。

　蘇南地方でも産地が発展していることに気付いたときは驚いたが，果たしてこれは驚くべきことだろうか。民営化によって企業立地の自由な選択が可能になると産地が形成されるというのは，温州や台湾や日本での産地の重要性を思えば不思議ではないし，集積の経済のメリットに導かれて産地が形成されるというのは理に適っている。産地の発展にあまり注意が払われてこなかったことの方がむしろ驚くべきことなのかもしれない。これまで民営化の効果の経済分析といえば，対象がロシアでも東欧でも中国でも，民営化が企業の経営効率に及ぼす影響に焦点を当てるのが常であった。本章では，産業集積の形成は民営化の重大な効果の一つであり，民営化後の中国においても産業集積が産業発展に重要な役割を果たすのは，第3章や第4章で議論した日台のケースと本質的に変わりはないという仮説を検証したい。

　以下第1節では，江蘇省と浙江省で収集したデータに基づいて，揚子江下流域における企業の民営化と産業発展と産業集積の形成を概観する。第2節では，民営化，産業発展，産業集積の三者間の関係について検証可能な仮説を整理し，第3節では回帰分析によって仮説の検証を行う。

---

　　[1]　第1節でも述べるように，本書で民営化というのは，町営・村営企業が人民所有から経営者や株主の所有に変わったことと，私企業の活動が自由化したことの全体を包括した変化を指す。

1 江蘇省と浙江省における産地の形成

データの性格

本研究で用いるデータは，公刊されていない町レベルの産業データである。中国の行政区分は，省の下が市であり，その下に県があり，その下に郷または鎮があり，その下に村があるという構成になっている[2]。本書で中国の「町」というのは郷や鎮を指し，人口規模でいうとおよそ5万人程度の行政区域である。公刊されている各省の統計年鑑からは，市レベルの詳しい産業データが得られるし，県の産業の状況についてもかなりのことがわかる。しかし，県レベルのデータでは産業集積の実態は把握し難く，市レベルではほとんど不可能といってよい。なぜなら多くの場合，産業集積の地理的な範囲は町にほぼ合致しているからである。仮に県の中にいくつもの個性豊かな産業集積があったとしても，それらの生産額や雇用規模を集計した県レベルのデータでは，どの県も似たり寄ったりの産業構造を持っているように見えてしまう恐れが大きい。そこで本研究では，統計局の各県あるいは町の出張所に保管されている町レベルの1990年，1996年，2002年の3時点の産業データを収集することにした。

標本とする町の抽出は次のような手順で行った。まず江蘇省と浙江省の県をそれぞれ50県ずつランダムに抽出し，各県から二つの町を選ぶことにした。(二つの省の位置は図9-1を参照) しかし県の中には40もの町があるものもあり，町をランダムに抽出したのではほとんど全く産業が発展していない町ばかりが標本として選ばれてしまう恐れがある。それでは産業発展の分析はできないし，かといってすべての町を網羅するほどの研究予算はない。そこで各県で主要な産業を二つ挙げてもらい，それらの産業が栄えている町のデータを出してもらうことにした。したがって，ここで用いる町レベル産業データというのは，ランダムに抽出された県の主要な町

---

[2] 紛らわしいことに，市と同じレベルで地区というところがあり，市や地区の下の県と同じレベルにも市や区がある。以下では県レベルの市や区も「県」と呼ぶことにする。

表 5-1 標本となった町の数,町当り企業数,従業者数,実質生産額の推移(万元,2002年価格)[a]

	1990	1996	2002
江蘇省北部			
サンプル数	48	59	66
企業数	237	366	558
従業者数	3,807	5,680	8,495
生産額	12,348	42,459	113,654
蘇南地方			
サンプル数	16	21	23
企業数	83	147	262
従業者数	6,160	6,254	8,995
生産額	26,841	76,255	164,981
浙江省			
サンプル数	33	39	46
企業数	320	663	950
従業者数	10,894	16,489	23,350
生産額	66,327	125,652	273,966

a) デフレーターとして,国家統計局(2003)公表の工場出荷価格指数を用いた。

のデータであって,ランダムに抽出された町のデータではない。

産業の発展

公刊された集計データに基づいて,江蘇省と浙江省における一人当りGDPの推移を比較すると,いずれの省の一人当りGDPも中国全体の平均を2倍近く上回り,1990年代をほぼ一貫して浙江省が江蘇省を15％程度上回っていた。ただし,これは省全体の平均の比較である。揚子江の南側に位置する蘇南地方は,面積でみると江蘇省の3分の1足らずであり,1990年当時には,揚子江によって隔絶された北部に対して大きな経済格差をつけていた。他方,温州地方は浙江省の中では比較的貧しい地域であった。町営企業の成功によって産業発展で先んじた蘇南地方は,温州地方よりも80年代から90年代前半にかけては明らかに豊かであったのに対して,民営化の時代を先取りしていた温州は90年代に急速なキャッチアップを遂げたといわれている。

表5-1は,分析に十分耐えうるデータが揃った標本の町の数と,町当りの企業数,従業者数,および実質生産額を,江蘇省の北部と蘇南地方お

よび浙江省に分けて示している。2002年に関しては，江蘇省から選んだ100個の町のうち89町が信頼に足るデータを提供してくれたが，浙江省では残念ながら半分足らずの46町からしかそうしたデータが得られなかった。さらに過去に遡るとデータの保管状況が悪く，江蘇省でも1990年については64町からしかデータが得られなかった。その原因の一つは，1990年代の民営化の過程で企業の所有制度別の分類方法が混乱したことにあると考えられる。特に温州地方には，名目だけは町営を唱えながら実質は私有という（共産党の）「赤い帽子」を被ったり「赤いカバン」を持った企業が多かったので，町営企業と民営企業とを区別してほしいという我々の要求に対して，統計局としては応じにくかったのかもしれない。なお，表5-1以下の表や分析で，企業というのは町や村の政府が管轄している広義の郷鎮企業（これには民営企業も含まれる）のことで，国有企業や都市集体企業など上級の政府が管轄する企業は含まれない。従業者数や生産額というのもすべて郷鎮企業のものに限られる。

　三つの地域のいずれにおいても，企業数，従業者数，生産額は1990年から2002年にかけて大幅に増大している。従業者数が2倍以上に増えたのは，とりもなおさず農業から工業への産業構造の大規模な変化を反映したものであろう[3]。蘇南地方の企業数は従業者数や生産額の割に少なく，企業規模が相対的に大きいことをうかがわせる。また，1990年から95年にかけて従業者数の伸びが悪いにもかかわらず生産額は3倍に伸びていて，労働生産性が大きく上昇したことを示している。1990年においては，江蘇省北部の従業者数や生産額は蘇南地方に比べて大幅に少なかったが，2002年にはかなり近い水準にまで追いついていることも興味深い。浙江省の従業者数や生産額は1990年においてすでに蘇南地方を大きく上回っているが，これには蘇南地方に多くて浙江省に少なかった国有企業が対象から外れていることや，浙江省の中で相対的に貧しかった温州地方の標本が少ないことがあずかっていると考えられる。実質生産額の伸び率を比較すると，江蘇省北部が最も高く，蘇南地方，浙江省という順になっていて，後進地域が先

---

[3] 二次的な原因として，内陸部からの出稼ぎの増大や国有部門でリストラされた労働者の転入も挙げられよう。

表 5-2 企業当りの実質生産額の推移（万元，2002年価格）[a]

	1990	1996	2002
江蘇省北部			
町営企業[b]	316	1201	4387
民営企業	82	219	299
平均	107	228	309
蘇南地方			
町営企業[b]	376	1551	3338
民営企業	33	349	784
平均	355	764	775
浙江省			
町営企業[b]	169	353	2652
民営企業	412	394	401
平均	414	400	403

a) デフレーターとして，国家統計局（2003）公表の工場出荷価格指数を用いた。
b) 「町営企業」は村営企業を含む。

進地域にキャッチアップするという構図が見て取れる。

民営化の進行

町レベルの企業の所有形態は様々に分類できるが，大まかにいうなら表5-2にあるように町営と民営に分けられる[4]。江蘇省北部と蘇南地方では，町営企業の方が民営企業よりもはるかに企業規模が大きい。町営も民営もいずれも企業規模が拡大しているが，これには既存の企業が成長したことのほかにも理由がある。まず，町営企業が民営化される過程で，大企業ほど町営として残ったケースが多かったというのが，町営企業の平均的規模が大型化した第一の理由であろう。また，民営企業の平均より規模の大きかった町営企業が民営化したために，民営企業の平均的規模が拡大したという面もある。実際，1990年において既に大半の企業が民営だった浙江省では，民営企業の平均的規模が大きく，しかも安定していた。ただし，こうした内訳の変化は別にして全体の平均を見ても，江蘇省では北部でも南部でも企業規模が大型化しているのに対し，浙江省では安定していたとい

---

4) 町営企業には村営企業も含まれている。民営には，私企業や零細な自営業者，株式会社のほかに，民営化の途上で現れた株式合作企業という町や村と経営者および従業員が共有する企業も含まれている。

表 5-3 町当りの企業総数，民営企業の企業数，民営企業が企業数と生産額に占めるシェアの推移

	1990	1996	2002
江蘇省北部			
総企業数	237	366	558
民営企業数	187	325	555
民営の企業数シェア(%)	53.5	75.9	99.3
民営の生産額シェア(%)	30.9	51.7	94.4
蘇南地方			
総企業数	83	147	262
民営企業数	16	79	251
民営の企業数シェア(%)	10.4	42.5	93.4
民営の生産額シェア(%)	3.7	20.9	91.7
浙江省			
総企業数	320	664	950
民営企業数	316	652	944
民営の企業数シェア(%)	97.1	97.6	99.4
民営の生産額シェア(%)	90.7	91.2	98.1

うコントラストは注目に値する。

　民営化の進展状況を示した表5-3によれば，浙江省の民営企業のシェアが1990年や96年には企業数で見ても生産額で見ても圧倒的に高かったが，2002年に至ると地域間の目立った差異は解消した。変化が特に著しいのは蘇南地方であった。1990年当時，蘇南地方は自らの産業発展モデルに自信を持っていたであろう。ところが，蘇南地方よりもはるかに貧しいとされていた温州地方が民間の活力によって急速に追い上げてきたことに慌て，1990年代後半に民営化を急いだことが表5-3から推察される。蘇南モデルの影響が強かったであろう江蘇省北部の寒村では，温州とは違って赤い帽子を黙認することは難しかったと想像される。しかし，その割には1990年における民営の企業数シェアは53%と高かった。これは，当時は企業と見なされなかった零細自営企業が，われわれのデータでは民営企業に含まれているからであろう。すなわち，農業だけでは食っていけない寒村に零細な工業が興るプロト工業化的な発展があったものと思われる。なお，民営の企業数シェアよりも生産額シェアの方が低かったのは，民営企業の方が町営企業よりも企業当りの生産額が小さかったからである。

表 5-4 特化率（中心的産業が従業者数と生産額に占めるシェア）の推移 (%)

	1990	1996	2002
江蘇省北部			
従業者数シェア	25.8	30.5	32.2
生産額シェア	31.9	34.6	37.3
蘇南地方			
従業者数シェア	27.3	28.9	33.4
生産額シェア	35.8	33.7	44.8
浙江省			
従業者数シェア	33.9	35.8	36.4
生産額シェア	31.5	30.0	36.8

産業集積の形成

このように1990年代の揚子江下流域の産業発展は，町営企業と零細自営企業を中心とした江蘇省北部，大規模な町営企業を中心とした蘇南地方，大規模な私営企業を中心とした浙江省という三者三様の形態がしだいに均質化する傾向を持っていた。このような産業発展のプロセスにおいて，産業集積はどのような役割を果たしたのだろうか。この問題を解明するために，われわれは，町の中心的な産業は何であるか，そしてその企業数，従業者数，生産額はどれほどであったかを尋ねた。産業は中国の工業分類表の中分類という基準に従って分けることにした。これは工業を200程度の業種に分類するものであり，例えば輸送機械産業という大分類項目の場合には，自動車，オートバイ，船舶というレベルが中分類である。このような中分類に基づいて町ごとに中心的産業を確定し，中心的産業が町の工業全体の従業者数や生産額に占めるシェアを算出した。これらのシェアを以下では「特化率」と呼ぶことにしたい。表5-4は，特化率の平均値の推移を示したものである。特化率の平均値は30％足らずから40％強までの範囲に収まっているが，町ごとにみると90％を越える町も少なくない一方で，5％未満の町もありバラツキは大きい。

　この表を見るうえで注意すべき点は，中心的産業の企業が使用する部品が内製される場合には，それに携わった従業者も部品の生産額も中心的産業のものとしてカウントされるのに対して，部品が他産業に属する企業に

外注される場合には他産業の従業者数や生産額に含められることである。民営企業に比べて町営企業は丸抱え的生産の傾向が強いから（第7章），他の事情は一定にして町営企業の割合が大きいほど，特化率は高くなる。したがって，1990年当時から集積型で企業間分業の発達していた浙江省の特化率に対して，町営企業が優勢だった蘇南地方のそれは過大に現れている公算が大きい。また民営化（および町営企業の分社化）の前後で比べる際には，民営化前の特化率が高くなりがちであることに注意を払わなければならない。こうした問題はあるが，データ上の制約から，特化率のほかには産業構造の特化を判断する手がかりはない。

　この点に留意するなら民営化の進行にもかかわらず，どの地域でも特化率が上昇したことは大いに注目すべきであろう。第3章や第4章でみたように日本や台湾では産業集積が産業発展に大きな貢献をしたものの，過去20年ないし40年間の傾向は，産業立地の分散と産業構造の多様化であった。それを思えば，中国の町が特定の産業への特化を数パーセント・ポイントとはいえ強めたことは，この時期の中国の産業発展の大きな特色と言えよう。また，浙江省の方が従業者数で見る限り特化率が高かったことは，集積型発展といわれる温州モデルの特色を反映しているものと解釈できよう。江蘇省北部や蘇南地方で特化率が高まり，2002年には浙江省のそれと比べて遜色のない水準に至ったことも特筆に価する。さらに，蘇南地方では1990年から96年にかけては特化がほとんど進展しなかったのに対して，96年から2002年にかけては急速な民営化に歩調を合わせるかのように大幅に特化率が上昇したことも興味深い。

　このような産業構造の特化は，地域特化型の産業集積の形成の一つの側面ではある。だが，多数の企業が集まりかつ全体の雇用規模も大きいというのでなければ産業集積とは言い難い。表には示さないが，従業者数シェアで測った特化率が中間値（メディアン）を超える町では，中心的産業の企業数や従業者数が，中間値以下の町のそれらよりも3倍から10倍以上も大きい[5]。中心的産業がどのような産業であるかにも依存するが，傾向と

---

5) 特化の進んだ町の中心的産業の企業数と従業者数は1990年にはそれぞれ77社と3273人であるのに対して，特化率の低い町のそれらは16社と541人であった。2002年には前者が313社と7950人であるのに対して，後者が23社と1717人であった。

表 5-5 中心的産業と周辺的産業の企業数と企業規模（企業当りの従業者数）の推移

	1990	1996	2002
江蘇省北部			
中心的産業の企業数	36	115	145
同　企業規模	162	219	264
周辺的産業の企業数	201	251	412
同　企業規模	34	27	20
蘇南地方			
中心的産業の企業数	61	57	97
同　企業規模	214	258	511
周辺的産業の企業数	65	90	164
同　企業規模	75	59	30
浙江省			
中心的産業の企業数	69	193	231
同　企業規模	108	112	143
周辺的産業の企業数	251	470	718
同　企業規模	30	30	32

してはこのように特化の程度が大きいほど企業や雇用の密集度も高い。したがって，特化率は産業の集積状況の代理変数の資格を有するといえよう。

このように，揚子江下流域では町レベルで特定の産業の集積が形成され，特に1990年代の江蘇省ではその動きが活発であった。それでは，その他の産業ではどのような展開が見られたのであろうか。表5-5は，中心的産業とそれ以外の産業との間で企業数と一企業当りの従業者数を比較したものである。この表からいくつかの傾向が読み取れる。まず，企業数が増大したことや，蘇南地方では企業規模が一貫して他の地域よりも大きいことは，既に見てきた傾向を確認するものである。新たな発見の第一は，中心的産業の方がそれ以外の産業よりもはるかに大きな企業規模を誇っていることである。第二に，中心的産業では企業規模が大型化したのに対して，それ以外の産業のそれは江蘇省では縮小し，浙江省では安定していて，30人程度の規模に収斂したというコントラストが挙げられる。おそらくこうした小規模な企業の多くは，中心的産業をサポートするような関連産業に属する下請や協力企業のような存在であろう。江蘇省ではそうした補助産業で企業間分業が発達し，企業がそれぞれ専門化した結果，企業規模が縮

表 5-6　産業タイプ別の特化率，企業数，従業者数の推移

	1990	1996	2002
部品産業[a]			
特化率(%)	34.7	33.4	38.7
企業数	80	186	210
従業者数	2,486	3,767	5,624
組立産業[b]			
特化率(%)	35.5	44.6	48.3
企業数	63	181.6	186
従業者数	1,824	2,928	4,982
その他の産業[c]			
特化率(%)	20.3	22.2	22.1
企業数	21	48	130
従業者数	1,403	2,183	4,119

a)　部品産業は，化学原料産業，非金属鉱物加工産業，金属製品及び機械部品産業から成る。
b)　組立産業とは，アパレル，木竹製品，文具・玩具等雑貨，プラスチック製品，及び機械の最終製品を生産する産業全体を指す。
c)　その他の産業とは，部品産業・組立産業に含まれない産業を指す。

小したものと考えられる。浙江省において周辺的産業の企業規模が安定していたのは，早くから企業間分業が発達していたからであろう。

地域特化の経済

第1章で議論したように，企業間分業の発達は地域特化のメリットの一つである。その他には，情報のスピルオーバーや技能労働市場の形成も地域特化の経済に含まれる。揚子江下流域の産業発展にとって，企業間分業によるメリットはどの程度の重要性を持ったのだろうか。その点を検討するために表5-6では，中心的産業のタイプを三つに分類した。分類の基準は，近接した企業同士の分業が活発に行われやすい産業であるか否かである。機械産業に部品を提供する金属製品産業や，機械産業の中でも部品を生産する産業などのように中間投入財を生産する産業は「部品産業」とし，資本財や消費財を生産する産業の中でもとくに企業間分業が発達しやすい産業を「組立産業」として分類した。中間投入財を生産する産業であっても，紡績や化学繊維，製鉄や非鉄金属産業は，遠方の顧客にも生産物を供給するケースが多い。町の中での産業連関が特に強くはないと思われるこ

れらの産業は，食品産業や採掘型の産業とともに，「その他の産業」とした。

表5-6によれば，中心的産業のタイプによって，その従業者シェアや企業数の推移は大きく異なる。「その他の産業」の場合は，雇用の特化の程度が20％程度と低水準で安定し，企業数は少なかった。対照的に，組立産業に特化した町では，特化の程度が35％から48％に大きく上昇し，企業数も増大した。これらの観察結果は，企業間分業の恩恵を享受しやすい産業ほど集積し，しかも集積が企業間分業を容易にする結果，そうした産業がいっそう集積していったことを示唆している。ただし，産業連関効果の恩恵をあまり受けないように思われるその他の産業でも，企業数や従業者数は勢いよく増大し，伸び率では部品産業や組立産業より優勢であった。これは，情報のスピルオーバーや技能労働市場の形成といった地域特化のメリットが一役買っていたからであると思われる。

2　仮説の提起

聞き取り調査の結果だけでなく，民営化のタイミングが異なった地域別にデータを検討した結果からも，産業集積の形成と民営化が期を同じくして進行したことは疑う余地が小さい。町営企業の設立や立地を決定したのは町や村政府の幹部であって，彼らは民営企業の経営者とは異なる目的を持っていたと考えられる。民営企業の経営者は利潤の最大化を図ろうとし，そのために設備投資や雇用を切り詰め，したがって可能な限り部品は外注しようとするであろう。企業間の取引には契約履行の不完全さや情報の非対称性から生じる取引費用がつきものであり，取引費用を引き下げるには取引相手と近接して立地することが有効な手段となる。町や村政府の幹部も企業の採算性には注意を払ったであろうが，彼らにとっては地元住民の雇用を拡大することが重大な関心事であった。また，町営企業の主要な取引相手は特に1980年代には国有企業であることが多く，やっかいな国有企業との折衝は町や村政府の幹部によって行われたし，他地域から市場情報や技術情報をもたらすのも彼らの役割であった。また，そうした役割を彼

らが担ってくれることこそ，当時は町営企業の民営企業に対する強みでもあった（大塚他，1995; Otsuka et al., 1998; Chen and Rozelle, 1999）。したがって，企業間の取引費用の削減のために新しい企業を他企業の近くに立地させるという発想は町営企業の場合には乏しかったであろう。さらには，町や村政府の幹部が大企業を地元に育てたいという意欲を持っていたことは，聞取り調査における彼らの言葉の端々から強く感じられた。そうであれば，互いに競争する同業の企業を彼らが多数設立しようすることは稀であったはずである。これらの理由から，産地形成の引き金を引いたのは民営化であったと考えられる。そこで次の実証仮説を提起したい。

仮説 1　町営企業と違って企業立地を自由に選択することができる民営企業は地域特化の経済を享受しようとするから，民営化は産地型の産業集積の形成を促す。

こうして形成された産地では内生的産業発展論が指摘するように，集積のメリットが新規企業の参入を促し，産地は量的拡大を果たすであろう。しかし，企業数の増大によって採算性が悪化すると，製品の品質や生産性の改善が重要性を帯びるようになる。品質や生産性の向上をめぐる競争を勝ち抜いた企業は急速に企業規模を拡大させる。後の第III部で見るように，中国の産業集積は1990年代に量的拡大期から質的向上期へ急速に移行した。ここでは，その段階は区別せずに次のような仮説を検証したい。

仮説 2　産業集積は新規企業の参入と既存企業の成長を促進するので，産業集積の形成は町の雇用拡大に貢献する。

前節の表5-4で観察したように揚子江下流域では地域特化が進む傾向があり，表5-6で見たようにその傾向は，企業間分業の活発な産業に特化した町で顕著であった。企業間分業の発達の程度と企業規模とは密接な関係がある。企業間分業が発達していれば企業規模は小さくて済むし，多数の小企業が参入することで企業間分業は発達する。第1章で議論したように，集積の経済には広い意味での規模の経済の性格があり，集積が集積の原因となるという循環的な因果関係を生み出す。もちろんやがては集積の不経済が集積化の進行に歯止めをかけるはずだが，表5-4によれば1990年代の少なくとも江蘇省北部においてはそうした歯止めはまだ強くは効いていなかったと考えられる。以上の議論を次の仮説に要約しておこう。

仮説3　企業間分業が発達して平均企業規模が小さいほど産業集積は拡大し，大規模な産業集積ほど特化をさらに強めてゆく傾向がある。

　このように民営化が地域特化を促し，地域特化が雇用を拡大しつつ一層の特化につながってゆくと考えられるが，そうであれば，町の他の産業は衰退してゆくのだろうかという疑問が生じる。しかし，前節で行った分析が示唆するように，町の中で産業が相互に補完的な関係を持っているケースは少なくないと思われる。経済発展論に「戦略」的思考を持ち込んだHirschman（1958）の議論が戦略的である所以は，経済発展には多様な産業が一斉に発展する必要があるという当時の論調に反して，産業連関の強い産業にフォーカスしてそこから産業発展を促進してゆこうという戦略を描いた点にある。そして彼は，生産工程の川上にある産業の発展が川下の産業の発展を促すことを前方連関効果，逆向きの効果を後方連関効果と名付けた。前方連関効果は川上産業が部品などの中間財の供給を増大させることによって中間財価格が低下するために発生し，後方連関効果は川下産業が発展して中間財需要が増大することによって発生する。産業集積型の発展は，企業の自由な立地選択の結果として，これらの連関効果，あるいは企業間分業が活用されるようなパターンをとるであろう。揚子江下流域でも民営化をきっかけとして，そうした展開が見られたものと考えられる。そこで次の仮説を提起しよう。

仮説4　部品やその他の中間投入財を生産する産業や最終製品を組み立てる産業は，産業集積内の前方および後方連関を通じて，町の他の産業の雇用成長に貢献する。

3　回帰分析

回帰式の定式化

本節では，地域特化型の産業集積が町の工業全体の雇用に及ぼす効果や，集積の自己拡大的プロセス，および前方・後方連関効果を分析するために，3本の回帰式を推定する。従属変数は，(i)全産業の従業者数の増加率，(ii)雇用の特化率の変化分，および(iii)町の他の産業の従業者数の増加率で

第5章 揚子江下流域の集積形成型産業発展

ある。説明変数の効果が時間とともに変化することを見るために，推定は1990年から1996年にかけての時期と1996年から2002年までの時期に分けて行う。第3章と第4章と同様に，次のような誘導形の回帰式を用いることにする。

$$Y_i = 切片 + \alpha_1 \ln(雇用)_i + \alpha_2 X_i + \alpha_3 (X_i \times 部品ダミー_i) \\ + \alpha_4 (X_i \times 組立ダミー_i) + \alpha_5 (X_i \times 蘇南ダミー_i) \\ + \alpha_6 (X_i \times 浙江ダミー_i) + \alpha_7 民営化率_i + \alpha_8 \ln(企業規模_i) \\ + \alpha_9 部品ダミー_i + \alpha_{10} 組立ダミー_i + Z_i \beta + u_i \tag{1}$$

従属変数Yは，(i)の分析では工業全体の従業者数の年率成長率，(ii)では中心的産業の従業者数シェアで測った変化分（期末の年の値－期首の年の値），(iii)の分析では周辺的産業の従業者数の年率の成長率である。下付添え字のiはi番目の町を示す。第一の説明変数は全産業の従業者数の期首の年の水準の対数値($\ln$(雇用))であり，第二の説明変数は特化の程度を表わす特化率(X)である。次に，前方連関や後方連関による効果を見るために，特化率と産業ダミー変数の交差項（$X \times$部品ダミーと$X \times$組立ダミー）を説明変数として用いることにする。たとえば，組立産業への特化が後方連関効果を通じて追加的な効果を持つのであれば，($X \times$組立ダミー)の係数α_4は正になる。つまり地域特化の効果は，中心的産業が比較的孤立型の産業である場合はα_2，部品産業の場合は$\alpha_2 + \alpha_3$，組立産業の場合は$\alpha_2 + \alpha_4$となる。また地域特化の効果には，丸抱え的生産の傾向が強かった蘇南地方や産地がいち早く成熟した浙江省といったように地域差があると思われるので，Xと蘇南ダミーおよび浙江ダミーの交差項も導入する。次に，民営化の雇用促進効果を調べるために，民営企業が工業全体の従業者数に占めるシェア（民営化率）を説明変数とする。企業規模は，全産業の企業当りの従業者数によって測ることにする[6]。地域特化を通じての効果とは別に，中心的産業のタイプが何らかの効果を持つことをコントロールするために，部品ダミーと組立ダミーも導入する。

これらの説明変数の他に，町のその他の性格を表す変数をZとして

---

[6] 民営化率も企業規模も生産額で測ったものを用いる定式化も試みたが，推定結果に大きな違いはなかった。

(1) 式に含めている。その中身は，農民1人当り所得，揚子江下流域の中心地である上海からの距離，人口，行政区域面積のそれぞれの対数値と，蘇南ダミーおよび浙江ダミーである。農民1人当り所得は，町の賃金水準の代理変数であり，これが高いほど工業部門の雇用の伸びは小さいと予想される。上海からの距離は近いほど産業発展に有利であると予想される。人口や面積は生産要素の賦存量による影響をコントロールするために説明変数に加えた。また，以上の説明変数では捉えられない地域差をおさえるために蘇南ダミーと浙江ダミーを用いた。

推定結果

表5-7は工業部門全体の雇用成長関数の推定結果を示したものである。左側の二列では中心的産業のタイプの違いを考慮していないのに対し，右側の二列ではそれを考慮している。いずれの場合でも，当初の雇用規模水準がその後の雇用規模の成長に及ぼす負の効果は有意であり，第2期(1996-2002年)にはそれが強まった。これは工業発展の遅れた町が進んだ町にキャッチアップする傾向が強まったことを意味する。より重要な推定結果は，第1期と第2期を通じて，特化率が正で有意な効果を持っていたことである。これは，地域特化が著しかった町ほど工業の雇用の伸びが大きかったことを意味する。ただし第1期の蘇南地方と第2期の浙江省には，これは当てはまらない。蘇南地方の町における地域特化の効果は $\alpha_2+\alpha_5$，すなわち第1列では0.104−0.147と負であり有意ではない。つまり，第1期の蘇南地方では地域特化のメリットは発揮されていなかったといえる。これはおそらく，丸抱え的な生産が蘇南地方で優勢だったことによるものであろう。しかし第2列が示すように，第2期になると蘇南地方でも地域特化が雇用の拡大に貢献するようになった。他方，産業集積が早くから発達していた浙江省では，第2期には産地が成熟したせいか，雇用拡大効果は見られなかった。このような地域差はあるが全体としては，仮説2が主張するように，地域特化は町の雇用拡大を促進する傾向があった。

民営化率はいずれの列でも正の効果を持ち，第2期にはその効果が強まり統計的な有意性も大幅に高まった。これは民営化が産業集積の形成を促すという仮説1と整合的である。農民1人当り所得の効果は第1期には予想通り負で有意だった。しかし，第2期になると農業所得は工業化のペ

表 5-7 工業全体の雇用成長率関数の推定，1990-1996年と1996-2002年[a]

	1990-1996	1996-2002	1990-1996	1996-2002
	1	2	3	4
ln(雇用)	-0.019**	-0.031**	-0.019**	-0.033**
	(-2.53)	(-4.18)	(-2.56)	(-4.64)
特化率	0.104**	0.088**	0.117*	0.111**
	(2.46)	(2.71)	(2.16)	(2.43)
特化率×部品ダミー	-	-	0.019	-0.129**
			(0.31)	(-2.36)
特化率×組立ダミー	-	-	0.031	0.067
			(0.38)	(1.08)
特化率×蘇南ダミー	-0.147*	-0.009	-0.174*	0.037
	(-1.99)	(-0.15)	(-2.28)	(0.56)
特化率×浙江ダミー	-0.035	-0.136**	-0.042	-0.105*
	(-0.56)	(-2.59)	(-0.68)	(-2.04)
民営化率	0.035	0.088**	0.032	0.096**
	(1.24)	(3.51)	(1.15)	(3.92)
ln(企業規模)	0.010	0.008	0.011	0.007
	(1.12)	(1.11)	(1.22)	(1.06)
ln(農民1人当り所得)	-0.045**	-0.021	-0.053**	-0.035
	(-2.41)	(-0.74)	(-2.86)	(-1.26)
ln(上海までの距離)	0.012	-0.021	0.011	-0.023*
	(0.72)	(-1.62)	(0.65)	(-1.76)
ln(人口)	0.042**	0.040**	0.038**	0.414**
	(3.08)	(3.05)	(2.83)	(3.21)
ln(行政区域面積)	0.001	-0.005	-0.006	-0.006
	(0.07)	(-0.79)	(-0.74)	(-0.90)
部品ダミー	-	-	-0.039**	0.018
			(-1.71)	(0.85)
組立ダミー	-	-	-0.055*	-0.053*
			(-1.77)	(-1.94)
蘇南ダミー	0.038	-0.004	-0.046	-0.007
	(1.20)	(-0.13)	(1.44)	(-0.24)
浙江ダミー	0.050	0.366	-0.055*	0.041
	(1.62)	(1.33)	(-1.76)	(1.53)
切片	-0.024	0.039	0.118	0.164
	(-0.13)	(0.17)	(0.63)	(0.70)
標本数	96	117	96	117
R^2	0.39	0.31	0.44	0.39

a) t-統計量をカッコ内に示す．＊は片側検定5％水準で，＊＊は1％水準で有意であることを示す．

ースに有意な影響を及ぼさなくなった。上海からの距離は第1期にはほとんど効果がなかったが，第2期には負の効果が強まり，第4列ではかろうじて有意になった。第2期には質的向上の段階に入った産地が増えたであろうから，この推定結果は大都市への近接性が質的向上に有利であることを示唆している。人口の効果はいずれの期にも正で高い水準で有意である。これは，労働の供給が潤沢な町ほど急速に産業が発展しやすいことを意味していると考えられる。

　第3列と第4列の推定では，中心的産業のタイプによって地域特化の効果が異なるかどうかを分析するための定式化を試みた。推定結果によれば，第1期には特化率と産業ダミーの交差項の係数推定値が小さく産業間の違いは僅かであったが，第2期になるとハッキリとした相違が生じた。すなわち，産業関連が比較的希薄な産業への特化は正で有意な効果を持ったのに対して，部品産業への特化の効果はほぼゼロとなり，組立産業への特化の効果は最も大きかった。ただし，組立ダミーそのものの係数は負で有意だったことから，組立産業を中心的産業とする町が高い雇用成長率を記録したのは，特化率が高い場合だけであったことがわかる。

　特化率の変化に関する推定結果を示した表5-8も，いくつかの興味深い傾向を示している。第一に挙げられるのは，雇用規模の効果が常に正であり，第2期には有意になっていることである。これは工業の発達した町ほどその後の地域特化が著しかったことを意味している。第二に，企業規模の負の効果が第2期に強まったことも興味深い。以上の推定結果は，第2期の初めまでに小規模な企業が多数集まって工業化が進んでいた産地的な町ほど，その後の地域特化が著しかったことを示唆しており，仮説3と整合的である。

　ただし，第2列の特化率の係数が負で有意であることは，雇用規模や企業規模を所与とすると，特化率が平均的な水準へ近づいてゆくようになったことを示している。このように特化率が平準化の傾向を持ったということは，言い換えれば，特化率の高い町ほど周辺的産業の雇用が中心的産業の雇用よりも高い成長率で伸びる傾向があったということになる。第3列と第4列の特化率と産業ダミーの交差項に関する推定結果によれば，第1期には部品産業に特化した町でそうした傾向があり，第2期には組立産業

表 5-8 特化率関数の推定, 1990-1996年と1996-2002年[a]

	1990-1996	1996-2002	1990-1996	1996-2002
	1	2	3	4
ln(雇用)	0.020	0.048*	0.019	0.055**
	(1.19)	(2.27)	(1.14)	(2.63)
特化率	-0.128	-0.258**	0.051	-0.152
	(-0.77)	(-2.59)	(0.42)	(-1.12)
特化率×部品ダミー	-	-	-0.288*	0.081
			(-2.12)	(0.50)
特化率×組立ダミー	-	-	-0.084	-0.360*
			(-0.45)	(-1.95)
特化率×蘇南ダミー	-0.128	0.135	-0.058	-0.011
	(-0.77)	(0.70)	(-0.34)	(-0.05)
特化率×浙江ダミー	-0.232	-0.087	-0.197	-0.139
	(-1.66)	(-0.56)	(-1.42)	(-0.90)
民営化率	-0.017	-0.021	-0.006	-0.025
	(-0.27)	(-0.28)	(-0.09)	(-0.35)
ln(企業規模)	-0.007	-0.040*	-0.009	-0.039*
	(-0.34)	(-1.94)	(-0.47)	(-1.91)
ln(農民1人当り所得)	0.043	-0.019	0.030	-0.004
	(1.02)	(-0.22)	(0.72)	(-0.05)
ln(上海までの距離)	0.019	-0.027	0.011	-0.024
	(0.47)	(-0.69)	(0.27)	(-0.63)
ln(人口)	-0.039	-0.041	-0.040	-0.051
	(-1.28)	(-1.06)	(-1.35)	(-1.34)
ln(行政区域面積)	-0.011	-0.009	-0.013	-0.011
	(-0.062)	(-0.44)	(-0.74)	(-0.52)
部品ダミー	-0.002	0.087*	0.079	0.051
	(-0.05)	(2.13)	(1.53)	(0.83)
組立ダミー	0.086**	0.100*	0.093	0.242**
	(2.06)	(1.98)	(1.34)	(2.93)
蘇南ダミー	0.039	-0.025	0.012	-0.006
	(0.55)	(-0.30)	(0.17)	(-0.07)
浙江ダミー	0.018	-0.003	0.183	-0.021
	(0.27)	(-0.03)	(0.44)	(-0.26)
切片	0.060	0.487	0.183	0.404
	(0.14)	(0.68)	(0.44)	(0.58)
標本数	96	117	96	117
R^2	0.24	0.20	0.28	0.24

a) t-統計量をカッコ内に示す. *は片側検定5％水準で, **は1％水準で有意であることを示す.

に特化した町でそうした傾向があった。このような傾向が生じた原因として，二つの可能性が考えられよう。一つは特化が著しいほど中心的産業の成長が停滞しがちであるというものであり，もう一つは特化が著しいほど周辺的産業が元気よく成長するというものである。後者であれば，前方・後方連関効果に関する仮説4と整合的である。なお，部品産業や組立産業のダミー変数そのものの効果は総じて正であるが，それはこれらの産業で地域特化が進んだという表5-6での観察と整合的である。

　特化率が高いほど周辺的産業が成長したのかを検討するために，周辺的産業の雇用成長率関数を推定した。結果は表5-9に示した通りである。興味深いことに，この表の特化率や特化率と産業ダミーの交差項の効果は，表5-8のそれらとよく対応している。すなわち第2列における特化率の係数は表5-8では負で有意であるのに対して表5-9では正で有意であり，第3列における特化率と部品ダミーの係数は表5-8では負で有意であるのに対して表5-9では正で有意である。同様のことは第4列における特化率と組立ダミーの係数についても当てはまる。つまり，表5-8において特化率が高いほどその後の特化率の伸びが小さかったのは，特化が著しかった町ほど周辺的産業の雇用が成長したからである。その傾向は，なぜか第1期には部品産業で強く，第2期には組立産業で強かった。これらの推定結果は，町が部品産業へ特化すると前方連関効果が生じ，組立産業に特化すると後方連関効果が生じて，周辺的産業の雇用拡大に貢献するという仮説4を支持するものといえよう。ただし，表5-9に示されているように部品ダミーや組立ダミーそのものの係数は総じて負であり，特化率がある程度高くなければ連関効果は発揮されないことが読みとれる。また地域別にみると，第1期の江蘇省では連関効果は見られなかったが，浙江省では特化が周辺的産業の雇用増大に寄与し，第2期には江蘇省北部でそうした効果が強かった。

4　結　　論

今日では巨大企業が顔となっているイギリスやアメリカの産業でも，伝統

第5章 揚子江下流域の集積形成型産業発展

表 5-9 周辺的産業の雇用成長率関数の推定，1990-1996年と1996-2002年[a]

	1990-1996	1996-2002	1990-1996	1996-2002
	1	2	3	4
ln(雇用)	-0.031**	-0.046**	-0.030**	-0.053**
	(-2.92)	(-2.76)	(-2.97)	(-3.35)
特化率	0.055	0.204**	-0.052	0.176*
	(0.89)	(2.60)	(-0.70)	(1.71)
特化率×部品ダミー	-	-	0.265**	-0.259*
			(3.18)	(-2.11)
特化率×組立ダミー	-	-	0.081	0.282*
			(0.71)	(2.02)
特化率×蘇南ダミー	-0.010	-0.152	-0.074	0.016
	(-0.10)	(-1.01)	(-0.70)	(0.11)
特化率×浙江ダミー	0.179*	-0.116	0.148*	-0.050
	(2.01)	(-0.95)	(1.73)	(-0.43)
民営化率	0.007	0.073	-0.003	0.082
	(0.18)	(1.24)	(-0.08)	(1.48)
ln(企業規模)	0.019	0.010	0.022*	0.007
	(1.51)	(0.61)	(1.78)	(0.48)
ln(農民1人当り所得)	-0.080**	-0.010	-0.069**	-0.032
	(-3.00)	(-0.15)	(-2.66)	(-0.50)
ln(上海までの距離)	0.008	-0.015	0.015	-0.016
	(0.30)	(-0.48)	(0.62)	(-0.57)
ln(人口)	0.055**	0.050	0.056**	0.063*
	(2.83)	(1.64)	(3.05)	(2.15)
ln(行政区域面積)	-0.005	0.001	-0.004	0.002
	(-0.49)	(0.06)	(-0.34)	(0.16)
部品ダミー	-0.024	-0.064*	-0.098**	0.022
	(-1.04)	(-2.00)	(-3.09)	(0.48)
組立ダミー	-0.084**	-0.050	-0.092*	-0.175**
	(-3.17)	(-1.25)	(-2.15)	(-2.81)
蘇南ダミー	0.007	0.047	0.031	0.023
	(0.14)	(0.71)	(0.71)	(0.36)
浙江ダミー	0.047	0.051	0.062	0.070
	(1.07)	(0.80)	(1.45)	(1.17)
切片	0.198	-0.095	0.084	0.000
	(0.74)	(-0.17)	(0.33)	(0.00)
標本数	96	117	96	117
R^2	0.45	0.17	0.52	0.27

a) t-統計量をカッコ内に示す．＊は片側検定5％水準で，＊＊は1％水準で有意であることを示す．

的には中小企業からなる産地が活躍していた。例えば，Marshall（1920）が打ち立てた地域特化の経済という概念はイギリスの産地の観察に基づいていた。イギリスの機械産業の中心地であったバーミンガムは，東京の大田区に似た中小企業を中心とする産業集積であったし（Whittaker, 1997），アメリカにもシリコンバレーのIT産業やハリウッドの映画産業やミシガンの自動車産業だけでなく，多くの伝統的な産地が存在した（Krugman, 1991）。その後，企業規模が大型化していった背景には，企業間分業に伴う取引費用が企業内の組織運営のコストに対して相対的に上昇し，外注よりも内製の比重が高まったという事情があったのであろう（Coase, 1937）。このように企業がしだいに大型化する展開とは対照的に，中国の場合には経済が本格的な発展を始める前から国有企業などの巨大な企業が工業の中核をなしていた。そうした大型企業の存在にもかかわらず，中国でも民営化後には中小企業を中心とした産地的な産業集積が数多く形成されたことは，中国の産業発展がイギリス，アメリカ，日本，台湾などの産業発展と同様の展開を辿ろうとしていることを示唆していて興味深い。

　本章の分析結果によれば，(1)中国における地域特化型の産業集積の形成は民営化がもたらしたものであり，(2)地域特化の経済は地域の雇用拡大に貢献し，(3)地域特化の経済が原因となって特定の産業やその関連産業が成長する結果，地域はさらに特化してゆくが，(4)産業連関効果を通じて関連産業の雇用の増大にも寄与する。このような産業集積のプロセスの理解を深めるには，揚子江下流域だけでなく中国のその他の地域を対象とした研究を積み重ねてゆくことが重要であろう。特に，民営化が産業集積を引き起こすという本章の仮説は，中国に限らず様々な移行過程経済での民営化について検証されるべき価値があると思われる。

　本章をもって第II部は終了する。第II部の分析結果を要約すれば，(1)関東地方や台湾では産業はもともと都市に集中していた傾向があったが，(2)この二つの地域ではその後の産業の発展過程で産業は郊外に移動した，(3)関東地方の場合には都市化の経済を享受するような広域的な産業集積が形成され，(4)台湾では同時に地域特化の経済をも享受し，企業間分業を維持・強化するような郊外型の集積が形成された，(5)他方，量的拡大から質的向上に向かう段階にある中国経済では産業が地理的に集中する傾

第 5 章　揚子江下流域の集積形成型産業発展　　113

向が強く，(6)浙江省では一貫してそうであり，民営化が進むとともに江蘇省でも集中化の傾向が生まれている。こうした相違は産業発展の段階の差に依拠する部分が多く，日本でも戦前や戦後初期は中国のような産地的な地域特化が見られ，その後は分業を維持しつつも，新製品や試作品の製造のために都市化の経済を享受するような多様性のある大規模かつ広域的な産業集積を形成するようになったものと思われる。このような産業立地に関する分析結果をふまえ，第 III 部では，台湾の大都市の郊外（台北のプリント配線板，台中の工作機械），中国の大都市の郊外（重慶のオートバイ，昆山や蘇州のプリント配線板），さらに大阪や東京のような大都市へのアクセスの良い日本の地方都市（備後のアパレル，浜松を中心としたオートバイ）と，上海のような大都市に比較的近い中国の地方都市（織里のアパレル，温州の弱電機器）における産業集積の実態について，詳細な事例研究を行うことにしたい。

第III部

産業集積の比較研究

第6章

織里と備後のアパレル：
商人主導の発展

本章では，中国と日本のアパレル産業の集積地の発展について比較分析を行う．中国は浙江省の北部，湖州市，織里鎮の子供服の集積地[1]，日本は広島県福山市の郊外，新市町の作業衣の集積地（備後産地）を取り上げる．織里を取り上げたのは，それが目覚しく急速に発展しているばかりでなく，「農家の土間から始まった」温州型の私企業中心の発展パターンを示しているからである．温州モデルについては第8章の弱電産業の事例研究でより詳しく議論するが，われわれが調査を行った2000年には温州のアパレル産業はすでに相当に発展しており，過去の発展の経緯を調査するのは困難であった．それに対して，温州の成功に刺激されて発展をはじめた織里の場合は，発展段階が比較的低く，発展の端緒を探るのに適していた．他方，日本のアパレル産地としては備後の他に岐阜の婦人服や岡山県児島の学生服の産地などがあり，備後を選んだのは偶然的な要素が強い．

驚くべきことは，この二つの産地の共通性である．まず第一に地理的な共通性がある．織里は上海の南西約140kmに位置し，発展が著しい江蘇省の蘇州市，無錫市，南京市等にも近く，大市場とのアクセスに恵まれている（図9-1参照）．備後は福山市とは地続きの郊外であり，広島市から100km程度しか離れておらず，商売を通じて大阪との交流もある．つまり備後もまた市場とのアクセスにおいて優れている．

第二に，両地域とも土地が痩せていて農業では「食えなかった」貧しい地域であったという共通性がある．つまり農業に比較優位がなかったので

---

[1] 織里は中国語読みでは，Zhili または Jili と表記される．

ある。そのために副業が盛んであり，織里の場合はその名前が示すように歴史的には絹織物の産地であった（Ji, 1998）。絹織物の生産はかなり以前から不振になったようであるが，社会主義時代には法を犯しながらも，枕カバーのような雑貨を農家の副業として生産し，それを全国に販売していた。なお湖州市の中で織里鎮は，かつては最も貧しく，現在は最も繁栄している鎮であるとのことである。備後はもともと「備後絣」の産地として有名であり，戦前には農家の主婦が副業にモンペを生産していた。しかしモンペの需要がすたれるとともに，それに代替する特産品として作業衣が選ばれた。

　第三に，両地域ともに商人が活躍したことが類似している。織里でも備後でも製品を全国に販売するためには商人の力が必要であり，地元の商人が製品を全国に売り歩いたばかりでなく，大市場でのニーズをつかんで地元に市場情報を持ち込んだ。そもそもアパレルの生産を開始するきっかけは，両地域ともに商人による情報提供であり，起業であった。

　両地域には共通性があるものの，織里は発展途上の産地であり，備後は成熟から衰退に向かっている産地であるという相違がある。内生的産業発展論の立場から言えば，前者は質的向上期に移行中であるのに対し，後者は質的向上期がすでに完了した段階にある。こうした相違はあるものの，商人の伝統が産業集積の形成と発展につながったという共通点はとりわけ興味深い。そこで本章の以下の分析では，商人の伝統がどのようにして，産業集積の発展につながったかを分析することにしたい。以下，第1節では両地域の発展に共通する仮説の提起を行う。続いて第2節では織里，第3節では備後についての事例研究の結果を示す。そして最後に第4節で結論を述べる。

1　仮説の提起

農村において新たに製造業を起こそうとすれば，どのようにして原材料を確保し，どのようにして生産物を販売するかが成否の鍵となる。特にアパレル産業の場合には，ミシンの操作が重要であるだけで生産自体はさほど

難しいことではない。難しいのは売れ口の製品をタイムリーに製造することである。したがって，織里の場合にもまた備後の場合にも，市場情報に精通した地元の商人による起業が発展の初期に大きな役割を果たした。

　織里でも商人による起業は重要であったが，その重要性を緩和するように，1983年以来，町の政府が「市場(いちば)」を開設していった[2]。当時は低級な標準品が主流であり，起業しようとすれば，市場(いちば)に行って標準的な原材料を調達すればよく，生産された製品は製品市場で商人に手数料を払えばこれまた容易に販売することができた。2000年時点までに，八つの市場が開設されるに至っている。1980年代初期には，浙江省では市場の開設が産業集積を発展させるために重要な役割を果たしていたことが知られており，織里の町政府が集積地の形成を意図して市場を開設したことは疑いない。その結果，農民のような本来アパレル産業とは関係のない職業に従事していた人々までも起業することになった。しかしやがて過剰とも思えるほどの多くの企業の参入によって採算性が悪化すると，内生的産業発展論が指摘するように，企業は品質競争に突入するようになる。そこでは再び，商人の才覚が重要な役割を果たすようになった。

　備後には，織里のような市場はない。しかしその代わりに，地方問屋のような商人達の活動が市場の機能を果たしていた。つまり生産者は商人から原材料を購入し，製品を商人に売ればよかった。そうした商人は，多くの生産者を顧客にしていたのであり顔の見える関係を作っていたが，やっていること自体は織里の市場の商人と大差はなかった。

　織里と備後で相違はあるが，ともに商人が市場の不完全性を緩和し，産地の形成に決定的に重要な役割を果たしものと思われる。そこで以下のような仮説を提起することにしたい。

仮説1　市場情報の不完全性を克服するために，産業発展初期や質的向上期に，商人の経験のある企業家が集積地の発展に大きな役割を果たした。

商人が産業集積の発展に重要な役割を果たしたのは，織里や備後に特有

---

2)　織里の「市場」では経済学のミクロの教科書が想定するように，標準品の非人格的な取引が行われている。これはまさに「しじょう」と呼ぶにふさわしい。しかし日常的な実感から言えば，そこは「いちば」の様相を呈している。

なことではなく，戦前期の日本の綿織物業や（Ito and Tanimoto, 1998），最近のインド南部のニット産業でも観察されている（Cawthorne, 1995）。また最近の途上国における産業集積の研究によれば，品質が向上する段階で製造業者と商人の結びつきが強まり，そこでは商人出身の製造業者の業績が向上するとされる（Knorringa, 1999; Nadvi, 1999; Rabellotti, 1999; Schmitz, 1999）。したがって，仮説1はかなり一般性の高い仮説である可能性がある。

製品の質が向上してくると，織里では鎮政府が開設した市場(いちば)での取引は衰退するようになり，備後では地方問屋のような商人の重要性が低下するようになった。なぜならば，各企業は品質の差が見た目では簡単には分からないような差別化された製品を生産するようになったからである。そこで織里では，生産者は都市からやってくる商人との間で顔をつき合わせた (face-to-face) 長期的な信頼関係を構築するようになり，それらの商人を通じて差別化した製品を販売するようになった。また有力企業は織里鎮の町の中心部に都市の商人との取引のために，商談用の「店」を構えるようになった。

われわれの聞き取り調査によれば，備後では1970年代になると製品の質をめぐる競争が激しくなり，1980年代初期までには各企業がブランドを持つようになった。繊維ファッション情報センターが1980年代に収集したデータによれば，質の向上を反映して1980年代に徐々に製品価格の上昇が見られる。そうした状況の中で各企業は，過去のように地元の問屋に販売を依頼するのではなく，自らのブランドを用いて都市のデパートや大型スーパーなどと直接的に取引を行うようになった。

こうした直接取引の重要性の増大については，以下の仮説を提起したい。

仮説2　製品の質が向上するとともに，外部の卸売の商人や大型小売店との直接取引の重要性が増大し，それに成功する企業の業績が向上するようになる。

製品の質の向上は，取引の場としての産業集積の重要性を高める。特に織里鎮の町の中心地では都市の製品需要についての情報が，都市の商人との交流によって流布するようになり，その立地的重要性が高まっていったように思われる。他方備後では，質の向上は1980年代中ごろまでには頭打

ちになり，Vernon（1966）のプロダクトサイクル論が指摘するように，本来の産地から賃金の低い地域を求めて生産拠点が移動するようになった。それは1960年代に開始され1970年代に本格化した九州への工場の進出であり，それに引き続いて起こった中国への生産拠点の移転であった。このような立地の重要性の変化は，以下のような仮説に要約することができるであろう。

仮説3　製品の質の向上とともに集積地の重要性は高まり，製品の質の向上が停滞すると集積地の優位性は薄れ，低賃金地域への生産拠点の移動が起こる。

この仮説の前半部分については，織里において鎮の中心部に立地する企業の優位性が，周辺の農村に立地する企業に比較して高まったか否かを検討することによって検証したい。後半部分については，備後の企業の業績が九州や中国への生産拠点の移動によって高まったか否かを検討することによって解明したい。

2　織里の事例

2-1　発展の概観

織里では2000年の秋に，無作為抽出した120の企業に対して調査を行った。ただし実際の企業数の地理的分布に応じて60％の企業は町の中心部から，残りの40％は周辺の農村からサンプルした。しかし18の企業については不完全な回答や不可解な回答があり，分析から除外せざるを得なかった。それに加えて四つの企業は創業されたばかりで，通年の生産データが比較可能でないために除外した。したがって，分析に用いたのは残りの98社のデータである。

サンプル企業の基本的特徴

表6-1の標本企業数の推移から明らかなように，1990年代を通じて企業の参入があったために，標本企業数は1990年の27から，1999年の98へと4倍近く増大した。また，生産数量や従業員数で測った企業規模も増加の一途をたどった。しかし従業員数は1999年時点でも平均で17人にも満たず，

表 6-1 織里における標本企業の一般的特徴[a]

	1990年	1995年	1999年
生産数量（1,000着）	24	36	71
従業員数（人）	8.7	11.1	16.7
製品価格（元）	15.1	18.5	16.4
一着当りの付加価値額（元）[b]	4.5	5.2	3.3
付加価値（1,000元）[b]	114	203	224
時間当り賃金（元）[c]	1.26	1.60	1.79
労働分配率（％）[d]	39	45	53
標本数	27	66	98

a） 企業の年平均。
b） 付加価値＝販売収入－原材料・電気・水道代金－商人への手数料
c） 時間当りの労働収入＝月間労働費÷総労働時間
d） 労働分配率＝労働費割／付加価値額

企業規模はきわめて小さい[3]。このことから，織里では大きな規模の経済性はないものと推察される。実際問題，織里では丸縫いという方法が採用されており，労働者は一般的なミシンを用いて一つ一つの製品を各自が独立して縫い上げている。備後でも昭和30年代には丸縫いが採用されていたが，分業の利益が理解されるようになってからは，テーラー（Taylor）方式による分業システムに取って変わられた。ただし織里でも，特殊ミシンを用いる工程や刺繍工程については企業間や企業内での分業が行われている。しかし企業内分業が一般的には行われていない状況では，大きな規模の利益は期待し得ない。

1990年から95年にかけては，製品価格も一着あたりの付加価値額も増大したが，1995年から99年にかけては減少傾向が見られる。これらは名目値であるが，国家統計局（2000）が発表しているアパレル製品の価格指数によれば，1990-95年の期間が8.5％の増，1995-99年が15％減となっている。つまり全国平均に比べて，織里の製品価格は若干なりとも増大している。これは，織里の製品の質が1990年代において全国平均よりも向上したことを反映するものであろう。

低品質の製品は，地元の商人やロシアとの国境に近い新疆の商人の手に

3） データはやや古いが，Murakami, Liu, and Otsuka（1994）によれば，町営や村営型の郷鎮企業の場合，従業員規模はかなり大きく500人を超えることも稀ではなかった。

表 6-2　織里における経営者の前職別参入時期，就学年数，技能の有無

	1980-1990 年	1991-1995 年	1996-1999 年
前職（％）：			
農民	51.9	32.5	32.2
工場労働者	18.5	32.5	22.6
市場関係者	3.7	12.5	22.6
経営の専門家等	25.9	22.5	22.6
合計	100	100	100
就学年数	7.1	7.4	7.5
裁縫技能の有無（％）	25.9	40.0	45.2

よって，中国内の貧困地域やロシアに販売された。聞き取り調査によれば，そうした低品質の製品の市場の規模は限られていたという。より高級な製品の場合には市場規模は大きくなったが，地元内ばかりでなく他地域の企業との競争は激烈をきわめたという。そのためか，1990年代後半の企業あたりの付加価値額はさほど伸びていない。他方，出来高払いシステムのもとでの時間当たりの賃金支払額は着実に増加しており，労働の分配率は高まっている。そのために，企業の採算は悪化している。本研究の標本企業について言えば，1990年や1995年に赤字を記録した企業はほとんどなかったが，1999年には16社が赤字であった[4]。これは量的拡大期の特徴であり，織里は採算の悪化を契機として質的向上期に移行しつつあるように思われる。

企業家の変遷

仮説1の妥当性を考えるために，表6-2には経営者の前職別の参入時期，彼らの平均就学年数と縫製に関する技能の有無の割合を示した。なお既存の産業集積の文献では，企業家の前職は検討されてこなかったが，この表や後に見る表から明らかなように，前職は参入時期や企業パフォーマンスに少なからぬ影響を及ぼす。まず，1980年代には農民の起業が重要であったことが指摘できる。おそらくこの時期には，生産方法やマーケティングは大きな問題ではなく，前職にかかわりなく参入が可能であったものと思

4）　ここで言う赤字とは，生産額から原材料費と賃金支払いを除いた額がマイナスであることを指す。

われる。ところが，前職としての農業の重要性はその後減少していく。それに代わって1990年代に参入したのが，アパレルの工場で働いていた労働者達であり，彼らは実践で身につけた技術で創業をするようになった。ところが1990年代後半になると彼らの重要性も減少していく。一貫して増大しているのは「市場関係者」というカテゴリーであり，この中には商人やアパレル企業の販売部門に従事していた労働者が含まれる。こうした経営者は比較的高い学歴があり，事前に縫製関係の技能をも身につけていたという特徴がある。事実，農民出身の経営者の平均就学年数は6.6年と短く，彼らはほとんど誰も縫製関係の技能を有していなかったし，アパレル工場で働いた経験もなかった。つまり仮説1が示唆するように，品質の向上とともに商人の役割は高まっていったように思われる。表には示さなかったが，市場関係者であった経営者が率いる企業は直接取引の比率が高く，製品あたりの付加価値額が高く，従業員規模や労働生産性も圧倒的に高かったという特徴がある。

取引構造の変化

表6-3では，生産物の販路を(1)地元の市場，(2)他地域の商人との直接取引き，(3)地元の商人等に分け，その相対的な重要性が示されている。この表からすぐに読み取れることは，直接取引の増大である。これは仮説2と整合的である。なおこの背後には地元の商人が起業したり，創業者がアパレル企業の取引部門の従業員として働いていたという事情がある。

販路別に製品の質を検討するために，表6-4は販路別に製品価格，一着あたりの原材料費や付加価値を示している。複数の販路を同時に利用している企業から，販路別に上記のような情報を得ることはきわめて困難であったので[5]，表6-4では一種類の販路しか活用していない企業を選び出して各販路の平均を求めた。それによれば，価格にせよ，一着あたりの原材料費にせよ，あるいは付加価値にせよ，直接取引の場合のほうが相当に高いことがわかる。これは仮説2の妥当性を強く示唆するものであろう。

---

[5] その程度のデータがなぜ入手できないのか，不思議に思われる読者がいるかもしれない。しかし，質問表で多くの詳細な情報を得ようとすると回答する側の負担が重くなって，結局のところ信頼のできない答えが返ってくる。量をふやせば質が落ちるということが，アンケート調査の最も難しい部分である。

表 6-3 織里における製品の販路の変化[a] (%)

	1990 年	1995 年	1999 年
地元の市場	44.8	38.7	37.7
他地域の商人との直接取引	26.3	48.4	60.8
地元の商人等	28.9	12.9	1.5

a) 各企業の単純平均。

表 6-4 織里における販路別の製品価格・原材料費・付加価値の変化[a]

	1990 年	1995 年	1999 年
地元市場[b]			
平均価格	12.3	18.5	13.0
一着当りの原材料費	8.6	13.1	10.5
一着当りの付加価値	3.3	5.0	2.2
標本数	7	10	21
他地域の商人との直接取引[c]			
平均価格	15.8	19.9	18.8
一着当りの原材料費	10.5	14.6	14.6
一着当りの付加価値	5.0	5.1	3.9
標本数	4	15	36

a) 元表示の平均値。
b) 地元市場のみに販売している企業の平均。
c) 他地域の商人と直接取引のみで販売指定している企業の平均。

Knorringa (1999) のインドの靴産業のケースでも，同じ傾向が観察されている。

もう一つの興味深いファインディングは，1995年から1999年にかけて，地元市場で売られている製品の価格が直接取引の製品の価格よりも，はるかに急激に下落したことである。これは地元市場向けに販売される製品のほうが厳しい競争にさらされていること，そして直接取引では製品の質の向上があったことを物語っている。これは，まさに内生的産業発展論が想定している状況である。

立地の優位性

町の政府が1983年に開設した最初の市場は町のほぼ中心部にあったが，その後は南の方向に新しい市場が開設されていった。その結果，市場の中心も南下することになった。織里にある標本企業は，現在の中心的市場から

表 6-5 織里における中心地と周辺部の企業パフォーマンスの比較[a]

	1990年	1995年	1999年
他地域の商人との直接取引きの比率(%)			
中心部と南側の村	32.0	56.9	77.5
北側の村	10.0	26.6	18.9
一着当りの付加価値額（元）			
中心部と南側の村	4.9	5.9	3.7
北側の村	3.1	3.2	2.5
従業員数			
中心部と南側の村	9.6	12.4	19.3
北側の村	6.3	7.5	10.3
平均労働生産性（元/日）[b]			
中心部と南側の村	65.6	84.8	60.2
北側の村	43.5	64.2	49.4

a) 企業の年当りの平均。
b) 年平均労働生産性＝付加価値額／年間総労働日数。

平均して3.7km離れている。南側の二つの村にある企業は，平均して1.6kmしか離れていない。他方，町の北のほうに位置する村の企業は平均して11.5kmも離れている。表6-5では，町の中心部と南側の村にある28の企業と，北側の村の企業のパフォーマンスを比較している。

この表からいくつかの重要な傾向が観察される。第一は，市場に近い企業群の方がはるかに他地域の商人との直接取引の比率が高く，かつ他の企業群との格差が拡大していることである。第二は，一着あたりの付加価値額も，市場に近い企業群のほうがはるかに高いことである。つまり，中心部や近隣の村の企業は比較的質の高い製品を製造し，それを直接，他地域からやってくる商人に販売しているのである。こうした事実は，仮説2と整合的である。第三に，市場に近い場所に立地する企業のほうが，従業員数でみて企業規模が大きく，その格差が拡大していることが指摘できる。第四に，労働生産性に関しても，市場に近い企業に優位性があることがわかる。この背景には，こうした企業が相対的に資本集約的な生産方法を採用しているという事実がある[6]。こうした企業間のパフォーマンスの格差

---

6) われわれの調査では，資本のデータとして「推定再取得額」を調べた。なおこのデータは1999年に限って得ることができた。

は仮説3と整合的である。

2-2 回 帰 分 析
推定式の特定化

以下ではまず,仮説の検証を行うための回帰式の特定化を行う。様々な質の製品が生産されていることを考慮して,次のような付加価値関数を考えよう。

$$V = (p-m)q = vAf(K, L, \theta), \tag{1}$$

ここで V は企業の付加価値額である。v は一着あたりの平均の付加価値額であり,それは製品の平均価格 (p) と平均的な原材料費 (m) の差として表現される ($v = p - m$)。他方,q は何着を生産したかという生産数量であり,それは資本 (K) や労働 (L) の関数であると同時に,生産効率 (A) や製品の複雑さを示す指標 (θ) の関数であると考える(すなわち $q = Af(K, L, \theta)$)[7]。生産性が製品の複雑さに依存することは自明として,問題はどうやって製品の複雑さを測るかである。本研究では,その指標として一着あたりの原材料費 (m) を考えたい。なぜならば,製品が単純でかつ作業が単純なほど,安価な原材料が使われると想定されるからである。なお,標本企業の規模は小さく規模の経済性が重要であるとは考えられないので,一次同次の生産関数を仮定する。コブダグラス型の生産関数を仮定すると,(1) 式は次式のように書き換えられる。

$$\ln(V/L) = \ln(v) + \ln(A) + \alpha_1 \ln(m) + \alpha_2 \ln(K/L), \tag{2}$$

この式では,$\ln(v)$ の係数は定義によって 1 である。α_1 は負であることが期待され,α_2 は資本の生産弾力性に対応する。ここで v や m は内生変数であるので,2段階推定法を採用する。なお v と m は同時的に決定されると思われるので,第1段階の推定では同じ形式の誘導形関数を用いた。また,$\ln(v)$ の係数は1であると想定されるので,それを事前に差し引いて直接(1)式の f の部分を推定することも試みた。

仮説2によれば,質が高く,したがって v や m が高い製品は外部の商

---

[7] より厳密には,関数 f の中に原材料の投入量を含めるべきである。しかしここでは,生産数量と原材料投入量とは比例的な関係にあると仮定して,後者を捨象した。

人に販売される傾向がある。この仮説2の妥当性を検証するために，v や m の決定因を検証するための推定式と同じ形式の推定式を，直接販売比率を決定する関数にも適用することにした。もし仮説2が正しいとすれば，同じような説明変数が三つの従属変数の重要な決定因になっていると予想される。

説明変数は三つのグループに分類される。すなわち，第一は企業の，第二は経営者の，そして第三は労働者の特性である。まず企業の特性の一つとして企業立地があるが，それをここでは南の近隣農村ダミー，北の周辺農村ダミー，そして市場の中心地までの距離の三つの変数で表すことにする。立地の影響は二つのダミー変数によってかなりの部分は把握されるであろうが，距離の変数は各地域内での立地の有利性を測るために加えることにした[8]。市場の中心からの距離が長いほど，一着あたりの原材料費や付加価値額は小さくなり，直接取引比率も小さくなることが予想される。

企業経営者の特徴としては，前職，就学年数，そして縫製の技能を有していたかどうかのダミー変数を考えることにしたい。前職は，農民出身ダミー，工場労働者出身ダミー，市場関係者出身ダミーで表すことにする。比較の対象は経営等の専門家の出身である。技能ダミーとともに市場関係者ダミーは，製品の質の重要性の増大を反映して，時間とともにその効果が増大することが期待される。

最後に労働者の特性であるが，ここでは平均就学年数と，創業初期に技術者が外部から招待され労働者にトレーニングをほどこしたか否かのダミーを採用する。この二つの変数は労働の質を表そうとするものであり，v, m，そして直接販売比率に正の影響を与えることが期待される。

回帰式は係数が時間とともに変化する可能性があることを考慮して，1995年と99年について別々に推定した[9]。直接販売比率は0と1によって下限と上限が定められているので，それを想定して two-limit tobit 推定法を採用した。

推定結果

---

[8] 市場からの距離は，町の中心部では1kmから6km，南の農村では1kmから2km，北の農村では7kmから16kmの範囲にある。
[9] 1990年は27しか企業が存在しなかったので，推定を諦めざるを得なかった。

表 6-6 織里における直接取引，一着当りの原材料費と付加価値額の決定因[a]

	直接取引比率 (tobit 推定)		ln (一着当り原材料費) (最小二乗法)		ln(一着当りの付加価値) (最小二乗法)	
	1995	1999	1995	1999	1995	1999
周辺農村ダミー	-1.11* (-2.36)	-1.15** (-3.59)	-0.50* (-2.38)	-0.63** (-3.94)	-0.32 (-0.94)	-0.52** (-2.74)
近隣農村ダミー	0.02 (0.05)	-0.70** (-2.69)	-0.02 (-0.12)	0.13 (0.93)	-0.10 (-0.36)	-0.05 (-0.31)
ln (市場からの距離)	0.23 (0.70)	-0.08 (-0.35)	0.04 (0.27)	0.25* (2.08)	-0.08 (-0.33)	0.16 (1.14)
ln (操業年数)	0.31* (2.21)	0.08 (0.89)	-0.01 (-0.17)	0.10* (2.00)	-0.08 (-0.89)	0.13* (2.17)
農民出身ダミー	0.51 (1.79)	0.32 (1.78)	0.01 (0.08)	0.06 (0.67)	-0.06 (-0.32)	0.16 (1.60)
工場労働者ダミー	0.06 (0.21)	-0.00 (-0.00)	0.04 (0.31)	0.14 (1.40)	-0.14 (-0.67)	0.20* (1.82)
市場関係者ダミー	-0.44 (-1.10)	0.46* (2.00)	0.10 (0.59)	0.07 (0.58)	0.31 (1.07)	0.32** (2.46)
技能ダミー	0.28 (1.27)	0.37** (2.64)	-0.10 (-1.00)	0.21** (3.00)	-0.43* (-2.69)	0.18* (2.00)
経営者の就学年数	0.069* (1.97)	0.044* (2.00)	-0.006 (-0.40)	-0.001 (-0.09)	0.003 (0.12)	0.01 (1.00)
労働者の平均就学年数	-0.01 (-0.20)	-0.04 (-1.00)	0.04* (2.00)	0.01 (0.50)	0.06* (2.00)	0.05** (2.50)
技術者招聘ダミー	0.06 (0.23)	0.24 (1.41)	0.08 (0.67)	0.27** (3.00)	-0.09 (-0.47)	0.25* (2.50)
切片	-0.77 (-1.08)	0.69 (1.25)	2.34 (7.55)	1.84 (6.81)	1.59 (3.12)	0.07 (0.22)
標本数	64	98	64	98	64	98
調整済み R^2	-	-	0.28	0.26	0.26	0.28

a) t-統計量をカッコ内に示す。＊は片側検定 5 ％水準で，＊＊は 1 ％水準で有意であること示す。

　直接取引比率，一着あたりの原材料費および付加価値の決定因を推定した結果は表6-6に示してある。最初の二列の推定結果からすると，農村ダミー，特に近隣農村ダミーの係数は1999年に負で有意であり，町の中心部が立地的に有利になっていることがわかる。これは仮説3を支持するものである。しかし他方で市場からの距離は予想に反して有意ではなく，単なる距離は販売先の選択と密接に関係していないことを示している。操業年数は1995年には有意であり，市場関係者ダミーや技能ダミーは1999年に関しては有意である。こうした推定結果は，製品の質が上がり経営者の技術的知識の重要性が高まるとともに，市場関係者としての経験が生きることを示唆している。これは仮説1の妥当性を支持するものである。経営者の

就学年数の係数は正で有意であり，学校教育による一般的人的資本の形成が直接販売と関係していることを示している。マーケティングは様々な市場情報を収集し解釈するという作業を含んでおり，学校教育がその効率性を高めていることは不思議ではない。

係数の有意性に関する傾向としては，直接取引比率関数の推定結果と，原材料費や付加価値額の決定関数の推定結果は類似している。例えば，周辺農村ダミーは全てのケースで係数が負であり，大半が有意である。市場関係者ダミーは，1999年の直接取引比率と付加価値のケースで正で有意である。技能ダミーについては，1999年に限ってではあるが3本の回帰式で正で有意な係数が得られている。こうした推定結果は，質の向上と直接取引が密接に関係していることを示唆しており，仮説2を部分的に支持するものである。なお，労働者の平均就学年数や技術者招聘ダミーも原材料費や付加価値に関する回帰式で有意であり，学校教育や職場トレーニングが製品の質と関係していることを示唆している。

仮説1を直接的に検証するために，2段階最小二乗法によって生産関数を推定した結果を表6-7に示した。内生変数であるv, m, K/Lについては1段階目の表6-6で用いた外生変数に加えて，初期投資の現時点での価値を説明変数として加えた回帰式を推定した[10]。最初の回帰式の推定では，誘導形を想定しvやmは除外した。そこでは操業年数，工場労働者ダミー，市場関係者ダミーが有意である。これらの係数は，誘導形のために上記の変数のvやmさらにAへの効果を反映したものとなっているであろう。市場関係の職業に従事していた経営者が高い経営効率を実現しているという推定結果は，仮説1の妥当性を支持するものである。資本労働比率の係数は0.55で有意である。これは実際の資本分配率の推定値0.47と有意差がなく，期待される範囲の値である[11]。

第2列では，$\ln(v)$や$\ln(m)$の予測値を挿入した推定結果を示した。

---

10) 創業時点での初期投資額を先決変数として用いたのは，1999年現在の資本労働比率に有意な影響を与えているからである。デフレーターとしては，劉（2000）が推定した機械産業の生産者価格指数を用いた。なお識別のために，農村ダミーは表6-7の最初の3つの式では用いなかった。

11) 0.47という推定値は，表6-1に示した労働への分配率を1から差し引いて求めた。

第6章 織里と備後のアパレル：商人主導の発展

表 6-7 織里の1999年における生産関数の推定結果[a]

	ln（付加価値/労働）		ln（生産数量/労働）	
	(i)	(ii)	(iii)	(iv)
ln(v)[b]	-	0.67* (1.97)	-	-
ln(m)[b]	-	-0.59 (-1.59)	-0.91** (-4.55)	-0.94* (-3.36)
ln（操業年数）	0.15* (2.50)	0.13* (2.17)	0.12* (2.00)	0.11 (1.57)
農民出身ダミー	0.01 (0.09)	-0.04 (-0.40)	-0.07 (-0.70)	-0.05 (-0.45)
工場労働者ダミー	0.25* (2.08)	0.24* (2.40)	0.24* (2.18)	0.22* (2.00)
市場関係者ダミー	0.28* (2.00)	0.14 (1.00)	0.07 (0.54)	0.08 (0.57)
ln（資本労働比率）[b]	0.55* (2.12)	0.56* (2.33)	0.57* (2.19)	0.57 (1.54)
周辺農村ダミー	-	-	-	-0.006 (-0.03)
隣接農村ダミー	-	-	-	0.16 (1.45)
切片	-0.28 (0.15)	0.43 (0.25)	0.78 (0.43)	0.88 (0.29)

a) t-統計量をカッコ内に示す。＊は片側検定5％水準で，＊＊は1％水準で有意であることを示す。
b) 操作変数法を適用。

前者の係数は0.67で1より小さいが有意差はない。後者の係数は予想通り負であったが，有意ではなかった。操業年数や工場労働者ダミーは第1列と同じように正で有意であったが，市場関係者ダミーは有意性を失ってしまった。ここで注意したいのは，表6-6の最後の欄では市場関係者ダミーの係数が，工場労働者ダミーの係数より相当に大きかったことである。これを考慮に入れると，市場関係者としての経験は高い付加価値額の追求に結び付き，製品の質の向上を通じて総付加価値額に影響するのに対して，工場労働者としての経験は製品の質よりもむしろ生産効率（A）への影響を通じて総付加価値額に影響すると解釈することが可能であろう。市場関係者としての経験が製品の質と結び付いている背景には，そうした経営者が質の高い製品を外部の商人に直接販売しているという事情がある。

最後の二つの列ではln（v）を除外して，数量に関する生産関数fを推定した結果を示す。最後の一列では二つの農村ダミーを説明変数に追加した。ln（m）の係数が絶対値で大きくなり有意になったこと，操業年数と

資本労働比率の係数の有意性が減少したことを除けば，新しい推定結果と，最初の二つの列の推定結果に大きな相違はない。したがって，表6-7の分析結果全体が仮説1の妥当性を支持していると言うことができよう。最後に指摘したいのは，二つの農村ダミーが有意ではないことである。しかしこれらの変数の係数は表6-6では全般的に負であったから，町の中心部という立地の有利性は，製品の質や直接販売という販路への影響を通じて発揮されるのであって，生産効率に直接的に影響を与えるものではないと解釈することが出来よう。実際問題，質の高い製品が町の中心部に位置する「店」で取引されていることと，この推定結果は符合している。

3　備後の事例

3-1　発展の概観

製造業の発展に関する実証研究では，政府機関等が収集した企業データには秘匿義務があるためにアクセスすることが難しいこと，そして企業はなかなかアンケート調査に応じてくれないことが大きなネックとなる。本書の研究でも日本や台湾のケースではその制約に直面した。しかし幸いアパレルを含む日本の繊維産業については，信用交換所（1970-98）が出版している『全国繊維企業要覧』が企業レベルの大まかなデータを公表している。例えば，企業ごとの従業員数，総生産額（備後と備後外での生産を含む），企業の簡単な歴史，経営者の略歴などが紹介されている。これは貴重な情報源である。ところが『全国繊維企業要覧』では，経営者の経歴など本研究にとって重要な情報が欠如していることも珍しくない。また生産額が備後，九州等の備後外，中国等の海外に分類されていないことも，生産立地を検討している本分析にとっては大きな問題である。そこで1999年の7月から9月にかけて，100社を対象にして1968，77，82，86，96，98年についてのアンケート調査を行った[12]。その際，80人の企業経営者や問屋の方々から，備後のアパレル産業の歴史や変遷過程についての情報を得

12）　この調査では広島県被服工業組合の協力を得た。

表 6-8 備後における標本企業数，実質総生産額，企業の平均実質生産額の推移[a]

	標本企業数	実質総生産額 (10億円)	企業の平均実質生産額 (百万円)
1968年	66	15.9	236
1977年	86	84.0	977
1986年	89	148.0	1,660
1998年	75	173.0	2,303

a) デフレーターは日本銀行調査統計局（1970-99）の縫製業製品価格指数。その他のデータの出所は信用交換所（1970-98）。

た。調査の回答率は57%であったが，主要な企業はほぼ網羅されており，かなり代表性のあるデータが得られたと考えている。

備後のアパレル産地は新市町を中心にしてきわめて狭い地域に集中しているが[13]，作業衣の産地としては日本で最大である。通産省の『工業統計表』によれば，備後が主体となっている作業衣の広島県の全国生産額シェアは，1968年が22%，1998年が26%であった。なお備後では一部の生産工程が下請け会社や家庭内内職によって行われるなど，複雑で興味深い分業関係が見られるがデータの制約上そうした側面は分析対象にすることができなかった[14]。

サンプル企業の基本的特徴

表6-8が示すように，信用交換所データで把握できる備後のアパレル製造企業は1968年には66社あった。なおここでアパレル企業に含めているのは，製品のデザインを行い，自社製品の最終の生産工程に従事し，製品を卸や小売店に販売している企業のことである。したがって，下請企業や子会社は含まれていない。1968年から1977年にかけて実質生産額は大幅に伸びている。聞き取り調査によれば，この時期に備後では，織里では今でも

---

13) Nakamura (1985) によれば，アパレル産業は地域特化の経済が強い産業であるとされる。

14) 下請け企業が存在するために，アパレル企業の従業員数はトータルな従業員数を過少に評価している。なおアパレル産業における下請け関係は北イタリア (Brusco, 1982; Piore and Sabel, 1984; Biachi and Gualitieri, 1990)，メキシコシティー (Beneria, 1989; Hanson, 1996)，ペルーのリマ (Visser, 1999) でも観察されている。

採用されている丸縫い方式から,シンクロシステムと呼ばれる生産ラインを基本とした分業システムに移行したといわれる。この分業システムによって生産の効率は高まり,表6-8の最後の列の企業の平均実質生産額のデータから推測されるように,最適企業規模が拡大したものと思われる[15]。

その後,1980年代や1990年代は実質総生産額や企業の平均生産額は停滞気味である。アパレル産業はきわめて労働集約的な産業であり,わが国の賃金水準が増大するととともに,備後の作業衣の生産も比較優位を徐々に失っていったものと思われる。事実,生産は1960年代には備後からより賃金の低かった九州へ一部移転し,さらにその後は中国に本格的に移転することになる。そうなると備後の企業は,きわめてファッション性の高い例外的な製品を除けば,デザインの考案,試作品の製造,流通に特化していくようになる。その結果,一部の企業は廃業に追い込まれたものの,かなりの数の企業が1980年代や1990年代においても生産を維持することが出来たのである。

企業家の変遷

備後のアパレル企業の経営者である出原・山名(1997)の備後産地の歴史研究によれば,1923年頃に伝統的なモンペの生産のためにミシンが初めて導入された。その頃からすでにからモンペの需要は停滞気味であったが,近代的なアパレル産業を興すには,あまりにも市場の情報が不足していた。そんな折,地元の絣問屋で全国的に商売を展開していた出原安太郎氏が,1925年にアパレル工場の操業を始めた(自重堂,1981)。彼は,都会の市場情報に精通している地元の商人こそが,新しくアパレル生産を行うのに最も適していると公言していた。それはとりもなおさず,本研究が主張しているように,アパレルが商人主導型の産業であるからであろう。

表6-9に示したように,1968年には41%のアパレル企業が商人の出身者によって経営されていたが,彼らの大半はすでに戦前から操業を開始していた[16]。1968年時点で同じくらいに重要であったのは,我々がスピンオフと呼ぶアパレル産業の元従業員の経営者達である。彼らは Schumpeter

---

15) なお Fujita and Tabuchi (1997) によれば,この時期は大都市から地方へ産業の立地転換が起こった時期である。

16) 聞き取り調査によれば,戦前に設立された46社中30社が商人による創業であった。

表 6-9 備後における経営者の前職と就学年数の推移[a]

	前職（%）			平均就学年数		
	地元商人	アパレル従業員	その他	地元商人	アパレル従業員	その他
1968 年	40.9	42.4	16.7	10.2	11.9	9.7
1977 年	32.5	53.4	14.1	11.5	12.0	9.9
1986 年	31.4	56.1	12.5	13.1	12.1	12.0
1998 年	34.6	52.0	13.4	14.1	13.1	13.6

a) 出所は信用交換所 (1970-98)。

(1912) が考えていたような追随者であり，働いていた企業の生産方法をそのまま模倣するような存在であった．こうした企業は比較的小規模であったが，数が増加したためにトータルの重要性は高まっていった．つまり，市場情報が不足していたアパレル発展の初期には商人の経験が決定的に重要であったが，次第に取引市場が発達し，スピンオフした労働者でも経営を行えるようになったものと思われる．これは，織里の発展と通じるものがある．なお表6-9に示されている「その他」のカテゴリーには，絣の生産者や他産業からの参入者が含まれている．

1968年時点では，商人出身者はアパレルの元従業員（スピンオフ）よりも教育水準が低かった．しかし徐々に，創業者が商人出身の企業の経営者の教育水準は高まっていった．これはそうした企業の創業者が子供の教育に投資し，彼らがやがて企業を継承することが多かったからである[17]．平均的にも経営者の就学年数は年を追って上昇していたが，これは一般的な就学年数の上昇傾向を反映するばかりでなく，アパレル企業の経営において教育がより重要になってきたことを反映しているように思われる．事実，1998年時点においては半数の経営者が大卒であった．ただし，彼らはアパレル生産とは関係のない科目を大学で専攻していた．1990年代における備後のアパレル企業では，製品の品質の向上，ブランド競争，販路の変更，生産立地の移転等，様々な経営上の決定を下さなければならず，それには一般的な人的資本が重要な役割を果たしたものと推測される．

---

17) Yamamura, Sonobe, and Otsuka (2003) では，1968年に生産額の多かった企業はその後閉鎖される確率が低く，かつ1998年の経営者の教育水準が高い傾向があるという結果が得られている．

取引構造の変化

製品の質が向上しかつ多様になると，情報の不完全性のために生産者，流通業者，消費者の間の取引の費用は増大する。そこで製品の質に関する情報を正確に伝えるために，企業の名声，信用，のれん，ブランドなどが重要な役割を果たすようになる (Hayek, 1948, p. 97; Marshall, 1920, 第4巻，第11章)。またこの目的のためには，地元の卸売りを通じて製品を販売するよりも，企業が自ら販売人員を雇って直接的に百貨店，大型スーパー，都市の卸売業者に販売することが有利になる。織里でもそうであったが，備後でも製品の質の向上とともに直接取引の重要性が増大していったのである。

表6-10によれば，直接取引の比率は1968年の24％から，1982/86年の60％へと急激に増加した。聞き取り調査によれば，1970年代はまさに製品の質が向上した時期である。仮説2が主張するように，こうした時期には商人出身の企業家は積極的に直接取引の販路を開拓し，企業の発展に貢献したであろうことは想像に難くない。

立地移動

表6-10には，生産地別の生産額割合が示されている[18]。1968年では74％が備後での生産であったが，子会社等による生産も九州で行われていた。それ以前には九州から備後に中卒等の若年労働者の集団就職があったが，それが途絶えてくると備後の会社が九州に進出するようになったのである。その後，九州での生産額シェアは増え1982/86年には39％に達している[19]。しかし九州での賃金は20-30％程度しか安くなく，九州への生産拠点のシフトは生産方法や販売方法の根本的な変化を伴わなかった。実際，九州で生産された製品は備後にまず輸送され，既存の流通チャネルを使って販売されることが多かった。

1990年代になると海外（ほとんどすべてが中国）での生産のウェートが格段に高まった。中国では隔絶して賃金水準が低かったが，高品質の製品を生産する能力に欠けていた。そこで商社を利用し，信用が置け，潜在的により高級な製品の生産を行う能力がありそうな企業の発掘が中国での最

---

18) 海外は1968年には台湾等を指しているが，その後は専ら中国を指す。
19) 1982/86年は1982年と1986年の平均，1996/98年は1996年と1998年の平均である。

第6章 織里と備後のアパレル：商人主導の発展

表 6-10 備後における直接取引比率と生産額の拠点別割合の推移[a]
(%)

	直接取引比率[b]	生産額割合		
		備後	九州	海外
1968 年	24	74	25	1
1982 と 86 年の平均	60	51	39	10
1996 と 98 年の平均	74	29	23	48

a) 筆者の調査資料による。ただし，1977年のデータは入手しなかった。
b) 地元商人のそれに対する取引比率。

初の仕事になった。その次に，備後の企業は社員を中国に派遣して，現地の労働者や経営者の再教育をしなければならなかった。そしてひとたび生産が始まると，中国への進出企業は品質のチェックや日本への製品の納入時期のモニターリングを行った。こうして考えると，中国でアパレル生産に成功するには，高い経営者能力が要求されることが理解できよう。

3-2 回帰分析

以下では3種類の回帰分析を行う。第一は，1968年，1977年，1982/86年，1996/98年について，誘導形による企業規模の決定因についての回帰分析である。ここでは，生産額で測った企業規模を企業のパフォーマンスの代理変数として考える。なお生産額ではなく生産額の成長率を用いても，推定結果に大きな相違はない。企業規模が大きくなる主要な直接的理由としては，直接販売比率の増加，九州や中国での生産の増加が考えられる。そこで二つ目の推定では2段階推定法を採用し，第1段階では直接取引比率の決定因を推定し，第2段階では生産額を直接取引比率に回帰させることにした。同様に三つ目の推定でも2段階推定法を採用し，第1段階では九州や中国での生産額比率の決定因を推定し，第2段階で生産額を域外生産額比率に回帰させた。

企業規模の決定因

まずここでは，最小二乗法によって企業の生産額の決定因を究明しよう。推定式は以下の通りである。

$$\ln(生産額)_i = a_0 + a_1 \ln(操業年数)_i + a_2 \ln(経営者の就学年数)_i +$$

表 6-11 備後における企業の生産額の決定因（最小二乗法）[a]

	ln（1968年の生産額）	ln（1977年の生産額）	ln（1982年と86年の生産額）	ln（1996年と98年の生産額）
ln（操業年数）	0.63** (4.85)	0.65** (3.14)	0.49** (2.66)	0.30 (1.19)
ln（経営者の就学年数）	0.45 (1.50)	0.42 (1.24)	1.10** (3.69)	2.80** (3.69)
地元商人ダミー	0.52* (1.71)	0.60* (1.72)	−0.22 (−0.59)	0.50 (1.11)
元従業員ダミー	0.43 (1.04)	0.61 (1.36)	0.00 (0.02)	0.65 (1.46)
素人ダミー	−0.26 (−0.67)	−0.66 (−1.49)	−0.68 (−1.27)	−0.84 (−1.54)
年度ダミー[b]			0.08 (0.42)	0.18 (0.78)
切片	8.72** (10.5)	9.86** (9.61)	9.69** (9.07)	5.03** (2.37)
調整済 R^2	0.41	0.20	0.19	0.17
標本数	47	61	79	93

a） t-統計量をカッコ内に示す。＊は片側検定5％水準で，＊＊は1％水準で有意であることを示す。
b） 1982/86年の回帰分析では1982年の場合に1，1996/98年では1996年の場合に1。

$$a_3(\text{地元商人ダミー})_i + a_4(\text{元従業員ダミー})_i + a_5(\text{素人ダミー})_i + e_i \qquad (3)$$

下付きの i は i 番目の企業を指し，a は推定すべきパラメター，e_i は誤差項を示す。素人ダミーとは，創業者がアパレルの生産や販売と無関係な職業についていた場合に1をとる変数である。なお比較対象になっている前職は，絣の製造業である。素人ダミーの係数が負で，地元商人ダミーの係数が正であることが事前に期待されるが，元従業員ダミーの係数の符号は定かでない。なお，内生的産業発展論の立場からすれば，係数の値と有意性は時間とともに変化することが期待される。例えば商人ダミーの効果は，織里と同じように，1970年代のように製品の質が向上しているときにとりわけ大きいことが期待される。同じように，操業年数で測られる企業経営の経験も比較的早い時期により大きな効果があるように思われる。他方で，就学年数はよりダイナミックな変化があった近年において，その効果が大きくなることが期待されよう。

推定結果は表6-11の通りであるが，ここから三つの重要なファインディングが確認できる。第一は，地元商人ダミーが1968年と1977年の回帰分析において有意であり，1982/86年や1996/98年では有意ではないことであ

る。これは，質的向上期に商人の経験のある企業家が集積地の発展に貢献するという仮説1の妥当性を強く支持するものであろう。第二は，操業年数の係数が徐々に小さくなると同時に，有意性が下がっていることである。これはアパレル企業の経営に特有な経験的知識が，比較的早い時期に限って重要であったことを示すものである。第三に，経営者の就学年数は1968年と1977年の回帰分析では有意ではないが，1982/86年と1996/98年では顕著に有意になっていることが指摘できる。しかも係数の値は徐々に大きくなっている。例えば1996/98年の係数の推定値は2.8であり，就学年数が10％増加すると生産額が28％も増加したことを示している。つまり就学年数によって把握されるであろう一般的な人的資本は，備後の産業集積の発展の後期に重要な役割を果たすようになったと言えるであろう。

教育が生産額に重要な影響を与えるようになったことは分かったが，興味深い問題は何故そのようになるかである。われわれの見解では，それは仮説2が主張するように，教育のある経営者が直接取引を積極的に取り入れたからであり，また仮説3が指摘するように生産拠点を素早く適地に移動させたからである。そこで以下の分析では，直接取引比率あるいは域外生産額比率を内生化した2段階モデルの推定によって，これらの点を検証しよう。

直接取引と企業規模

識別のために，作業衣生産ダミーを第1段階の直接取引比率の決定関数に説明変数として用いた。作業衣は備後の主要な製品であるが，備後ではそれ以外にも婦人服などが生産されている。作業衣は大量生産に向いており，婦人服はニッチ市場を狙った小規模生産に偏っている。推定結果は表6-12に示した通りである[20]。

1982/86年の推定結果から，教育水準の高い経営者や商人出身の経営者が積極的に直接販売を導入し，それが生産額を押し上げていることがわかる。これは仮説2の妥当性を強く支持するものである。また操業年数や就学年数は2段階目の生産額に関する回帰式でも有意であり，直接取引の効

---

20) 通常のtobitモデルによる推定では，誤差項の均一分散が尤度比検定によって棄却されたために，ここでは誤差項の分散を$\sigma_i^2 = \exp(b'X_i)$と仮定して，説明変数のベクトルXに分散が依存して変化し得るtobitモデルを採用した。

表 6-12 備後における直接取引比率と企業の生産額の決定因
（2段階最小二乗法）[a]

	1982/86年のケース		1996/98年のケース	
	第1段階 直接取引比率[b]	第2段階 ln（生産額）	第1段階 直接取引比率[b]	第2段階 ln（生産額）
直接取引比率		1.54** (3.14)		1.98 (1.26)
ln（操業年数）	-0.05 (-0.40)	0.43** (2.44)	0.31* (2.18)	-0.43 (-0.62)
ln（経営者の就学年数）	0.36* (2.06)	0.69* (2.07)	-0.26 (-0.94)	3.10** (3.88)
地元商人ダミー	0.17* (1.77)	-0.49 (-1.27)	0.52 (0.32)	0.42 (0.91)
元従業員ダミー	-0.02 (-0.13)	-0.55 (-0.14)	0.19 (1.12)	0.22 (0.39)
素人ダミー	-0.08 (-0.15)	-0.92* (-1.74)	0.12 (0.45)	-1.22* (-1.96)
作業衣生産ダミー	0.43** (6.51)		0.17* (1.77)	
年度ダミー[c]	0.04 (1.21)	-0.32 (-0.16)	-0.50 (-0.69)	0.27 (1.14)
切片	-0.59 (-0.74)	10.3** (9.53)	-0.94 (-0.11)	5.97** (2.66)
尤度比（LR）検定[d]	LR = 106.4 Pr＞chi2 = 0.00		LR = 30.4 Pr＞chi2 = 0.00	
標本数	79		93	

a) 第1欄と3欄は z-統計量，第2欄と4欄は t-統計量をカッコ内に示す。＊は片側検定5％水準で，＊＊は1％水準で有意であることを示す。
b) 0と1のリミット内でのtobit推定。
c) 1982/86年の回帰分析では1982年の場合に1，1996/98年では1996年の場合に1。
d) 尤度比検定の結果，均一分散という帰無仮説は棄却された。

果を考慮した後でも，これらの変数は何らかの理由で生産規模に影響を及ぼしていることを示している。

1996/98年の推定結果は様相が異なる。就学年数や地元商人ダミーは直接取引比率関数の推定において有意性を喪失している。これは，品質の向上やブランドネームをめぐる競争が1990年代には沈静化してしまっていたという事実と整合的である。しかし興味深いことに，就学年数は生産額決定関数では相変わらず有意である。つまり就学年数は直接取引への効果を通じた生産への影響以外にも，何らかの形で生産に貢献しているのであろう。

域外生産と企業規模

ここでは九州や中国への進出がどのような要因によって影響され，それが

第6章　織里と備後のアパレル：商人主導の発展

表 6-13　備後企業の備後外での生産額比率と生産額の決定因（2段階最小二乗法）[a]

	1982/86年のケース		1996/98年のケース	
	第1段階 九州生産額 比率[b]	第2段階 ln（生産額）	第1段階 中国生産額 比率[b]	第2段階 ln（生産額）
備後外での生産額比率		1.23** (2.49)		2.15** (2.68)
ln（操業年数）	0.87** (3.60)	-0.67 (-1.35)	-0.16** (-5.19)	0.65* (2.27)
ln（経営者の就学年数）	0.69** (2.58)	0.14 (0.28)	1.28** (3.83)	-0.89 (-0.57)
地元商人ダミー	-0.39 (-1.33)	0.16 (0.38)	-0.57 (-0.38)	0.53 (1.20)
元従業員ダミー	0.25 (0.95)	-0.43 (-1.01)	-0.26 (-0.15)	0.66 (1.54)
素人ダミー	-0.19 (-0.28)	-0.81 (-1.50)	-0.49** (-3.52)	-0.47 (-0.07)
婦人用スラックス生産ダミー	-0.43* (-2.03)		-0.32* (-1.94)	
年度ダミー[c]	-0.76 (-0.48)	0.13 (0.65)	-0.72** (-3.16)	0.31 (1.37)
切片	-4.15** (-3.15)	15.7** (5.84)	-2.36** (-2.52)	12.8** (3.60)
尤度比（LR）検定[d]	LR = 17.8 Pr＞chi2 = 0.01		LR = 44.0 Pr＞chi2 = 0.00	
標本数	79		93	

a) 第1欄と3欄は z-統計量，第2欄と4欄は t-統計量をカッコ内に示す．＊は片側検定5％水準で，＊＊は1％水準で有意であることを示す．
b) 0と1のリミット内でのtobit推定．
c) 1982/86年の回帰分析では1982年の場合に1，1996/98年では1996年の場合に1．
d) 尤度比検定の結果，均一分散という帰無仮説は棄却された．

企業の生産額にどのような影響を与えたかを検討しよう．推定結果は表6-13に示してある．なお1982/86年の九州生産額には，便宜上，若干の中国生産が含まれている．また1996/98年の中国の生産額には九州のそれは含まれていない．その時期には九州での生産はきわめて少なかったこと，そして備後と九州の類似性を考えれば，このような分類は正当化されよう[21]．なお識別のために第1段階の推定式に，婦人用スラックス生産ダミ

---

21) 域外生産額比率はゼロでセンサーされており，均一分散の仮定が棄却されたため，相乗的tobit推定を行った．

ーを挿入した。スラックスはファッション性が高く，気まぐれな流行に対処しなければならないために，備後外での生産には不向きであると言われている。

　第1に指摘したいのは，就学年数は九州での生産額比率にも，中国での生産額比率にも正の影響を与えていることである。しかも係数は，前者より後者のほうがかなり大きい。したがって，教育は多くの革新的な変化をともなった中国への進出にとりわけ大きな効果を及ぼしたことになる。それとは対照的に，操業年数で測った経験は九州への進出には正の効果を持ったが，中国への進出ではむしろマイナスの影響しか与えなかった。九州への進出が備後での経営の延長線上にあったこと，中国への進出が革新を必要としたことを考えれば，この推定結果は納得のいくものであろう。最も重要なファインディングは，備後外での生産の比率が生産額に正で有意な影響を与えていることである。これは，九州や中国への生産拠点の移転が採算性を高め，生産を増大させたことを物語っている。これは仮説3と整合的である。こうした推定結果は，Vernon（1966）が指摘するように，成熟段階にある産業では製品や生産方法が標準化され，九州や中国のような賃金の低い地域で生産を行うことが，採算面で有利になったことを示すものであろう。

4　結　　論

　本章のはじめでも指摘したように，織里と備後のアパレル産業の発展には，時代，場所，制度的環境の相違を超えた著しい類似性がある。それは一言で言えば，「商人主導型」の発展ということに尽きる。また本章の分析結果は，内生的産業発展論の構築に有用な情報を提供するものである。

　第1に，本章での事例は始発期の企業家像に重要な手がかりを与えている。すでに既存の文献によって産業集積が産業発展に有効であることは明らかにされてきたが，どのような企業家が産業集積の端緒を開くかはほとんど解明されることがなかった。織里や備後の経験からすれば，アパレルのように生産自体が技術的にさほど難しくない産業の場合には，市場情報

第6章　織里と備後のアパレル：商人主導の発展　　143

に精通した商人が，Schumpeter 的な革新者として重大な役割を果たす公算が高い。またこうした産業は，貧困な農村地域において産業集積を形成する可能性が高い。ただし貧困な農村地域とはいえ，都市の市場とのアクセスに恵まれた場所が選ばれる傾向が強いであろう。それはまた，第3章から第5章の産業立地の分析結果とも整合的である。

　商人出身の革新者が創業を行い，やがて低品質な製品の生産方法が確立されると，スピンオフや他の職業に従事していた人々による参入が起こるようになる。ここで重要な役割を果たしたのが，織里の場合には鎮が開設した市場であり，備後の場合には地元の卸問屋達であった。彼らによって市場取引が促進され，それによって新しい企業の参入が容易になり，その結果，量的拡大を実現して集積地が飛躍的に発展していったのである。

　やがて質的向上期が訪れ，その段階で商人出身の企業家が，質の向上ばかりでなく質の高い製品の直接販売という新たな「革新」をめぐる競争で，重要な役割を果たすようになる。なぜならば，製品の差別化が行われるこの段階では鎮が解説した市場や地元の卸問屋は重要性を失い，商人の経験が直接的な取引相手の拡大に重要な役割を果たすようになるからである。また一般的な企業家の教育水準も，質的向上期には企業のパフォーマンスに決定的な影響を与えるようになる。つまり，一般的な人的資本と産業特殊的な人的資本の双方が，質的向上期における革新競争に打ち勝つための決め手になってくるのである。

　以上で議論したように織里と備後のアパレル産業の発展プロセスは，第2章で議論した内生的産業発展論にきわめてよくフィットすると言うことができるであろう。それではこうした結論はどれほどの一般性を有するのであろうか。そのために，第7章から第9章においてさらに事例研究を重ねることにしよう。

第7章

日本と重慶のオートバイ：
技術者主導の発展

前章のアパレル産業の事例研究では，市場取引の促進が新規企業の参入を容易にして産業が量的に拡大し，それによって収益性が低下したために質的向上が図られたという仮説を検討した。製造が技術的に容易なアパレル産業では，質的向上期の重要な革新はマーケティングに関するものであり，そこでは商人が革新者の役割を果たした。それに対して本章以降で取り上げるいくつかの機械産業の場合には，技術者主導の革新が重要であろうと思われる。はたして機械産業の発展も始発期，量的拡大期，質的向上期というプロセスを辿り，そこでは技術者が革新者となるのだろうか。また，産業の発展に産業集積はどのような役割を果たすのだろうか。

第1章で論じたプロダクト・ライフサイクル論によれば，まだ「決定版」(dominant design) ともいうべき標準的な製品のない産業発展の初期に，多数の企業がそれぞれ独自に製品を開発して産業への参入を果たす[1]。そのため質的な向上と企業数の増大は初期の段階で同時に起こることになる。しかし，これはアメリカやイギリスといった先進国の経験だけに基づいて構築された理論であり，それがそのまま途上国にも当てはまるとは考え難い。というのも，途上国の場合には，お手本となる標準的な製品がそもそも先進国に存在し，その低級版を生産する企業によって産業のスタートが切られることが多いからである。戦後の日本のオートバイ生産もまさにそのようにして始まった。軍から放出された原動機を自転車に取り付け

---

1) 早期から生産性の向上が図られることも珍しくないが，傾向としては製品の開発から生産方法の改善へと研究開発の焦点が移ることが多い (Abernathy and Utterback, 1978; Klepper and Simons, 2000; Klepper, 1996)。

第7章　日本と重慶のオートバイ：技術者主導の発展　　　145

ただけの原始的なオートバイが好調な売れ行きを示すと，たちまち多数の企業が参入して企業数は1952年のピークには127社を数えた。日本はそれから10年足らずで世界一の生産台数を記録するに至る。それを可能にした日進月歩の技術進歩は，いつ始まったのだろうか。本研究によれば，プロダクト・ライフサイクル論に基づく予想を裏切って，1952年まで技術進歩はほとんど見られなかった。

　中国でのオートバイ生産は，1980年前後にいくつかの国有企業が外国メーカーの技術を取り入れたのを契機に発展を始め，1990年代に飛躍的に成長した。1990年に100万台だった生産台数は，2001年には1200万台を突破しているが，これは世界全体の生産台数のおよそ半分に相当する。中国の事例が極めて興味深いのは，このように産業の発展が急速なだけでなく，途上国と先進国の間の技術的キャッチアップの縮図のような展開を，国内の私企業の国有企業へのキャッチアップに観察できるからである。本研究の調査地として選んだ重慶は，中国のオートバイ生産の約3割を占める大集積地である。そこでインタビューした大手私企業の経営者によれば，重慶の国有企業の製品や生産技術は日本のメーカーの模倣であり，私企業のそれはそのまた模倣である。途上国では国有や外資という技術的に進んだ部門と遅れた中小私企業部門という二重構造が目立つが，それがいかに解消されるかを考察する上で，展開の速い重慶のオートバイ産業は格好の事例と思われる。本章では，どのような人物がそのプロセスで企業家の役割を果たし，どのような模倣が行われ，そこでは産業集積がいかに重要であるのかを検証してゆきたい。以下，第1節では日中に共通する仮説を提起し，第2節では日本の，第3節では重慶の事例研究の結果を示し，第4節で結論を述べる。

1　仮説の提起

1998年に訪れた江蘇省の農村では，多数の零細企業（個体戸）があらゆる部品を近くの市場(いちば)で調達してオートバイを組み立てていた[2]。このように組立だけなら容易だが，エンジンの製造となるとそれなりの技術力が必要

となる。たとえば軽量で頑丈な鋳物が必要であるし、それを切削加工する技能も必要である。そのため、本格的なオートバイ産業は工業がある程度発達した都市でなければ成立し難い。1950年当時、日本のオートバイの生産台数の6割強を東京が占め、名古屋と浜松の周辺がそれぞれ2割足らずであったのもそのためであろう。かといって、オートバイ産業は大都市型の産業というわけではなく、その後、東京や名古屋のシェアは急速に低下した。他方、ホンダ、スズキ、ヤマハを擁する浜松地域はシェアを大きく伸ばしていったが、それはここに鉄道院の車両工場が立地し、天竜川で運ばれた木材を加工する木工業やそのための木工機械産業があり、楽器や織機、鋳物の生産も活発であったことと無縁ではあるまい。オートバイ産業は、機械工業の伝統のある地方都市に有利な産業であると推察される。

重慶は中国の内陸部では最大級の大都市であるが、沿海部の大都市と比べれば経済発展は大きく立ち遅れている。ここがオートバイ生産の一大拠点になったのは、軍需産業が発達していて技術者や熟練労働者が豊富だったことによるところが大きい[3]。重慶のオートバイ生産は、それまで弾丸などを生産していた国有企業が1979年に民需品の生産に転換したのが始まりである。1981年に別の軍需工場もオートバイの生産を開始すると、程なくして彼らは、他地域のオートバイ国有企業に先んじて、外国メーカーからの量産技術の導入を許された（大原、2001）。このように豊富な人的資源と外国技術の力で、重慶の2社は一躍トップメーカーとなった。

1990年代に入り重慶でも私企業の活動が自由になると、民営のエンジン・メーカーやオートバイ組立工場が姿を現して産業集積を形成していった。十分な統計資料があるわけではないが、そのプロセスが第5章で見た江蘇省のそれと似たようなものであったことは疑いない。巨大な国有企業に伍して小規模な民営企業の経営が成り立ち得たのは、集積地に発達した

---

2) モノ不足の時代には、走って曲がって止まるという基本的な機能さえ備えているオートバイであればよいという消費者は少なくなかったであろう。そうした製品の品質チェックは簡単明瞭だから、部品にしても完成車にしても市場取引の費用は低い。1990年代前半までの中国や終戦直後の日本のオートバイ産業は、このような品質にこだわらない消費者の需要に支えられていたと思われる。

3) 重慶を含めて内陸の各地に広がる軍需産業は、1960年代に国防上の理由で沿海部から移転してきたものである。

企業間分業によるところが大きい。民営企業は部品を外注することにより，設備投資を切り詰め，労務管理などの経営上の負担も最小限にとどめることができたのに対し，大規模な国有企業は大半の部品を内製する丸抱え的な生産を続けていた。後者のような経営の効率が悪いことは，工作機械産業の事例研究などから明らかになっている（大塚・劉・村上，1995；Murakami, Liu, and Otsuka, 1996）。また，多くの販売員を抱えることのできない小規模な私企業にとって，古来より交通の要所として商業が栄えていた重慶という立地は，エンジンや完成車を他地域へ販売する上でも好都合であったと思われる。

日本では，ホンダをはじめとして生産拠点を分散化していった企業は少なくないが，少なくとも比較的初期の段階の立地は浜松，東京，名古屋に限られていた。これは，産業が集積の経済を享受しながら発達したことを示唆している。そこで，次のような仮説を提起することにしたい。

仮説1　企業間分業の発達をはじめとする集積の経済が，産業の成長に大きく貢献した。

重慶の事例研究では，企業の外部から調達された部品が使用された部品全体に占める割合がわかるので，企業間分業が経営効率に及ぼす効果を直接的に推定できる。日本の事例研究ではそのようなデータは得られなかったため，企業間分業の効果の大きさはわからないが，集積のメリット全般の有無は分析できる。

日本では1950年代初頭に企業数が爆発的に増大し，オートバイの市場価格は急速に下落した。中国のオートバイ産業も，1990年代には供給の急増による著しい価格下落に襲われた。内生的産業発展論が指摘するように，企業が品質の向上を図るのは，こうして収益性が悪化した後のことであると考えられる。そこで，次の仮説を検証しよう。

仮説2　質的向上は，産業の量的拡大による採算性の悪化に誘発されたものであった。

質的向上がこのようにして起こるのはアパレル産業でもオートバイ産業でも同じであろうが，そこで克服しなければならない主要な問題はおそらく異なるであろう。アパレルの場合のそれは高品質の製品をいかに販売するかであるのに対して，オートバイの場合にはいかにして製品の質を高め，

低コストで生産するかという技術的な問題のウェイトが高いと思われる[4]。そこで,質的向上期の企業パフォーマンスに関して,以下の仮説を提起したい。

仮説3　質的向上期において,企業の存続,企業規模の成長および生産性を決する重要な要因は,より進んだ技術を吸収あるいは模倣する技術者の能力であった。

中国の経済発展が町営企業部門の急速な成長に牽引された1980年代から90年代前半にかけて,江蘇省南部の成功が「蘇南モデル」として推奨されたことは第5章で述べたとおりである。この地域の町営企業は,国有企業の下請けとなって指導を受けただけでなく,国有企業を退職した技術者を雇って国有企業の技術やノウハウを学習し,成功を収めた(大塚・劉・村上,1995)。重慶のオートバイ産業に参入した私企業もこの戦略を取り入れているとすれば,仮説3は国有企業出身技術者の雇用と生産性の関係を分析することによって検証できよう。日本のケースでは,エンジン性能によって企業の技術力を表わし,模倣による技術進歩とそれによる企業成長の効果を分析することにしたい。

2　日本の事例

2-1　発展の概観

日本のオートバイ企業については様々な資料から数値データを掻き集めたが[5],なかでも重要な情報源は,戦後に発表されたモデルを写真入りで網羅的に紹介したマニア向けカタログ集(八重洲出版編,1997)である。ここから馬力と排気量のデータが得られたので,Taylor (1960)に従ってエンジンの性能を馬力／(排気量)$^{2/3}$ によって測ることにした[6]。この指

---

4) これは相対的に技術的な課題の重要性を指摘しているのであって,マーケティングの重要性を無視しているわけではない。量産した製品を売りさばくマーケティング力も重要であったことは第2節や第3節で詳しく述べる。

5) 企業データの出所は,交通タイムス編(1960),日本自動車工業会編(各年版),日本小型自動車工業会編(各年版),八重洲出版編(1987, 1997),ホンダコレクションホール(1997),冨塚(1997)である。

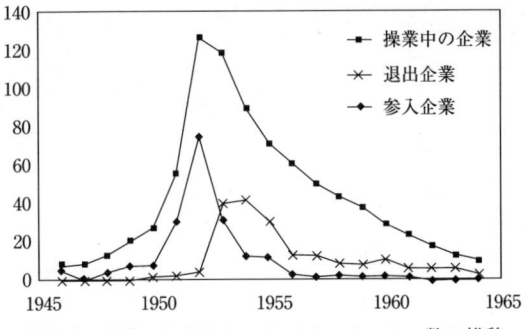

図 7-1　日本におけるオートバイ・メーカー数の推移

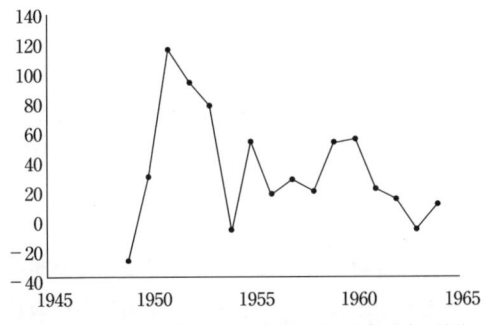

図 7-2　日本における生産台数の年間成長率（％）

標を中心に叙述的分析を進めたい。

企業数と総生産台数の推移

図 7-1 から明らかなように，初めの数年はおとなしかった新規参入が1950年代に入ると一気に加速して，1952年には企業数が127社に達した。その間，退出した企業はたったの4社に過ぎない。ところが，翌年から2年続いて年間40社もの退出が続出し，企業数はその後またたく間に減少した。こうした移り変わりに呼応して，生産台数の成長率の推移も三つの局面に分けられよう。図 7-2 によれば，新規参入が活発だった1951, 52, 53年は生産台数の成長率もひときわ高く[7]，1950年代半ばから後半にかけては企業数の減少にもかかわらず成長率が上昇傾向にあり，新規参入のな

---

6)　この指標については，ヤマハ発動機元技術部門取締役の田中俊二氏から教示頂いた（2001年9月20日聞き取り）。記して感謝の意を表したい。
7)　図 7-2 はその後の1年間の成長率を示している。

図 7-3　日本におけるエンジン性能の平均値の推移

くなった1960年代前半には成長率が低下していった。

　1940年代後半から50年代初頭にかけて産業が急速に成長した理由としては，戦後経済が復興するとともに輸送手段への需要が高まっていたことがまず指摘できる。ところが自動車や外国製オートバイは輸入規制のせいもあって庶民にとっては高嶺の花であったから，安い国産オートバイは格好の輸送手段として人気を集めた。ごく初期には，自転車に出来合いの原動機を取り付けただけの極めて単純なオートバイでさえも売れ行きが良かった。当時参入した多数の新規企業の中には，生産技術の容易さゆえに参入できたという企業も少なくなかったであろう。そうしてみると，この時期の産業の成長が，技術進歩に支えられたものであったとは考え難い。

エンジン性能の推移

オートバイ生産の最も重要な技術的課題は，エンジン性能の向上である。エンジン性能の平均的水準の推移を示した図 7-3 によれば，1940年代から1952年ないし53年まではエンジンの性能がほとんど改善されていない。それどころか新規参入企業のエンジン性能がとくに低かった1949年には全体の平均が低下している。このように，初期の数年間は，品質の向上を伴わずに，主に活発な新規参入によって産業が急成長した。これはまさに量的拡大期の特徴である。

　1953年に企業の退出が急に増えたのに続いて，1954年辺りから質的向上が始まったことは興味深い。やはり，量的拡大が質的向上よりも先行していたのである。大量の退出のせいで1954年には図 7-2 で見たように産業全体の生産台数がマイナス成長を記録したが，その後は品質を改善した企

業が売上を着実に伸ばしていったので，1950年後半まで順調な成長を続けた。この時期を「質的向上前期」と呼ぶことにしたい。

オートバイ産業の場合，質的向上を推進した革新者は一群の優れた技術者達であった。そのことを象徴するのが，ホンダの技術の粋を集めた名車スーパーカブの大ヒットである。2001年秋にホンダとヤマハのOBに対して行った聞き取りによれば，1958年7月に発表されたスーパーカブはその後のオートバイ産業の発展に大きな影響を及ぼした。これは今日でもそのヴァリエーションが多くの国々で生産され続けている世界のベストセラーである（三樹書房編，2001）。それもそのはず，片手運転を可能にする自動遠心クラッチ，ポリエステル樹脂の大きなフロントカバー，大きなタイヤなど，スーパーカブには使い勝手や乗り心地をよくする新しいアイデアが満載されていた。とくに50ccクラスで初の4サイクル・エンジンは，当時の常識を塗り替える4.5馬力を出力した（ホンダコレクションホール，1997）。もちろん，他のメーカーは直ちに模倣を開始した。ただし，あからさまに模倣したためにホンダから訴えられて苦境に陥るケースも出たので，その後は直接的ではない模倣を各社は目指すことになった[8]。そのため技術力が企業の生き残りや成長に，いっそうの重要性を帯びるようになったのが1959年以降の状況といえよう。この時期を「質的向上後期」と呼ぶことにしたい。

企業規模の変遷

ホンダはスーパーカブという人気商品を開発するとともに，それと密接に関連する二つの革新をもたらした。一つは国内外での新しい販売網の構築であり，もう一つは大規模な工場での一貫大量生産である。品質向上が重要になれば開発費という固定費用が増大するが，単位当りの生産費は大量生産によって削減できる。大量生産を進めるには大量販売も重要になる。ホンダはそれまで自転車屋やモーター屋に限られていた販売網を，他の業種の商店も巻き込んで積極的に拡大していった。生産拠点はすでに浜松のほかに埼玉にもあったが，1960年には鈴鹿に大工場を建設し，高い品質を

---

[8] Murmann and Homburg (2001) は合成染料産業の発展の国際比較に基づいて，特許権保護は新規企業による模倣を困難にする結果，新規参入を減少させると論じている。

保つための一貫生産を開始した。そもそも品質を重視していたホンダは下請けへの依存度が低かったが[9]、鈴鹿工場の建設でその傾向をいっそう強めた。以後、規模の経済の追求はオートバイ産業の常識となる（大田原、1999）。ここでデータは示さないが、一社当りの生産台数をみると、退出した企業の方が存続企業よりも明らかに小規模である。これは、企業の生存競争に関する欧米の事例研究（例えば Agarwal and Audretsch, 2001; Disney, Haskel, and Heden, 2003）が指摘するように、企業規模が企業の存続に重要な役割を果たすことを物語っている。

表7-1は、以上の観察を時期区分別にまとめたものである。エンジン性能が算術級数的に上昇したのに対して、平均生産台数は幾何級数的に増大しており、品質競争だけでなく規模の追求をめぐる競争も激化していったことがうかがわれる。関連産業での経験のある企業の割合が高まっていったことも注目に値する。量的拡大期にも、オートバイ部品、その他の機械、自転車などの製造から転入した企業は少なくなかったが、その後はスズキ、ヤマハ、カワサキなど他の機械産業で既に名の知られた企業が、それぞれの本体との関係を維持しながら参入するケースが目立つようになった。われわれの聞き取りによれば、こうした企業は大規模な設備投資のための銀行借入といった資金調達面で有利だったという[10]。また、エンジンやボディーを内製する企業の割合が質的向上後期に高まったが、これは製品の質を高めるために外注への依存を減らした結果であろう。

2-2 回帰分析

推定式の特定化

前節の仮説を検証するために、技術進歩率（ΔT）が、現在の技術力（T）、企業規模（S）、資金力（F）、操業年数によって表される経験（E）と、産業集積の効果（C）に依存するものと考えて、次のような技

---

9) たとえば当時の主要なライバルであったトーハツの場合、外注部品依存度は95％程度であったのに対して、ホンダのそれは35％ほどであった。
10) これは、日本のハードディスク産業に他産業から多角化のために参入した企業が、まったく新たに始まった企業よりも資金面で優位に立って、より長期間存続し得たことと似ている（Chesbrough, 1999）。

表 7-1　日本におけるオートバイ企業の特徴[a]

	量的拡大期	質的向上期	
		前半	後半
	1948-53	1954-58	1959-64
エンジン性能	0.15 (0.04)	0.24 (0.06)	0.32 (0.08)
生産台数	3,756 (6,130)	11,601 (18,370)	144,429 (281,097)
操業年数	2.76 (2.04)	5.43 (3.26)	10.2 (4.38)
関連産業から参入した企業の割合（％）	40	50	78
エンジン内製企業の割合（％）	47	45	58

a) 企業の年平均。カッコ内の数字は標準偏差。

術進歩関数を推定したい。

$$\Delta T_i = \alpha_0 + \alpha_T T_i + \alpha_S S_i + \alpha_F F_i + \alpha_E E_i + \alpha_C C_i + \varepsilon_i, \tag{1}$$

技術力（T）はエンジン性能の指標で表し，技術進歩率（ΔT）は一年間のエンジン性能の変化によって測り，企業規模（S）は生産台数の対数値で表すことにする。資金力（F）は関連産業から参入したオートバイ企業の場合を1とするダミー変数で表し，集積の程度（C）は同一地域に立地する他企業の生産台数の合計の対数値で表す。この事例の場合，誤差項 ε_i は通常の回帰分析の仮定を満たさないのだが，それについては後で述べる。

(1) 式の係数は，1948年から1953年までの量的拡大期，1954年から1958年までの質的向上前期，1959年から1964年までの質的向上後期の3期間で異なることが予想される。たとえば，量的拡大期には技術が単純だったので，エンジンの性能を低い水準から平均レベルに近づける（すなわち T の値の小さかった企業が ΔT を大きくする）ことは容易であったであろう。そうであれば，(1) 式の右辺のエンジン性能の係数 α_T は負の値をとるはずである。ところが質的向上期に入ると，技術力のある企業はエンジン性能を向上させるとともに安直な模倣を許さなくなったから，技術で劣る企業のキャッチアップは前よりも難しくなった。そのため，質的向上前期の α_T は正になったか，あるいは負だとしても絶対値で見て小さくなったと思われる。質的向上期の後半になると，技術力のない企業は脱落し，存続した企業はホンダをはじめとする技術水準の高い企業を必死に追いかけた。この時期には，模倣の効果が再び強まって α_T は負でその絶対値は大きく

なったであろう。そうした変化を捉まえるために，(1) 式を三つの期間のそれぞれについて推定することにしよう。

仮説3は企業の存続や規模の成長とともに生産性を取り上げているが，データの制約から生産性については日本の事例では分析できない。企業の存続や規模の成長に関しては，次のように分析を進めたい。まず，企業が次の一年間を生き延びる確率や，企業規模の成長率（生産台数の対数値の差分 ΔS）も，(1) 式で取り上げたのと同様の要因によって左右されるものと考えて，回帰式を

$$(存続確率)_i = F(\beta_0 + \beta_T T_i + \beta_S S_i + \beta_F F_i + \beta_E E_i + \beta_C C_i + v_i), \quad (2)$$

$$\Delta S_i = \gamma_0 + \gamma_T T_i + \gamma_S S_i + \gamma_F F_i + \gamma_E E_i + \gamma_C C_i + u_i, \quad (3)$$

とする。(2) 式の左辺は直に観察できる変数ではないので，推定には最小二乗法ではなく Probit ないし Logit という推定法が必要になる。(3) 式の従属変数は企業が退出してしまった場合には値が存在しないので，生き残った企業だけしか標本として使えない。このように偏った標本を使うと，誤差項 u_i の平均がゼロであるという通常の回帰分析の前提が崩れてしまうので，調整が必要になる。ここでは最尤法という手法を用いて (2) 式と (3) 式をセットにして推定する。実は同様の問題は (1) 式にもある。企業が生き残って広告を打たなければ，馬力や排気量がカタログ集に掲載されないからである。これも (3) 式の場合と同じ手法で処理することにしよう。

推定結果

技術進歩関数の推定結果は表 7-2 に，生き残り確率と企業成長率の推定結果はそれぞれ表 7-3 の上段と下段に示してある。表 7-2 のエンジン性能の係数は，いずれの期間においても負で有意であり，エンジン性能が各期間の平均値へ近づいてゆく傾向があったことを示している。これは模倣の重要性を示唆する結果と言えよう。ただし，その重要性は予想通り期間によって異なる。量的拡大期には模倣によるキャッチアップが容易であったが，質的向上期前半にはそれが困難になり，後半には模倣できない企業が脱落したために存続企業の間ではキャッチアップが再び速くなったことが，この係数の動きから読み取れる。また，量的拡大期にだけ生産台数の係数が負で有意であるが，これは小さな企業が模倣の恩恵に浴した一方で，

表 7-2 日本のオートバイ産業におけるエンジン性能向上率の決定因：広告の有無によるサンプル・セレクションを考慮した推定[a]

	量的拡大期	質的向上期	
		前半	後半
	1948-1953	1954-1958	1959-1964
標本数	53	130	64
除外された標本数	15	31	19
エンジン性能	−0.86**	−0.34**	−0.55**
	(−4.44)	(−2.81)	(−4.74)
ln（生産台数）	−0.27**	0.04	−0.00
	(−2.36)	(1.42)	(−0.38)
操業年数	0.14	−0.01	−0.03
	(0.41)	(−0.80)	(−1.47)
関連産業ダミー	−0.01	−0.02*	−0.07
	(−0.79)	(−1.89)	(−1.24)
集積	−0.43	0.30**	0.03
	(−1.18)	(2.76)	(1.54)
エンジン及びボディーの内製ダミー	0.06**	0.02**	−0.01
	(3.36)	(2.54)	(−0.60)
切片	−0.25	0.08	0.21**
	(−0.61)	(1.05)	(2.73)

a) 従属変数は（翌年のエンジン性能−基準年のエンジン性能）。基準年と翌年に連続して広告を出さなかった企業は，サンプルから除外せざるを得なかった。表には示していないが，GDP成長率も説明変数として用いた。カッコ内の数字は z-統計量。

*は片側検定5％水準で，**は1％水準で有意であることを示す。

大企業の技術進歩は緩慢だったという傾向を示すものである。

関連産業からの転入を表すダミー変数がいずれの期間でも負の効果をもち，なかには有意なケースもあることは，この変数が技術力とは別の要因，おそらくは資金調達力を表すものだからであろう。集積変数は，質的向上期の前半においてだけではあるが，エンジン性能の向上に対して正で強く有意な効果を示しており，仮説1と整合的である。エンジンやボディーの内製の効果は，初めの二つの期間には正で有意性も高い。購入したエンジンを使用する企業よりも内製している企業においてエンジン性能がより大きく改善するのは当然であろう。この変数が，質的向上期の後半に効果を持たなくなったのは，この時期の標本企業の過半数がエンジンやボディーを内製するようになっていたからであると考えられる。

表7-3の上段に示した企業の生き残り確率についての推定結果は示唆に富んでいる[11]。まず，質的向上期においてエンジン性能が企業の存続に

表 7-3 日本のオートバイ産業における企業規模成長率の決定因：退出によるサンプル・セレクションを考慮した推定[a]

	量的拡大期	質的向上期 前半	質的向上期 後半
	1948-1953	1954-1958	1959-1964
標本数	53	130	64
除外された標本数	1	9	12
<u>企業存続の確率</u>			
エンジン性能		4.04* (2.26)	7.85** (3.56)
ln（生産台数）		1.19** (12.0)	0.25* (1.88)
操業年数		-0.05 (-1.58)	0.10** (2.41)
関連産業ダミー		-0.05 (-0.30)	2.90** (4.62)
集積		2.66 (1.35)	-0.15 (-0.34)
エンジン及びボディーの内製ダミー		0.19 (0.92)	-0.79* (-1.92)
切片		1.53 (1.09)	-3.89** (-3.48)
<u>企業規模の成長率</u>			
エンジン性能	-1.36 (-0.79)	5.04* (2.21)	44.6* (2.26)
ln（生産台数）	-0.10 (-0.77)	0.67** (9.93)	-0.15** (-1.93)
操業年数	-0.02 (-0.69)	-0.06 (-1.56)	-0.02 (-0.05)
関連産業ダミー	0.02 (0.13)	-0.10 (-0.42)	-22.4** (-3.66)
集積	-0.15 (-0.34)	0.34 (1.37)	0.40 (0.95)
エンジン及びボディーの内製ダミー	1.09 (0.59)	0.23 (0.89)	-0.94 (-0.28)
切片	3.42 (1.28)	1.72 (0.96)	11.0 (1.13)

a) 従属変数は ln（翌年の生産台数）− ln（基準年の生産台数）。基準年と翌年に連続して操業しなかった企業はサンプルから除外せざるを得なかった。表には示していないが、GDP 成長率も説明変数として用いた。カッコ内の数字は z-統計量。＊は片側検定 5％水準で、＊＊は 1％水準で有意であることを示す。

---

11) 量的拡大期には、退出した標本企業が1社しかなかったために推定不能で、質的向上期と量的拡大期の比較ができないのが残念である。

第7章　日本と重慶のオートバイ：技術者主導の発展　　157

強い効果を及ぼしたこと，しかも後半にその効果が強まったことは，技術を模倣する能力が品質競争の激化とともに重要になるという仮説3と整合的である。企業規模の係数も正で有意である。ただし，後半になるとその有意性が低下し，かわりに関連産業ダミーで表される資金力や操業年数で表される経験の効果が強まっている[12]。関連産業からの転入や経験の重要性は最近のプロダクト・ライフサイクル論でも指摘されている（Evans, 1987a, b; Klepper, 2002)。エンジンやボディーの内製が後半に負の効果を持つのは，内製のほうが外注よりも資金繰りのリスクが高かったことを示唆している。

表7-3下段に掲げた規模の成長率関数の推定結果の中ではやはり，エンジン性能の係数の変化が目を引く。量的拡大期には規模の成長に有意な効果のなかったエンジン性能が，質的向上期とくにその後半においては成長の重要な決定因になった。これは，技術力が企業のパフォーマンスを決するという仮説3を支持する結果と言えよう。基準時点の企業規模はその後の規模の成長に対して，量的拡大期には有意ではないが負の効果を，質的向上期の前半には非常に強い正の効果を，そして後半には再び負の効果を持った。この推定結果は，模倣による技術的キャッチアップが進む時期には企業規模についてもキャッチアップが起こるのに対して，技術的キャッチアップが困難な時期には規模の差が開いたことを意味する。これも仮説3を支持している。関連産業ダミーは，意外にも質的向上期後半に強い負の効果を示した。この結果の解釈は難しいが，同じ期間にこの変数が技術進歩率に対して弱い負の効果をもったことと符合している。

以上の推定結果は，質的向上が量的拡大による採算性の悪化のために起きるという仮説2を直接的に検証するものではない。しかし，様々な係数の変化のパターンから，三つの期間がそれぞれ量的拡大期，質的向上期前半，その後半と呼ぶのにふさわしいことが確認された。少なくとも，量的拡大期のあとに，企業間競争の構造変化を伴った質的向上期が続いたということは実証できたと言えるであろう。

---

12)　これはおそらく，後者の二つの変数が企業規模とより密接に相関するようになったこととも関係しているであろう。

3 重慶の事例

3-1 発展の概観

重慶では2001年の8月と12月に予備的調査を行い，2002年の11月から12月にかけて46社のオートバイ製造企業を対象とした本調査を行った。本調査では，過去にさかのぼって1990, 95, 97, 98, 99, 2000, 2001年の7時点の生産や販売の状況を聞いた[13]。このように中小零細企業から何年も前のデータがとれたのは，計画経済時代のなごりで記帳がしっかり行われていたからであり，他の国々では不可能だったに違いない。

調査した企業の中には他の企業を子会社として所有するものもあれば，逆に他企業の100％子会社もある。同じグループのなかに新しい子会社ができると，人材や設備がグループ内の各企業に再配分されるため，個々の企業の生産，雇用，固定資産のデータは非連続的な著しい変動を見せる。これでは分析はままならないので，100％子会社と親会社は一体であるものとみなすことにした。そのようにして数え直すと標本企業数は33社となる。その中には，分析対象である1995年から2001年までの期間の途中から参入した企業も含まれている。こうした企業が創業したばかりで，生産が安定していない初年度のデータは除外せざるを得なかった。結局，回帰分析で使う変数のデータがすべて揃ったのは一番多い年で32社，少ない年で13社，平均22社であり，標本数は延べ130個である。このように標本の規模は小さいが，時間をかけて企業の経営者と経理担当者から丁寧に聞き取り調査を行ったので，データの精度は相当に高いものと思われる。

標本企業の基本的特徴

表7-4は，標本企業の実質付加価値，オートバイ生産台数，エンジン生産台数を企業のタイプ別に示したものである。企業のタイプは，大手国有企業2社，中小国有（3社）と町営企業（3社）の合計6社，大手私企業

---

[13] 回答者が注意を集中して正確な数字を答えてくれるように，質問の数を少なめにして回答者の負担をできるだけ軽減するように努めた。1996年を除いたのもそのためである。

表 7-4 重慶における標本企業の企業当り実質付加価値，
エンジンおよびオートバイの生産台数[a]

	大手国有	中小国営と町営	大手私企業	その他の私企業
実質付加価値（100万元，2000年価格）				
1995	5,081	282	50	45
1998	1,837	144	323	45
2001	749	92	889	41
オートバイ生産台数（1000台）				
1995	900	28	6	0
1998	738	32	108	14
2001	645	44	595	41
エンジン生産台数（1000台）				
1995	762	28	55	80
1998	799	64	351	27
2001	692	80	1386	51

a） 表示の年に創業したばかりの企業は除外した。デフレーターとして国家統計局（2002）公表の機械工業工場出荷価格指数を用いた。

3社，そしてその他の私企業22社に分類した。大手国有企業はいずれも元は軍需工場で1980年前後にオートバイの生産を開始した。中小国有と町営企業と大手私企業はいずれも1990年代前半にオートバイ産業に参入した。大手私企業といっても創業当時は他の私企業と同様にごく小規模であったが，その後ずば抜けて大きく成長したので大手と呼ぶことにした。1990年代前半に創業した私企業のうちわれわれの標本に入っているのはこの大手3社を含めて8社だけであり，それらは皆エンジン・メーカーとしてスタートした。しかしインタビューで聞いたところでは，その時期には組立に特化したものも含めて私企業が，雨後の竹の子のように創業して重慶が産地化したとのことである。

重慶にしろ中国全土にしろ，オートバイ企業の総数は把握できていない。正式に登録された企業数は1998年にいったん減少したが，その後は再び増大している。しかし，いったん急増してまもなく消えていった名もないオートバイ組立企業も含めれば話は大きく異なるであろう。そうした意味での企業総数は，吸収合併や退出によって1990年代末までには減少傾向に入っていたものと推察される。

表には示していないが，標本企業のオートバイの売上を生産台数で割っ

表 7-5 重慶における創業者の経歴 (%)

	大手国有	中小国有と町営	私企業
前職の産業			
オートバイ関連	0	17	38
軍需工業	100	33	13
その他の製造業	0	17	29
商業・サービス業	0	33	21
前職の企業の所有形態			
国有	100	67	50
集体	0	17	4
民間[a]	0	17	42
前職の職種			
技術者	0	0	42
セールスマン	0	17	25
経営の専門家等	0	50	25
地方政府幹部	100	33	0
その他	0	0	8

a) 民間企業は従業員8名以下の個体戸を含む。

て算出した平均価格をみると，オートバイ価格の低下は著しい。大原(2001)も指摘しているように，これはヒット商品を欠いたまま生産台数が急増したせいで生じたものであろう。表7-4に示した実質付加価値は機械産業全体の価格指数を使って名目値をデフレートしたものだが，この価格指数と比べてオートバイ価格は大幅に低下したので，企業のタイプを問わず実質付加価値は生産台数に比べて大きく落ち込んでいる。落ち込み方のとりわけ激しいのが大手国有企業である。この2社は生産台数で見ても規模が縮小した。逆に，価格低下にもめげず急成長した大手私企業3社は，2001年には付加価値やエンジン生産台数で大手国有企業の平均を上回り，オートバイの生産台数でも後者に肉薄するまでに至っている。

　大手私企業3社の急成長の理由を探るべく創業者の経歴を調べてみたが，他の私企業と比べて格段の違いは見当たらなかった。そこで表7-5では，大手私企業と他の私企業とを区別していない。私企業の創業者のおよそ半分は国有企業出身であり，その大半が国有オートバイ企業か軍需工場の出身である。ほとんどの創業者が企業の経営に関係のある専門的技術知識を有していたことは興味深い。とくに，技術者出身という創業者が，プロの

表 7-6　重慶の私企業が雇用する国有企業出身の技術者と総経理

	大手私企業	その他の私企業
国有出身の技術者の平均的人数		
1995	11.7	1.1
1998	68.3	8.9
2001	210.3	12.7
従業員全体に占める割合（％，単純平均）		
1995	5.7	3.4
1998	3.1	5.5
2001	3.7	4.6
総経理が国有企業出身である企業の割合（％）		
2001	100	62.5
国有企業出身の総経理の平均的な就学年数		
2001	16.7	14.5

経営者やセールスマンだったという創業者よりも多いことは，前章で見たアパレルや次の二つの章で取り上げる中国の事例と比べて特徴的である。この観察結果は，オートバイ企業の経営には工学的な専門知識が重要だということを意味している。

国有企業からの模倣

大手私企業3社とその他の私企業との間に明瞭な違いが観察されるのが，表7-6の上段に示した国有出身技術者の雇用である。まず，絶対数でみると1995年で大手私企業は他の私企業の10倍の国有出身技術者を抱え，2001年には16倍になっている。これは大手私企業が積極的に国有企業の技術を吸収した証であろう。ただし，従業員全体に占める割合でみると，一方的に差が開いていったわけではなく，1998年には大手私企業がその比率を低下させ，逆にその他の私企業がそれを高めている。これは，国有企業の技術を模倣する大手私企業の戦略を，その他の私企業が模倣したことを示唆している。

　私企業は技術者ばかりでなく管理者も国有企業から引き抜いていた。表7-6の下段には，総経理というナンバー2の経営者が国有出身という企業の割合と，そうした副社長格の人物の就学年数が示してある。オートバイ企業のトップはほとんどの場合が創業者であり，これをオーナー会長というならば，総経理は雇われ社長である。大手私企業は3社とも，国有

表 7-7 重慶における企業の年間研究開発費（100万元，2000年価格）[a]

	大手国有企業	大手私企業	その他の企業
1995	19.6	0.1	0.4
1998	39.0	2.0	0.5
2001	47.4	28.5	2.4

a) デフレーターとして機械工業の工場出荷価格指数を用いた（国家統計局 2002）。

企業出身で学歴の高い人物を総経理に据えており，他の私企業と比べて国有企業の人材をより積極的に活用しようとしていたことがわかる。国有企業の技術と人材を活用するのが蘇南モデルの柱であるから，重慶のオートバイ産業はまさに蘇南モデルに学べというスローガンを実行したと言えよう。ただし，2001年になると国有企業から学べる技術はすでに学びつくしてしまったのか，表7-7が示すように大手私企業は突如として多額の資金を研究開発に投じるようになった。

取引構造の変化

私企業は国有企業から技術を学習したが，国有企業の体質ともいえる丸抱え生産の欠点は見抜いていた。われわれが見聞きした限り，私企業が丸抱え方式を取り入れようとした形跡は全くなかった。その点を数字で確かめるために，外注部品が使用した部品全体のなかで占める割合を，部品点数ではなく金額ベースで企業の会計担当者に答えてもらった[14]。それに基づいて作成したのが外注比率という変数である[15]。

表7-8に示した外注比率は，私企業で最も高く，大手国有企業で最も低い。大手国有企業が外注比率を37%から56%へ大きく上昇させたのは，丸抱え体質への反省に基づく企業改革の現れであろう。しかし，もっと高めても良かったのかもしれない。なぜなら，より小回りのきく中小国有や町営企業はこの比率をより高い水準へ上昇させたからである。他方，私企

---

14) 内製した部品の市場価格はないので，金額ベースといっても会計担当者の主観が混じらざるを得なかったことを断っておきたい。

15) 当初はエンジン生産と完成車の生産のそれぞれについて外注比率のデータを作成した。しかしこれらは，エンジンと完成車の両方を生産している企業についてみる限り，ほとんど同じ水準であることが分かったので，両者を一本化することにした。エンジンと完成車の両方を生産している企業については，2つの外注比率の単純平均を取った。

第 7 章　日本と重慶のオートバイ：技術者主導の発展　　163

表 7-8　重慶における平均的な外注部品比率と部品サプライヤー数の変化

	大手国有企業	中小国有企業と町営企業	大手私企業	その他の私企業
外注比率の平均値（％）				
1995	37	57	97	98
1998	48	72	95	93
2001	56	78	91	92
一社当りの部品サプライヤー数				
1995	56	31	215	61
1998	211	125	383	136
2001	370	189	652	283

業は外注比率を若干だが低下させた。私企業は製品の品質を高めるために，重要部品の内製を増やしているという話を大手の幹部から聞いたが，外注比率の低下はこの話と符合する。

　1995年における一企業当りの部品サプライヤーの数でみても大手国有企業の丸抱え体質は明瞭であり，生産規模がはるかに小さい「その他の私企業」よりもサプライヤー数が少なかった。この表はまた重慶に企業間分業が発達してオートバイ産業の裾野が広がったことも示唆している。たいていの部品サプライヤーは複数の組立メーカーへ部品を納品しているから，この表の数字には重複があることに注意しなければならないが，それでもその著しい増大から，重慶の部品サプライヤーの総数が大幅に増大したことは想像に難くない。外注比率の国有企業と私企業の間の大きな差は，このように発達した企業間分業を国有企業が活用していなかったことを示している。

　オートバイの販売は，日本と同様に重慶でも販売代理店を通すのが主流になっていることが表 7-9 からわかる。前章でも触れたように，また次章でより詳しく考察するように，アパレルにせよオートバイにせよ弱電機器にせよ，大まかに言うなら製品の品質が向上するとともに販路は地元卸売市場から他地域の商人との直接取引へ移行する。卸売市場に卸しているのでは，せっかく品質を改善しても低級品と差別化しにくいからである。アパレルの事例でははっきりしなかったが，オートバイや弱電機器の場合には他地域の商人というのは，販売代理店のことを指す。表 7-9 では1995年以前の推移がわからないのが残念だが，1995年から98年にかけての地元卸売市場のシェアの低下と販売代理店のシェアの上昇は，1990年代前

表 7-9 重慶における販売先構成の変化[a]

	地元卸売市場	自社小売部門	販売代理店	輸出
1995	12	17	51	20
1998	4	9	67	20
2001	6	4	61	30

a) それぞれの販路がオートバイの総売上に占めるパーセンテージを示す。

半からこの期間にかけて品質が上昇していたことを示すものといえよう。また，この表から1998年から2001年にかけて輸出が急増したこともわかる。

2-2 回帰分析

これまでの叙述的分析により，重慶のオートバイ産業の集積が1990年代に形成され企業間分業が発達したこと，私企業が国有企業の技術を技術者の引き抜きによって学習したことが明らかになった。以下では，企業間分業や国有企業出身の技術者の雇用が，企業の生産性に実際に顕著な影響を及ぼしたことを，生産関数の推定を通じて明らかにしたい。

推定式の特定化

生産関数の推定式は以下の通りである。

$$\ln(V/L)_{it} = \alpha_0 + \alpha_1 \ln(K/L)_{it} + \alpha_2 \ln L_{it} + \alpha_3 \ln(操業年数)_{it}$$
$$+ f(外注比率)_{it} + \alpha_4(国有出身技術者比率)_{it}$$
$$+ \alpha_5(その他の技術者比率)_{it} + \alpha_6(時間距離)_i$$
$$+ \alpha_7(経営者の就学年数)_{it} + \alpha_8(元技術者ダミー)_i$$
$$+ \alpha_9(元経営者ダミー)_i + u_i + \lambda_t + \varepsilon_{it}, \tag{4}$$

ここで，下付添え字の i と t はそれぞれ企業と年度を表し，V, K, L はそれぞれ実質付加価値，実質資本ストック，従業者数を表す[16]。パラメーター α_1 は資本投入に関する生産の弾力性を表し，α_2 は正であれば規模の経済が存在することを，0であれば規模に関して収穫一定であることを，負

---

16) 実質資本ストックを推計した手順は次の通りである。データとして，1995, 97, 98, 99, 2000, 2001年の設備の名目浄値という減価償却を除いた値と，創業時のそれを収集した。1990年以前に創業した企業については1990年の設備の名目浄値を尋ねた。間の空いている期間については毎年同じ額の純投資が行われたものと仮定して，ストックデータを純投資のフローに変換し，それに機械工業の工場出荷価格指数をデフレーターとして適用して，年々の実質純投資を算出した。それらを積み上げて実質資本ストックを推計した。

であれば収穫逓減であることを意味する。仮に企業間で資本や労働の投入量が同じであったとしても，生産性によって付加価値は異なる。生産性の決定因を探るために，(4)式には多数の説明変数が含まれている。そのうち，操業年数は企業の経験の深さの代理変数である。それはまた，実質資本ストックの推計値が老舗であるほど過大あるいは過小評価になっている場合に，それによる推定バイアスを補正する役割も果たす。注目の外注比率は，基本的には生産性に対して正の効果を持つと予想される。しかし，主要な部品まで外注に依存しているのでは高品質の製品は生産しにくいであろう。おそらく，外注比率が低い水準にあるときはその上昇が生産性を高めるが，高い水準ではその上昇が生産性に負の効果を持つと思われる。こうした非線形の効果を捉えるためには，関数 f の定式化にいくつかの工夫が必要となろう。

もう一つ注目したいのが，国有企業出身技術者の雇用の効果である。そうした技術者が全従業者に占める割合と，その他の技術者の割合を説明変数として含め，その効果を比較しよう。次の時間距離という説明変数は，重慶の中心地（正確には人民解放碑）から企業までのトラックでの平均的な所要時間である。中心地から近いほどマーケティング活動に便利であったり，Jacobs (1969) などが主張するように新製品の開発に都市化の経済が重要な役割を果たすのなら，この変数の係数は負になるであろう。残りの三つの説明変数は経営者（大半の企業で創業者が経営している）の経歴に関するものである。なお，元は技術者だったという経営者の大多数は国有企業の出身である。(4)式の u_i は企業 i に固有だが，説明変数によっては捉えられない効果を表す。これによって生じる推定上の問題は，固定効果モデルや変量効果モデルという推定方法によってクリアできる。最後の λ_t と ε_{it} は，どの企業にも共通するが年度 t に特有の効果と誤差項を表す。

推定結果

固定効果モデルと変量効果モデルの両方の手法で推定したが，Hausman 検定によると両者の推定結果に系統だった違いはない。そこで，表7-10には変量効果モデルによる推定結果だけを示した[17]。外注比率は生産性に

---

17) 固定効果モデルでは，どの観察時点でも同じ値をとる時間距離や経営者の経歴に関す

表 7-10 重慶企業の生産関数の変量効果モデル推定[a]

	1	2	3	4
$\ln(K/L)$	0.163* (2.16)	0.166** (2.37)	0.168* (2.26)	0.162* (2.17)
$\ln L$	0.084 (0.99)	0.121 (1.42)	0.121 (1.41)	0.186* (2.17)
ln（操業年数）	0.208 (0.84)	0.193 (0.82)	0.189 (0.78)	0.036 (0.16)
外注ダミー 1（0.7 から 0.8）	0.648 (1.08)	0.676 (1.16)	0.683 (1.15)	
外注ダミー 2（0.8 から 0.9）	0.507 (1.48)	0.475 (1.43)	0.477 (1.42)	
外注ダミー 3（0.9 から 1）	1.177** (3.15)	1.078** (2.92)	1.078** (2.91)	
外注ダミー 4（外注比率=1）	0.264 (0.58)	0.137 (0.30)	0.137 (0.30)	-0.952** (-3.35)
外注比率				1.881* (1.91)
技術者比率	1.232 (0.88)			
国有出身技術者比率		4.260* (1.99)	4.225* (1.93)	4.342* (1.96)
その他の技術者比率			-0.118 (-0.08)	-0.800 (-0.57)
時間距離	-2.108** (-4.10)	-1.878** (-3.67)	-1.874** (-3.63)	-1.699** (-3.60)
経営者の就学年数	0.006 (0.12)	0.015 (0.31)	0.016 (0.31)	0.036 (0.80)
技術者出身経営者ダミー	0.937** (2.42)	0.851* (2.27)	0.847* (2.23)	0.876** (2.54)
経営専門家ダミー	0.777** (2.43)	0.736** (2.40)	0.733** (2.35)	0.753** (2.67)
1995 年ダミー	1.236** (4.22)	1.266** (4.40)	1.265** (4.37)	1.280** (4.21)
1997 年ダミー	0.794** (3.42)	0.842** (3.66)	0.842** (3.64)	0.926** (3.85)
1998 年ダミー	0.393* (1.95)	0.402* (2.02)	0.402* (2.01)	0.402* (1.94)
1999 年ダミー	0.101 (0.58)	0.098 (0.57)	0.099 (0.57)	0.102 (0.56)
2000 年ダミー	-0.100 (-0.63)	-0.119 (-0.76)	-0.118 (-0.75)	-0.099 (-0.60)
切片	1.243 (1.12)	0.761 (0.68)	0.766 (0.68)	-0.657 (-0.47)
決定係数	0.53	0.54	0.55	0.56
Hausman テストの p 値	0.35	0.94	0.61	0.17

a) 従属変数は $\ln(V/L)$，カッコ内の数字は t-統計量値を示す。＊と＊＊は，それぞれ片側検定5％と1％水準で有意であることを示す。標本数は130，標本企業数は30社である。

る変数の効果が推定できないのに対し，変量効果モデルではそれらを推定できるという利点がある。

非線形な効果を及ぼすと思われるので，外注比率の値をいくつかに区切ってダミー変数を用いることにした。いろいろな区切り方を試みたが結果はどれも大差なかった。表7-10の初めの三つの列では，外注比率が(0) 0.7未満の場合，(1) 0.7以上で0.8未満の場合，(2) 0.8以上で0.9未満の場合，(3) 0.9以上で1未満の場合，(4) 1の場合に分けて，(0)を基準とした四つのダミー変数を用いている。(4)のカテゴリーが区間ではなく1という一点になっているのは，すべての部品を外注に依存するという極端な場合に，とりわけ強い負の生産性効果が働くと想定しているからである。表の最後の列では，外注ダミー4と外注比率そのものを説明変数として用いた。これは関数 f が，外注比率が1未満の場合には線形だが，1のときに非連続になるという仮定に対応している。

初めの三つの列では，外注比率ダミー1と2は有意ではないが正の係数を持ち，3番目のダミーの係数は特に大きくかつ高度に有意な係数をもつ。これは集積地に発達した企業間分業の活用によって生産性が高まるという仮説1を強く支持する結果と言えよう。ただし，第4のダミーが表す極端な外注依存は生産性を引き下げ，外注比率が0.7以下の場合に準じた低い生産性をもたらす。最後の列に示した推定結果によれば，外注比率が1より小さいときは外注比率の上昇とともに生産性も高まるが，1になると外注の生産性効果は1.88から（1.88－0.95）へと低下してしまう。

第1列では，技術者を国有出身か否かで区別せずに，技術者の総数の従業者数に対する比率を説明変数とした。その係数は正ではあるが有意ではない。これに対して次の三つの列の結果は，国有出身の技術者の割合が正で有意な効果を生産性に及ぼしていることを示している。これらの推定結果は，模倣の重要性に関する仮説3と整合的である。

1行目に示された資本労働比率の係数がどの列でも同じような値であるのに対して，2行目の労働の係数は列によって異なっていて規模の経済性が存在するのかしないのか判然としない。時間距離の効果は数値的にはバラツキがあるがどの列でも負で有意であり，中心地の近くに立地することが有利であることを示している。これも集積の経済の重要性に関する仮説1と整合的な推定結果と言えよう。経営者の経歴を表す三つの変数の効果の推定値も安定している。まず，就学年数は有意な効果を持たないが，こ

れは一般に経営者の学歴の高い国有企業がどこも不振であることによるものであろう。技術者出身の経営者や，参入前にすでに企業経営を経験していた経営者が率いる企業の生産性は有意に高く，これらの専門性がオートバイ産業では重要であることが確認できた。五つの年度ダミーは，どの企業にも共通する要因の影響（すなわち推定式（4）の λ_t）を調べるために推定に含めたものである。基準となる2001年と比べて，1995年の従業者1人当り実質付加価値は他の要因を所与とすると全般的に大きく，年を追うごとにそれが小さくなってゆくことが示されている。これは生産性が低下したからでなく，オートバイの平均価格がデフレーターとして用いた機械工業全般の工場出荷価格よりも大きく低下したことによるものであろう。

4 結　論

　以上の分析結果とプロダクト・ライフサイクル論の間には興味深い共通点と相違点がある。第一の共通点は，企業数が産業発展の初期の段階に増大し，その後の進化論的淘汰のプロセスで減少することである。産業集積が産業発展に重要な役割を果たすことや，経営者の経歴が企業のパフォーマンスに影響を及ぼすことも共通している。主要な相違点は，技術進歩のタイミングに関するものである。アメリカなどでの経験では，技術進歩が最も活発なのは，産業が始まったばかりの初期の段階である。ところが，日中の事例では，企業数の増大によって収益性が低下し始めてからようやく技術の改善が始まった。すなわち，産業の発展は内生的産業発展論が主張するように，量的拡大から質的向上へと段階的に進んでいったのである。

　こうした相違は，先進国の産業発展が試行錯誤を繰り返しながらの新製品開発によって始まるのに対し，途上国のそれは既存の外国技術の模倣から始まるという事実を反映したものであろう。そうであるなら，途上国では模倣する能力こそ産業の創始に重要だといえよう。日本のオートバイ産業の事例は，その能力が始発期だけでなく，標準的な技術や製品の安直な模倣だけでは産業がもはや発展しないという質的向上の段階に至っても，重要であり続けることを示唆している。そしてその模倣の原動力となった

のが技術者達であり，この産業の発展は技術者主導であった。

　量的拡大期に参入した多くの企業は，その後の質的向上期に淘汰されてしまう。そうした企業の参入は産業発展に一時的にしか寄与しないのであろうか。日本の事例ではいまひとつ判然としないが，中国の事例では，大量の参入によって集積が形成され，部品企業という裾野が広がり，企業間分業が発達したことが示された。企業間分業やその他の集積のメリットは長期的な生産性効果を持つ。さらに，多数の企業が競争する中から，国有企業からの積極的な学習といった優れた競争戦略を編み出して急成長する企業が現れ，その戦略が他の企業に模倣される。こうした経営上の革新とその模倣も，産業の長期的成長を促すものと考えられる (Grossman and Helpman, 1991)。

　中国では制度的な理由から，国有企業による産業の創始から産業集積が形成されるまでの期間は長かった。しかしその間に国有企業が蓄積した技術と人材を利用することによって，その後の産業の成長は急速であった。国有企業の技術やノウハウを学ぶことは蘇南モデルの特徴でもあるが，その主体は町営企業であったために集積は生じなかった。重慶モデルは蘇南モデルと民間主導の温州モデルを合体させ，さらに国有企業の丸抱え体質を排除した。その上で，集積地に発達した企業間分業を活用して成功を収めている。このような産業発展のパターンは今後，内陸部の他の都市でも模倣されるであろう。ただし，内陸部の経済発展は遅れているだけに，重慶のような機械産業の発展だけでは不足であり，より労働集約的で強力な雇用吸収力を有する軽工業の発展も望まれる。そのためには，そうした産業が早くから発達していた沿岸部からも人材を引き入れて行くことが近道であるかもしれない。ただし，そうした他地域からの技術者の移転で進んだ技術を後進地域に根付かせることができるのか，あるいはまた国有企業の役割を代替するモデルプラントのような試みがより有効であるかは，中国の内陸部の産業発展を促進するうえでも，また途上国の発展を考えるうえでも決定的に重要なテーマである。この点については第10章でさらに議論を展開しよう。

第8章

台中と温州の機械産業：
集積地における革新と模倣

第1章で議論したように，産業集積の研究は地域経済学を専門とする研究者によって主に推進されてきた。当然のことであるが，こうした研究者は産業発展のプロセスには特に関心を示していない。途上国の産業発展に関心を抱く研究者も事例研究を展開してきたが，産業集積の長期的でダイナミックな内生的変化を分析しようとする意図は感じられない。本研究の基本的な主張の一つは，産業集積は革新の温床となり[1]，模倣も巻き込んで産業を発展させる推進力となるというものである。

こうした考え方は既存の研究にはない。一時期もてはやされた内生的成長理論は，技術情報の企業間のスピルオーバーを持続的な経済成長の源泉であると考えているが，スピルオーバーの実態について新しい知見を提示しているわけではない (Romer, 1986; Lucas, 1988)。他方，Marshall (1920) をはじめとして産業集積に関心のある研究者は，情報のスピルオーバーを産業集積の重要なメリットであると考えているが，革新には触れていない。我々の理解では，情報のスピルオーバーとは技術や経営のノウハウの模倣である。それが集積内で活発なことに異論はないし，産業集積のメリットの一つはそこにあると我々も考えている。しかし我々は一歩進んで，産業集積には模倣を促進するばかりでなく，革新を生み出す潜在力があるという仮説を提起したい。

革新については，それこそがまさに経済発展の原動力であるとする有名

---

[1] ここでいう「革新」とは，Schumpeter (1912) の議論と同じように，いわゆる「技術革新」ばかりでなく経営上の革新や市場開拓等，企業の利潤を高め，産業に「創造的破壊」をもたらす大きな変革を指す。

なSchumpeter（1912）の主張があるが，それがどのような人物によって，どのような状況で起こるかはほとんど議論されていない．革新者としての大企業の重要性は指摘されているが（Schumpeter, 1950），革新がいつ起こるかを説明する「一般理論」を構築するには至っていない（Kamien and Schwartz, 1982）．しかし実証研究からそれを説明する糸口を見つけようとする努力は怠るべきではない．さもなければ，いつまでたっても革新の形成過程を包摂した『経済発展の理論』は構築できない．

本章では，台中の工作機械と温州の弱電産業の事例研究を通じて，産業集積内における革新の発生過程とその模倣過程について，長期的視点から分析を行う[2]．我々の考えでは，産業集積内で「情報のスピルオーバーが重要である」と主張するだけでは片手落ちである．というのは革新がなければ模倣は重要でないし，模倣だけでは産業は発展しないからである．集積内で模倣が重要であるとすれば，革新も重要なはずである．第6章で分析した日中のアパレル産業の事例や，第7章の重慶のオートバイの場合には，マーケティングや下請け取引に「革新」が見られたが，それは技術的に複雑なものではなく，誰が革新者であったかを見きわめることは容易ではない．日本のオートバイのケースでは，ホンダによるスーパーカブの開発のような明らかな革新があったが，データ的に当時の企業間の技術革新競争の詳細を追うことは困難であった．

本章の目的は，革新の担い手，模倣者の特徴と産業発展における役割について分析することである．もちろん産業を創始することは革新的であるが，後に詳述するように，両産業ともに質的向上期に突入する段階において，明らかに新たな革新があった．それでは質的向上期の先鞭をつけた革新者とはどのような人物であり，どのような革新を成し遂げたのであろうか．彼らは創業的革新者と同一人物であろうか．もし同一人物でないとすれば，初期の革新者は新たな革新を前にしてどのような行動をとったのであろうか．また革新の内容は，事前に予想されるような革新なのか，それとも天才のアイディアが生んだ予測不可能な革新であったのであろうか．

---

2) 長期的な視点から産業発展のプロセスを検証した研究は少ないが，本書の研究以外の例外としてGort and Klepper（1982）とKlepper and Graddy（1990）をあげておきたい．

他方模倣者は，量的拡大期に産業に参入し生産量の増大には寄与するが，彼らは質的向上期にはどのような運命をたどるのであろうか。こうした問いに厳密に答えるには数多くの事例研究を行う必要があるが，ここでは二つの事例から産業集積と技術革新を梃子とする産業発展の姿について，解明を図りたい。

　本章で扱う二つの事例は産業が異なるばかりでなく，立地する国の政治・経済システムも異なっている。そうした相違があるにも関わらず，多くの類似性があることが興味深い。なお第5章でも指摘したように，浙江省は温州地方を代表にして民営企業主体で発展を遂げており，中国経済の中では「台湾的」な集積・中小企業主体の発展パターンを示しているケースではある。以下，第1節では両地域の発展に共通する仮説の提起を行う。続いて第2節では台中，第3節では温州についての事例研究の結果を示す。そして最後に第4節で結論を述べる。

1　仮説の提起

　発展途上の経済において，産業を興すという行為は，まぎれもなく革新である。典型的には先進国の産業を模倣することが多いが，先進国と途上国では労働や資本の賦存比率や質が異なり，途上国では先進国が雇用している熟練労働や使用している原材料を調達できない場合が多々ある（Pack and Westphal, 1986）。明治期の日本人が鉄の代わりに堅い木を使ってトロッコの線路や織機のフレームを作ったというのは，古典的な技術移転の例である（Minami et al., 1995）。つまり先進国の技術を模倣的に導入する場合にも，新しい組み合わせ，つまり「新結合」が必要である。言うまでもなく「新結合」とは，Schumpeter が「革新」の内容を表現した用語である。

　「内生的産業発展論」によれば，量的拡大期の最後に革新がおこり，それを契機に質的向上期がはじまる。ここで興味深い疑問は，産業の創始者がここでも再び「革新者」となっているかである。我々の答えは，産業を興すことに必要な能力と，質的な向上を成し遂げる能力が一致しない限り

第8章　台中と温州の機械産業：集積地における革新と模倣　　　173

において否である。質的向上に成功するためには，安価でかつ質的に高い製品を生産するシステムの構築，技術的変革，適切なマーケティングシステムの導入等，時宜にかなった「新結合」を考案しなければならない。そこで，まず以下の仮説を提起しよう。

仮説1　産業の創始者はまぎれもなく「革新者」であるが，質的向上期における新たな革新の担い手は，必ずしも創業者とは限らない。

この仮説の妥当性は統計的に検証しがたい。本章の事例研究では限られたケースしか扱っておらず，その妥当性を厳密に証明するほどの事例数がないからである。しかしながら，この仮説が本章で扱うケースばかりでなく，他の章で扱うケース（例えば備後のケース）にも妥当していることは指摘しておきたい。

しかし創始者は，もともと革新を遂行する能力にたけており，その重要性を深く認識している。そのため技術陣を強化したり，後継者となる子息の教育に熱心であったりすることが多い。したがって，質的向上期の初期に新たな革新が起こった時には，優秀な模倣者として技術革新競争に参入する能力がある。その結果，新たな技術により一層の工夫が加えられることも珍しくない。そこで質的向上期における，創始者企業群のパフォーマンスについて以下の仮説を提起したい。

仮説2　産業の創始者は，質的向上期における革新の優れた模倣者である。

模倣をもともと行っているのは，始発期に製品や生産方法が標準化されたのを受けて，量的拡大期に産業に参入した追随型の企業群である。彼らは創始者グループに比べて企業家としての能力に欠ける傾向があるから，彼らの参入は産業全体の生産性を高めることにはならない。彼らが不完全な模倣者である程度に応じて，産業の生産性が低下する可能性すらある。しかし彼らの参入によって，質の低い製品の生産の採算性が低下し，質的競争を刺激するという点は重要である。しかしこの模倣者的企業家達は量的拡大期には模倣ができても，質的な競争の段階では効果的な模倣が出来なくなる。また質的向上期に新たに参入する追随型の企業群もあるが，彼等も長期的には苦戦を強いられることになる。そこで，追随型の企業群の行動について以下の仮説を提起することにしよう。

仮説3　革新的行動を取ることのできない追随者は，新しい製品，生産方法，販売方法の不完全な模倣者であり，革新の深化とともにパフォーマンスが低下するか，退出するか，革新者に子会社化されてしまう。

2　台中の工作機械産業の事例

2-1　発展の経緯

50年余にわたる台湾の工作機械産業の発展には，三つの大きな革新があった。それらは，(1)苦労の末に1940年代末に実現した工作機械の生産開始，(2)1970年代末に実現したコンピューター制御装置のついた工作機械（NC機）の生産開始，(3)1980年代初めに実現したNC機の大量生産システムの導入であった。以下ではそれらについて説明を加えよう。なお実際には，NC機というある意味で「質」の高い工作機械の生産と，それを大量にかつ安価に生産するシステムの結合が，台湾の工作機械産業における質的向上期の幕開けとなった。

生産の開始から量的拡大へ

工作機械を生産しようとする試みは，鉄工所や他の機械産業に従事していた機械技師や工場労働者によって1940年代に開始された。これらのパイオニア的な企業家達を以下では「創始者」企業と呼ぶことにする。彼らは1940年代から1960年代にかけて，産業全般がまだ未発展であった台湾で，試行錯誤を繰り返しながら工作機械の生産に成功するに至った。こうした企業はやがて先導的な企業へと成長し，そのいくつかは現在でも中心的な大企業として操業を継続している。

　1960年代における輸出主導型の政策のもとで台湾経済は成長を続けたが，工作機械の生産が，本格的に拡大したのは1970年代のことであった。その拡大には，本書で扱う他の事例と同じように，創始者企業で働いていた労働者達が設立した企業（スピンオフ）が貢献した。彼らは創始者の生産方法を模倣した企業家群であり，まさに工作機械産業の発展初期における追随者達であった。

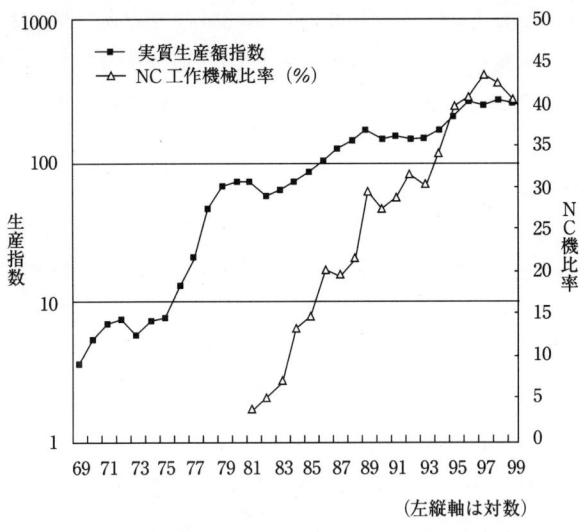

第8章　台中と温州の機械産業：集積地における革新と模倣　　175

図 8-1　台湾における工作機械産業の実質生産額指数と NC 工作機械比率の推移[a]

a) データの出所は台湾機械産業協会ならびに日本工作機械工業会であり，デフレーターとして行政院経済建設委員会（各年版）の機械設備卸売価格指数を用いた。

　Stigler（1951）の古典的論文が指摘しているように，市場規模の拡大が，企業数の増大を通じて，企業の特定の生産プロセスへの特化と企業間分業を促したことは疑いない。1974年と1981年に台湾の工作機械企業を訪問したAmsden（1977；1985）は，1974年にはほとんどの企業が部品を内製していたが，1981年までに部品メーカーと組立て企業の間の分業が劇的に進んだことを報告している。こうした分業が特に進んだのが台中市の周辺であり，台湾の工作機械製造企業の半数以上が集中していた。産業集積が形成されると，技術情報，部品，熟練工へのアクセスが容易になり，技術や資金がさほどない企業でも産業に参入することができるようになった。こうした参入が集積の規模を拡大し，集積の利益をさらに一層高めるという好循環を生んだのであった。図8-1は1969年以来の工作機械産業の実質生産額の対数値（左の縦軸）と，NC工作機械の生産額比率（右の縦軸）の推移を示したものである。この図から，台湾の工作機械産業が1970年代に急激に成長したことが読み取れる。この頃各企業がこぞって生産したの

が，アメリカのコネティカット州ブリッジポート市にあった企業が生産していたフライス盤の模造品であり，それはブリッジポートと呼ばれていた。その部品は徹底的に標準化され，特定の部品に専門化した多数の部品企業によって生産されるようになった。

NC機の生産

初期追随者企業が続々と参入をしていた1970年代後半に，創始者企業群はNC機の生産を試みていた。こうした企業自身が1970年代中頃には日本製のNC機を使用していたので，NC機の基本的な技術的構造はわかっていた。また当時すでに日本企業は，NC旋盤やマシニングセンターの生産で大きな利潤を獲得していた（Fransman, 1986）。われわれの聞き取り調査によれば，当時の台湾企業は機械と電子装置とのインターフェースについての知識が欠如していたために，NC機の生産を前に技術的な壁に直面していた。

この壁を打破したのは，1943年に創業した楊鉄や1954年創業の永進といった老舗企業であった。彼らは1970年代にNC施盤やマシニングセンターの生産に成功した。といっても彼らがNC化を純粋に自力で成し遂げたわけではなく，コンピューター制御装置は輸入品であったし，その大メーカーであるファナックが，技術的アドバイスをしたことが貢献したと言われている。注目すべきは，NC化への意欲を台湾で最初に抱きそれを達成したのが創始者企業群であったという点であろう。その後は台湾におけるNC機の生産は急速に伸び，その生産額シェアは1983年の7％から1990年の28％へと増大した（図8-1）。

大量生産

重要な変化は，NC機の生産の将来性が高いことと部品メーカーが育ってきたことに目をつけ，1980年前後に参入を果たした二つの企業による新たな革新によってもたらされた。それは下請け企業に部品生産を任せ，自らはNC機の企画，組立て，販売に特化するという新たな大量生産システムの構築であった[3]。これらの企業は，製品の質をさほど落とすことなくコストの大幅な節約に成功し，相場よりはるかに低い価格をオファーした。

---

3) 下請けといっても，日本のような長期的下請け関係は台湾では少ない。

彼らはNC旋盤ではなく標準化がより容易であるマシニングセンターに特化した。標準化が容易だった理由の一つは，マシニングセンターと台中が得意としていたフライス盤には構造上の類似性があり，既に標準化していたフライス盤用部品を転用できたことがあげられる。

　この二つの企業は，創業して10年後には台湾において最も大きな工作機械メーカーに成長した。これは彼らが考案した大量生産システムが重大な革新であったことの証であろう。そこでこれらの企業を「革新者」と呼ぶことにする。また彼らが行った革新が，部品企業を徹底的に活用するというまさに文字通りの「新結合」であったことは特筆に値する。かくして老舗の創始者企業以外の企業が革新を遂行したことは，仮説1と整合的である[4]。

　この新しい革新が，NC機の生産開始にも劣らない革新であったことは，これらの二つの企業の従業員が1990年代にスピンオフしていくつもの企業を設立したことからもうかがえよう。こうした企業は，1970年代の追随的参入者と区別するために，「後期追随者」と呼ぶことにしよう。また老舗の創始者企業群も1990年代になると，下請けを活用したマシニングセンターの大量生産システムを採用するようになった。ただし彼らは，高級な従来型機械の生産にも強みがあり，マシニングセンターとともに普通機の生産も継続した。

　図8-1によれば，1987-93年はアメリカとの輸出自主規制の取り決めがあったために生産が停滞したが，それ以降1997年のアジア金融危機の勃発までは，NC機比率の増大とともに台湾の工作機械の生産が増大した。

革新と模倣と生産性の変化

表8-1は1954年に始まり1961年から5年おきに実施されたセンサスのデータを用いて工作機械産業の企業数，実質付加価値，総要素生産性（TFP）の変化を示したものである。残念ながら，1971，76，81年については，金属切削型の工作機械製造企業と木工機械製造企業が混じっているために，データを示せなかった[5]。まず興味深いことは，過去40年近くに

---

[4] 日本のオートバイ産業について言えば，スズキやヤマハのような革新的な企業は1955年以降に参入しており，ホンダもまた創始者企業ではない。

[5] なお表8-1のデータには，工作機械用の部品を生産していた企業も含まれている。

表 8-1 台湾の工作機械産業における企業数,実質付加価値,総要素生産性(TFP)の推移[a]

	企業数	実質付加価値 (1986=100)	TFP 指数 (1986=100)
1954 年	19	0.1	n.a.
1961 年	38	0.9	63.2
1966 年	161	4.8	88.3
1986 年	787	100	100
1991 年	1915	230.9	116.6
1996 年	2374	352.0	141.2
年平均成長率(%)			
1961-1986 年	12.1	18.8	1.7
(1966-1986) 年	(7.9)	(15.1)	(0.6)
1986-1991 年	17.8	16.7	3.1
1991-1996 年	4.3	8.4	3.8

a) 企業数等のデータの出所は行政院主計処(各年版)であり,デフレーターは行政院経済建設委員会(各年版)の機械設備卸売価格指数を用いた。なお "n.a." はデータが作成不可能であることを示す。

渡って企業数が着実に増加してきたことである[6]。この背景には,この産業が急成長したことはもとよりであるが,企業間分業の発達とともに中小の部品メーカーが数多く創業したことがあげられよう。

データ不足のために,TFP の推定はかなり粗雑であることは認めざるを得ない[7]。しかしこの点を割り引いたとしても,1966年から1986年にかけて実質付加価値がきわめて急激に増大した一方で,生産性があまり増加しなかったという結論は変わらないであろう。この期間の TFP の成長率1.7%は,実質付加価値の成長率18.8%の9%にしか相当しない。これは,量的拡大期には生産性は向上しないという第2章の内生的産業発展理論の正当性を強く支持するものである。

---

6) この事実は,逆U字に企業数が変化するという Gort and Klepper (1982) の発見とは大きく異なるし,本書の第7章で分析した日本のオートバイ産業の事例とも異なる。Jovanovich and MacDonald (1994) や Klepper (1996) は,企業の最適規模が時間とともに増大することが企業数が減少する原因であると指摘している。

7) ここでは Tornqvist タイプの総要素生産性指数を計測した。これについては,Good et al. (1997) を参照。投資については,名目資本額のデータが得られる2時点間に均一の名目投資が行われたと仮定し,それを機械設備卸売価格指数を用いて実質化した。それを1954年の資本ストックに足し合わせて,実質資本ストックを推定した。

この点を簡単な数式を用いて確認しておこう。2期間を考えて、1期目に産業が始まり、2期目に追随的な企業の参入が起こると仮定する。追随的な企業群の TFP を A_N で示すことにし、これらの企業群が θ のマーケットシェアを獲得するものとする。創始者企業群の初期の TFP は A_{I0} で示し、2期目のそれは A_I で示すことにする。すると2期目の産業全体の平均 TFP (A) は次式のように示される。

$$A = (1-\theta)A_I + \theta A_N. \tag{1}$$

これを1期目から2期目への変化として表現すると、

$$A - A_{I0} = (1-\theta)A_I + \theta A_N - A_{I0}$$
$$= (1-\theta)(A_I - A_{I0}) + \theta(A_N - A_{I0}) \tag{2}$$

になる。つまり、産業全体の生産性の変化は、創始者企業の生産性の上昇(第1項)と、追随企業と創始者企業の初期の生産性の差(第2項)の加重平均で表される[8]。

(2) 式によれば、追随者の生産性が創始者よりも低く ($A_N < A_{I0}$)、参入が活発で θ が大きく、かつ創始者企業の生産性増加の上昇が緩慢であれば、産業全体の生産性は低下しうる。おそらく1970年代は、こうした条件がほぼ成立していたのではないかと推測される。この時期に追随者の参入が活発であったことは、Amsden (1977, 1985) が報告するとおりであるし、経験の少ないこれら企業の生産性が相対的に低かったことも想像に難くない。それと同時に、大量の参入があったことは追随者企業がある程度の市場シェアを獲得したことを示唆している。もちろん、これらの点は1970年代の詳細なデータがないので直接には検証できない。しかし、1990年代の企業レベルのデータを用いて、創始者企業と初期追随者企業とのパフォーマンスの差を検討することはできる。

それでは1980年代の状況はどのように考えるべきであろうか。1980年代には創始者企業は NC 機の生産比率を高め、初期追随者企業も1980年代の後半にそれに従ったので、この二つの企業群をまとめて既存の企業群と考えると、(2) 式の第1項は正であったと考えられる。この時期はまた、

---

8) 類似しているがより緻密な生産性の分解式の定式化については、Bailey et al. (1992, pp. 187-267), Griliches and Regev (1995), Aw et al. (2001) を参照。

革新者の参入があった時期である。我々の聞き取り調査によれば，これらの革新的な企業は参入当時から高い生産性を誇った。であるとすれば，第2項も正である可能性が高く，それは表8-1でTFPの成長率が高まったことと符合する。

1990年代に入ると，創始者企業群や初期追随者企業群が大量生産方式を取り入れるようになる。これは（2）式の第1項を正にするように作用するであろう。他方第2項は，スピンオフした後期追随者企業が不完全な模倣者である程度に応じて，負の値をとる傾向があるものと思われる。

2-2 標本企業の特質
データの性格

予備調査，本調査ともに台中市，台中県，それに隣接する彰化県からなる広義の台中地域において，1999-2000年に実施した。予備調査では30社を訪問し，産業発展の経緯と特徴，革新と模倣の展開について質問を行った。それをもとに質問表を作成し，無作為に抽出した60の企業に質問表を送付した。質問表の回収は困難をきわめたが，何度も企業に出向くことによって49社から回答を得ることができた。これは台湾企業の調査としては異例に高い回収率である[9]。なお二つの企業は，家庭向けの特殊な工作機械を製造しており，他の企業と性格が余りにも異なるために分析から除外した[10]。

質問表の回収率は高かったが，創業時の経営者の前職，学歴等の質問には正確に答えている一方で，生産費，下請け企業からの部品購入の重要性，製品の価格，普通機とNC機の内訳等の質問には無回答の企業が多かった。中には生産額を教えない企業もあった。そこで運良く入手できた企業別の公式輸出統計を用いて，輸出額を企業の生産額の代理変数として用いる分析を行った。これは問題ではあるが，台湾の工作機械産業は輸出志向

---

9) 例えば有名なLevy（1991）の台湾製靴業の調査では，回収率は表によって異なるが50%をはるかに下回っている。

10) 本研究の標本企業は1991-99年の期間に生き残った企業ばかりであり，バイアスのかかった標本であることは事実である。しかしながら，センサスデータによれば金属切削型工作機械産業の企業生存率はかなり高く，1991年に存在した1915の企業のうち82%に相当する1562社が1966年に生存していた。しかしこの数字は小規模の部品製造企業を含んでいるので，我々が注目している組立て企業に限って言えば，生存率はさらに高かったものと想像される。

第8章　台中と温州の機械産業：集積地における革新と模倣　　181

表 8-2　台中における標本企業の創業時点での企業グループ別特徴[a]

	創始者	初期追随者	革新者	後期追随者
企業数	7	24	2	10
創業年	1943-1968	1966-1989	1979-1980	1990-1997
平均創業年	1957.1	1979.3	1979.5	1994.1
NC機生産開始年の平均	1980.6	1990.5	1980.5	1995.1
工作機械生産までの経過年[b]	12.6	0.7	0	0
創業者の前職（％）				
工作機械企業	0	59	100	90
その他機械製造企業	88	13	0	10
創業者の学歴（％）				
小卒	71	13	0	0
中卒	0	12	0	0
高卒・高専卒	29	54	0	60
大学・大学院卒	0	21	100	40
創業パートナーとの関係（％）				
親戚	80	67	0	0
友人	40	50	100	56
仕事上の知人	0	33	50	67
工作機械開始年における平均部品企業数[c]	19.0	29.6	40.5	38.7

a）　資料の出所は独自調査。
b）　創立年から工作機械の生産を開始するまでの経過年数であるが，機械や部品を製造している期間だけを含めた。
c）　通年で工作機械を生産した最初の年において取引のあった部品企業の数。

が強いので，輸出額は意味のある企業規模の指標であると思われる。またこの輸出データには，機種ごとに輸出台数，重量と輸出額が記載されており，そこからNC機輸出額比率や機械の価格を推定できた。価格は機械の重量1キログラム当たりの単価を用いたが，これは工作機械の質を表す適切な指標であるとされる[11]。なお輸出データが1991-99年の各年で得られたのは43社であった[12]。

標本企業の特徴

表8-2に示したように，われわれの分類によれば標本企業の中に7社の

---

11)　これについては，工作機械研究の権威者である東京都立大学工学部の古川勇二教授からご指導をいただいた。
12)　43社の総輸出額と台湾全体の工作機械の輸出額とを比較すると，1991～99年の間の両者の推移は極めて似ていて，ほぼ一定の比例関係を保っていた。このことは，標本企業がかなり台湾全体の状況を反映していることを示唆している。

創始者企業，24社の初期追随者企業，2社の革新者企業，そして10社の後期追随者企業が含まれている。創始者企業群は平均して1957年に設立されており，平均すれば12.7年後に工作機械の生産を開始している。これは，長い間の試行錯誤の末にやっと工作機械を生産できるようになったという理由によるところが大きい。創始者企業群の中の7社には，工作機械以外の機械関係の仕事に従事していた機械工が経営者となった企業が6社含まれている。それとは対照的に，初期追随者は創始者企業からのスピンオフが多く，設立して間もなく工作機械の生産を開始している。

二つの革新者企業はいずれもスピンオフであり，創業してから1年でNC機の生産を開始している。これらの企業のNC機の生産開始時期は，創始者企業群の平均とほぼ同じである。他方，初期追随者企業は，NC機の生産開始時期が大幅に遅れてしまった。後期追随者企業は革新者と同じように，設立後約1年でNC機の生産を開始している。

企業グループの創業者の学歴の相違は興味深い（表8-2参照）。創始者企業を設立した経営者の大半は小卒であり，初期追随者企業の創業者の多くは高卒ないし高専卒である。注目されるのは，革新者の学歴が高くいずれも大学院を修了していることである。これは備後のアパレルの事例（第6章）と同じように，質的向上期にはいると一般的な教育水準の多寡が経営効率に大きな影響を与えることを示唆している。なお後期追随者の場合にも学歴はかなり高い。

1999年時点の経営者の特徴は，創始者企業群を除いて企業の設立時とほとんど変化していない。創始者企業群の場合には7社のうち5社で経営者の交代があった。5人の内訳は，工作機械産業で働いた経験のある者が4人，創業者の血縁者が3人，大学卒が3人となっている。

他の多くの台湾企業と同じように，工作機械企業の設立には多くて4-5人の設立パートナーが資金を出し合うのが普通であった。表8-2によれば，早い時期には血縁関係にあるパートナー多かった。ところが徐々に，友人や仕事上の知人のウエイトが高まっている。これは企業設立にともなうリスクが時間とともに減少したことと，工作機械産業を熟知している関係者が増加したことによって説明されよう。なお銀行等の金融機関が工作機械企業の設立に一切関与していないことは注目に値する。少なくとも台

第8章 台中と温州の機械産業：集積地における革新と模倣　　183

表8-3 台中の1990年と1999年における企業グループ別輸出パフォーマンスの比較[a]

	創始者	初期追随者	革新者	後期追随者
平均実質輸出額（百万NT$）				
1990年	369.5	42.4	786.3	n.a.
1999年	423.4	114.4	811.9	124.7
NC機比率（％）				
1990年	51	21	84	n.a.
1999年	59	34	92	83
マシニングセンターの単価（NT$）				
1990年	326.3	299.5	253.0	n.a.
1999年	245.5	234.0	242.7	233.0
NC施盤の単価（NT$）				
1990年	419.6	329.0	302.2	n.a.
1999年	311.7	358.8	242.4	n.a.
普通機の単価（NT$）				
1990年	172.8	154.0	125.1	n.a.
1999年	235.4	196.4	200.7	188.6

　a）"n.a."は生産がないため該当しないことを示す。

湾では，フォーマルな金融システムの不備は起業の大きな制約にはならなかった。

　下請け企業との取引の重要性については正確な情報を得ることができなかったが，工作機械製造開始年において取引があった部品企業の数のデータは入手することができた。創始者企業群は平均して19社の部品企業と取引があり，初期追随者は約30社と，そして革新者は40社と取引があった。これは購入部品への依存度が傾向的に増大し，特に大量生産システムの導入で加速したという聞き取り調査の結果と整合的である。

標本企業のパフォーマンス

表8-3は，1990年と1999年における企業グループ別の平均輸出パフォーマンスを比較したものである。この表から明らかにように，革新者企業は傑出して輸出規模が大きく，NC機の比率が高い。他方，初期追随者企業はNC機比率ばかりでなく輸出額が極度に小さく，1999年時点においては輸出額で後期追随者企業にすら劣っている。革新者の企業規模が傑出して大きいことは，表8-4の企業あたりの生産額の比較からも確認できる。ただし，生産額のデータを入手できなかった企業があることには注意を要する。なお二つの表から共通して観察できることであるが，1990年代の成

表 8-4　台中の企業グループ別生産額の比較[a]

年（企業数）[b]	創始者	初期追随者	革新者	後期追随者
1991年（25社）	594.9	93.4	1321.4	n.a.
1995年（28社）	1321.4	161.1	1972.0	127.3
1998年（41社）	1067.7	198.2	1519.4	144.4

a）"n.a."は生産がないため該当しないことを示す。
b）（　）内はデータの得られた企業数。

長率に限って言えば，模倣を行っていた創始者企業と初期追随者企業のほうが，革新者企業よりもかなり高かった。このことは，模倣が急速な企業成長を可能にすることを示している。

　詳細に二つの表を見比べると，後期追随者企業は初期追随者企業よりも輸出額では若干大きいが，生産額では小さいことがわかる。したがって，後期追随者企業のほうが輸出志向が強い。裏返せば，これは初期追随者企業のパフォーマンスの劣勢を示すものであり，これらの企業は成長の見込めない国内市場向けに製品を販売していたことを物語っている。NC機比率にしても，初期追随者企業のそれは特に低い。

　単価については（表8-3），マシニングセンターとNC旋盤が低下傾向であるのに対して，普通機は大幅に上昇している。普通機はASEAN諸国を中心に輸出されており，それらの国々の発展とともにより精度の高い高級機が生産されるようになったものと思われる。NC機については，国際的に後期参入組である台湾は中級の製品を安価に供給することを目指したものと思われる。特筆すべきは，1990年では革新者のマシニングセンターの単価が際立って安かったが，1999年になると創業者や初期追随者が価格を下げ，価格差が解消されてしまったことである。NC旋盤については，創始者企業がおそらく高級品の製造に特化して比較的高い価格を維持する一方で，初期追随者企業は技術力が乏しいわりに高い価格を付けていることがわかる。普通機については，初期追随者企業は低い単価をオファーしており，低級品の生産に甘んじていることが推察される。

　図8-2は，工作機械の種類別かつ企業グループ別に1990年代における輸出の変化を比較したものである。まず第一に指摘できることは，マシニングセンターの圧倒的な重要性である。第二は，創始者企業と革新者企業のマシニングセンターの輸出がきわめて大きいことである。これはNC

第8章　台中と温州の機械産業：集積地における革新と模倣　　185

a．マシニングセンタ

b．NC旋盤

c．普通工作機械

□ 創始者　■ 初期追随者　□ 革新者　■ 後期追随者

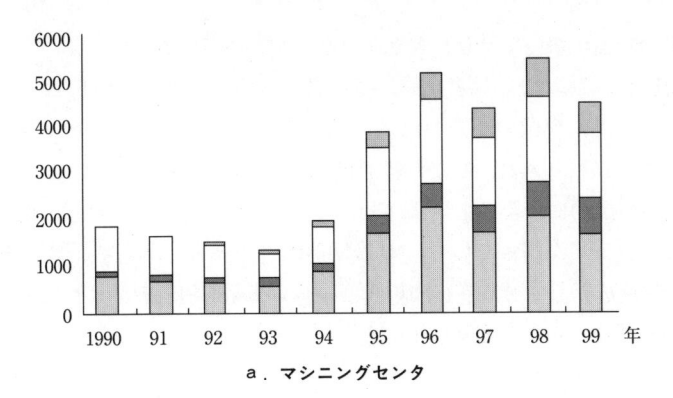

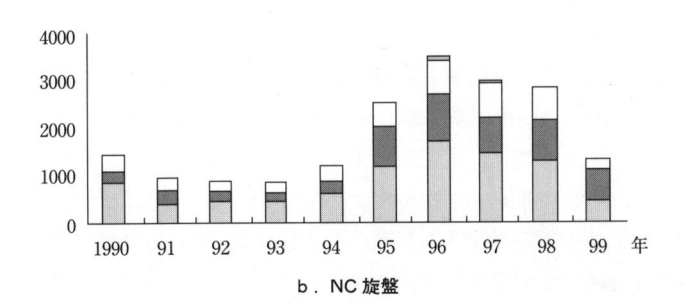

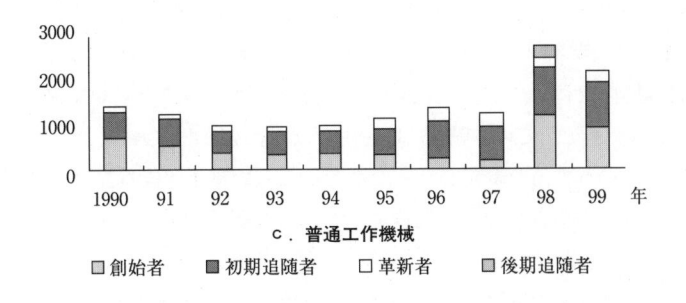

図 8-2　台湾における種類別，企業グループ別の工作機械実質
　　　　輸出額の推移（100万 NT$）

旋盤の輸出についてもある程度当てはまる。しかし，革新者企業は2社しかないことを考えれば，これらの企業の圧倒的な優勢は明らかである。初期追随者企業は，伝統的な普通工作機械の輸出と，需要が下降気味な NC

旋盤の輸出についてかなり大きなシェアを占めている。

要約すれば，(1)創始者企業は革新者企業の価格破壊に対抗して価格を下げており，模倣の能力の高さを示している，(2)初期追随者企業はNC機の生産に乗り遅れ，しかも普通機の高級化にも成功していない，(3)それとは対照的に革新者企業は，マシニングセンターの生産と輸出で圧倒的に高いシェアを誇っている，(4)後期追随者企業は，革新者企業の模倣にある程度成功しており，1990年代において初期追随者企業よりは良好な業績をあげているように思われる。

2-3 回帰分析
推定式の特定化

本章第1節で提起した仮説の妥当性を検証するために，ここでは誘導形の企業規模関数，NC機比率関数，単価決定関数を推定することにする。企業規模の指標としては，実質生産額と実質輸出額の双方を用いることにする。NC機比率は輸出に関するものであり，それが高いほど新しい技術の開発ないし模倣の能力があると考える。単価は，製品の質と生産費の両方を反映するものと仮定する[13]。

推定式は誘導型であるので，説明変数はどの関数も同じである。説明変数としては，(1)三つの企業ダミー（初期追随者，革新者，後期追随者），(2)二つの企業特性（スピンオフダミー，工作機械生産開始年），(3)四つの経営者特性（高卒ダミー，大卒ダミー，経営者が創業者と血縁関係にあるダミー，経営者としての在職年数）を用いた[14]。なお(3)のカテゴリーの変数は，年によって値が変化しうる変数である。観察不可能な企業に特有の変数や，各年に特有な変化を調整するように，変量効果モデルや固定効果モデルを適用した。

スピンオフダミーは，創業者が工作機械製造企業で働いた経験がある

---

13) NC機の単価は，用いられる制御装置の価格にも影響される。しかし高級な制御装置はより質の高い本体に取付けられるであろうから，ここでの計測の目的に本質的な影響は与えないものと思われる。

14) 経営者在職年数は内生的な変数であるので，これを除いた計測も行ったが，他の変数の係数の推定結果に大きな影響を与えるものではなかった。

1であるが,革新者企業については創業者にそうした経験はあるがゼロとした。こうすることによって,創始者企業と革新者企業の実力の直接的な比較が可能になるからである。しかし,革新者企業について1を取るようなスピンオフダミーを用いても推定結果に大きな差はない。

推定結果

まず表8-5に示された企業規模関数の計測結果から検討しよう。従属変数は対数を取ってある。(i)欄では変量効果モデルを生産額の決定関数に適用したが,二つの追随者企業ダミーの係数が負で有意となっており,これらの企業が創始者企業よりも規模が小さいことを示している。革新者企業ダミーの係数はほぼゼロに近く有意ではない。つまり創始者企業と革新企業の間には,他の条件を同じにすれば,有意な企業規模の差はないことになる。なお,革新者企業は二つの追随者企業よりも有意に企業規模が大きい。企業規模が企業のパフォーマンスの適切な指標であるとすれば,こうした推定結果は,創始者企業の高い模倣能力を指摘した仮説2と,追随型企業のパフォーマンスの劣位性を指摘した仮説3を支持している。

スピンオフダミーは負であるが有意ではなかった。工作機械開始年の係数は正であったが有意性は低かった。大卒ダミーと在職年数は正で有意な影響を与えており,一般的な教育や経験から学んだ経営者の人的資本が企業規模に重大な影響を与えていることを示唆している。

(ii)欄では企業レベルの固定効果モデルによる推定結果を示している。固定効果モデルを用いているために,企業ダミーのように時間を通じて不変な変数の効果は推定できない。しかし(i)欄の推定結果と同じように,固定効果の平均値は創始者と革新者で高く,追随者で低いという結果が得られた(表8-5の下の固定効果を参照)。Hausman検定によれば,変量効果モデルと固定効果モデルで係数の構造に有意な差はない。しかし(ii)欄の経営者の特性を示す変数はいずれも有意ではなく,この結果と(i)欄の結果とは異なっている。

(iii)欄と(iv)欄に示した輸出額関数の推定結果は,変数の有意性に関して生産額決定関数の推定結果ときわめて類似している。こうした結果は仮説2と仮説3の妥当性を補強するものであろう。唯一異なるのは,外部者ダミーの係数が正で有意であることであり,創業者と無関係な経営者は輸出

表 8-5 台中における企業当りの実質生産額と輸出額の決定因[a]

	(i) ln（生産額） 変量効果モデル	(ii) ln（生産額） 固定効果モデル	(iii) ln（輸出額） 変量効果モデル	(iv) ln（輸出額） 固定効果モデル
初期追随者ダミー	-2.302** (-3.63)	n.a.	-2.251** (-3.10)	n.a.
革新者ダミー	0.005 (0.00)	n.a.	1.147 (0.98)	n.a.
後期追随者ダミー	-3.031** (-3.07)	n.a.	-3.079** (-2.71)	n.a.
スピンオフダミー	-0.464 (-0.92)	n.a.	-0.034 (-0.06)	n.a.
工作機械生産開始年	0.049 (1.48)	n.a.	0.003 (0.08)	n.a.
高卒ダミー	0.286 (0.78)	0.387 (0.73)	0.502 (1.61)	0.798* (2.29)
大卒ダミー	0.834* (1.97)	0.600 (1.16)	0.434 (1.27)	0.115 (0.31)
外部者ダミー	0.180 (0.36)	0.168 (0.25)	1.058** (3.60)	1.149** (3.88)
経営者在職年数	0.029* (2.23)	0.020 (1.43)	0.039** (3.55)	0.031** (2.82)
年ダミー	1995 年と 98 年ダミー適用	1995 年と 98 年ダミー適用	1991-99 年の 9 年分のダミー適用	1991-99 年の 9 年分のダミー適用
切片	-84.10 (-1.30)	10.778** (25.78)	5.794 (0.08)	9.728** (29.93)
標本数	94	94	351	351
標本数／企業数[b]	2.3	2.3	8.2	8.2
R^2　標本企業内	0.408	0.416	0.406	0.412
標本企業間	0.503	0.067	0.398	0.045
全体	0.540	0.089	0.401	0.009
ハウスマン検定 ($prob.>chi2$)	0.300	n.a.	0.319	n.a.
固定効果がゼロの F 検定 ($prob.>F$)	n.a.	0.00	n.a.	0.00
固定効果：創業者	n.a.	1.862	n.a.	1.557
初期追随者	n.a.	-0.547	n.a.	-0.615
革新者	n.a.	2.255	n.a.	3.049
後期追随者	n.a.	-0.641	n.a.	-0.858

a) t-統計量をカッコ内に示す。＊は片側検定 5％水準で、＊＊は 1％水準で有意であることを示す。"n.a." は変数として用いなかったことを示す。
b) 同一企業の観察値が平均的に何回用いられたかを示す。

表 8-6 台中における NC 工作機械比率の決定因（Tobit 推定法）[a]

	(i) 1990-1999 年	(ii) 1990-1994 年	(iii) 1995-1999 年
初期追随者ダミー	-0.633** (-10.91)	-0.391** (-0.47)	-0.519** (-8.11)
革新者ダミー	-0.041 (-0.55)	0.046 (0.68)	0.033 (0.40)
後期追随者ダミー	-0.173 (-1.56)	n.a.	0.113 (1.18)
スピンオフダミー	-0.153** (-4.03)	-0.303** (-7.58)	-0.127** (-3.43)
工作機械生産開始年	0.019** (6.33)	0.013** (4.33)	0.014** (4.67)
高卒ダミー	0.022 (0.55)	0.008 (0.23)	-0.075 (-1.42)
大卒ダミー	0.196** (3.84)	0.168** (3.65)	0.128* (2.06)
外部者ダミー	-0.193** (-3.51)	0.319** (4.69)	-0.216** (-4.24)
経営者在職年数	0.005* (2.50)	0.005* (2.50)	0.013** (6.50)
年ダミー	1991-99 年の9年分のダミー適用	1991-94 年の4年分のダミー適用	1996-99 年の4年分のダミー適用
切片	-36.56** (-5.68)	-25.97** (-4.00)	-26.94** (-4.47)
標本数	345	157	188
標本数／企業数[b]	8.2	4.8	4.7
センサーされなかった標本数	160	64	96
0でセンサーされた標本数	135	78	57
1でセンサーされた標本数	50	15	35

a) t-統計量をカッコ内に示す。＊は片側検定5％水準で，＊＊は1％水準で有意であることを示す。"n.a." は変数として用いなかったことを示す。
b) 同一企業の観察値が平均的に何回用いられたかを示す。

志向が強いことを示している。

　表8-6はNC機比率関数の推定結果を示している。従属変数は0と1の間の値を取るため，0と1でセンサーされたことを考慮した（Two-Limit Tobit）推定法を用いた[15]。最初の列は10年分のデータをプールして推定した結果であり，あとの二列は前半と後半の期間に分けて推定した

---

15) 計量経済学でよく知られているように，この推定法に固定効果モデルを組み込むと，技術的な問題が発生する。Honore（1992）が開発した準パラメトリック型の固定効果・Tobit 推定は標本サイズが小さいために適用できない。

結果を示している。まず明らかなことは、初期追随者ダミーの係数が負で有意なことであり、これは仮説3と整合的である。革新者ダミーの係数が有意でないことは、比較のベースとなっている創始者企業とNC機の生産比率が有意に異ならないことを意味し、仮説2を支持するものである。スピンオフダミーの係数は負で有意であるが、これは工作機械の生産の経験が即、NC機の生産に結びつくわけではないことを示している。工作機械生産開始年の係数が正で有意であることは、新しい企業ほどNC機をより多く生産することを示している。大卒ダミーは正で有意であるが、後半になると係数の値が小さくなっている。これは、一般的な教育が新技術採用の早い時期には重要であるが、やがて技術が一般化するとその重要性が減少してくることを示唆するものである。外部者ダミーは前半の期間では正の値をとっており外部者の採用動機の一つが、NC機の生産強化にあったことを示唆しているが、後半は負で有意になっている。経営者の在職年数で測った経営者の経験は正で有意な効果を持った。

最後に、表8-7は工作機械の単価の決定因に関する回帰分析の結果を示している。最初の二列は10年分のプールデータを用いて、普通機の単価とマシニングセンターの単価の決定因を比較したものである。最後の二列は、前半と後半にわけてマシニングセンターの単価の決定因を比較したものである。(i)欄に示されている普通機の単価については、有意な変数がなかった。これは普通機のように生産方法が確立された工作機械については、企業間で生産技術に甲乙がなくなってしまったことを示唆している。

普通機の場合とは対照的に、マシニングセンターの単価については多くの変数が有意である。第一に、三つの企業グループダミーの係数がいずれも負で有意であることが指摘できる。これは創始者企業が、その経験と技能をもとに、高級な製品を生産していたことを示唆している。第二に、前半と後半を比較すると後半については係数の絶対値が小さいことがわかる。これは創始者企業が価格を引き下げてきたことを示している。これはこの種の企業が最も有能な模倣者であるという仮説2を支持するものである。後期追随者ダミーの係数は負で大きな値を取っているが、これは模倣者が低級な製品の生産に甘んじていることを示している。最後に、工作機械生産開始年が正の効果を持っていることが指摘できる。これは新しい企業ほ

表 8-7 台中における工作機械の単価の決定因（変量効果モデル）[a]

	(i) 普通機 1990-1999 年	(ii) マシニング センター 1990-1999 年	(iii) マシニング センター 1990-1994 年	(iv) マシニング センター 1995-1999 年
初期追随者ダミー	-0.172 (-0.72)	-0.467** (-6.40)	-0.516** (-2.37)	-0.389* (-1.78)
革新者ダミー	-0.185 (-0.46)	-0.503** (-6.80)	-0.668** (-2.72)	-0.357* (-1.73)
後期追随者ダミー	-0.181 (-0.42)	-0.716** (-6.12)	n.a.	-0.660* (-1.95)
スピンオフダミー	-0.160 (-0.86)	-0.035 (-0.52)	-0.220 (-1.12)	-0.103 (-0.52)
工作機械生産開始年	0.007 (0.54)	0.022** (5.50)	0.019 (1.58)	0.024* (1.85)
高卒ダミー	0.149 (1.31)	-0.043 (-0.69)	-0.077 (-0.50)	0.064 (0.30)
大卒ダミー	0.080 (0.60)	0.170** (2.93)	0.298 (1.39)	0.181 (1.29)
外部者ダミー	-0.087 (-0.58)	-0.191** (-2.73)	-0.349 (-1.26)	0.037 (0.40)
経営者在職年数	-0.003 (-0.75)	0.002 (1.00)	0.005 (1.67)	0.005 (0.83)
年ダミー	1991-99 年の 9 年分のダミ ー適用	1991-99 年の 9 年分のダミ ー適用	1991-94 年の 4 年分のダミ ー適用	1996-99 年の 4 年分のダミ ー適用
切片	-7.969 (-0.32)	-38.40** (-5.30)	-31.14 (-1.34)	-40.95 (-1.58)
R^2 標本企業内	0.121	0.157	0.230	0.151
標本企業間	0.040	0.555	0.566	0.505
全体	0.067	0.560	0.623	0.376
Hausman 検定 ($prob. > chi2$)	0.999	n.a.[b]	0.999	0.267
固定効果がゼロの F 検定 ($prob. > F$)	288 8.2	107 5.9	43 3.9	64 4.0

a) t-統計量をカッコ内に示す。*は片側検定5％水準で，**は1％水準で有意であることを示す。"n.a."は変数として用いなかったことを示す。従属変数は重量当りの価格の対数値。
b) 企業に固有な効果の分散はゼロと推定されたので，変量効果モデルと最小二乗法は同じになり，Hausman 検定は行わなかった。

ど高級なマシニングセンターの生産を実現したことを示している。

　総じて，初期創始者企業が優秀な模倣者であるという仮説2と，追随者のパフォーマンスは製品の質の向上とともに低下していくという仮説3は，統計分析の結果によって支持されたと言えるであろう。

3 温州の弱電産業の事例

3-1 発展の経緯

中国が経済改革を開始した1978年時点においては，温州の初期条件は良好とは言えなかった。人口密度は高く，農家一軒あたりの耕地面積は狭隘であり，農民は貧困に窮していた。そこで彼らは手作りの革製品，靴類，衣類を生産し，それを杭州，上海，北京のような大都市に運んでいって販売していた。この点では，第6章で分析した備後や織里と著しい共通点がある。温州の行商人の中にはそのまま非合法に都市に移り住み，温州から運ばれてくる雑貨類を販売する人々もでてきた（Zhang, 2001)[16]。温州は台湾に近いという地理的な条件のために，国有企業がほとんどなかった。そこで江蘇省のように，町営や村営の集体型郷鎮企業が国有企業に学ぶといったことができなかった（Otsuka et al., 1998)[17]。おまけに貧困地域であったために，町や村に資金はなく集体型の郷鎮企業を立ち上げることもできなかった。ところが「赤い帽子」をかぶり，形式上は集体企業で共産主義を標榜するが，実態は全くの私企業である企業が，「農家の土間」から産声をあげていた。こうした小規模な企業は，地方政府から取り締まられることもなく次々と誕生していった。

何人かの農民は，上海にあった国有企業の弱電製品の部品修理をすることを思い立った。道路事情が悪い中，ほぼ24時間かけて上海に出向き，故障した単純な部品を温州に持ち帰って修理をした。それを行っているうちに技能が増し，結局こうした農民が温州の弱電産業を立ち上げることになったと言われている。

温州市の政府やその下の地区の政府は，単に私企業の発展を放任しただ

---

16) 噂では，200万人の温州人が中国の都市に住み着き，200万人がヨーロッパをはじめとする諸外国に移住したという。

17) 郷鎮企業とは，町営や村営の集体型の企業を指すばかりでなく，私営企業も含んでいる。なお，その後は温州の企業も上海等の国有企業の技術者を招待して技術を学ぶようになった。

けではなかった。1980年代初頭からは,「市場(いちば)」を開設して私企業の発展を支援した。そこには小さな商店が軒を連ね,部品や原材料を温州内外から調達して温州の企業に売り,電気のスイッチやメーターなどの温州の製品は外部から来る商人に売っていた。弱電産業の老舗の企業からの聞き取り調査によれば,温州市の下級の市である楽清市における市場の開設は,原材料の確保と製品の販売を飛躍的に容易にしたという。おまけに市場では,生産者は他社の人気商品を一目で把握でき,大都市から来た商人からはどのような製品が売れ行きがいいかといった情報も入手することができた。かくして販路や原材料のサーチ費用は激減し,市場情報のスピルオーバーによって,市場の存在は既存の企業の経営をサポートした。こうして,農民や,商人や,労働者がこぞって弱電産業へ参入し,楽清市にはこの産業の集積が形成されたのであった[18]。

こうした私企業主体の発展は,温州モデルとして広く知られている(Zhang, 1999; Tang and Cheng, 2000)。織里(第6章)における市場(いちば)の活用も,温州に学んだものと思われ,その発展は温州のそれに酷似している。ところで温州の発展が著名であるのは,自然発生的に農家の副業から生まれた私企業が大発展したことと,低級品の代名詞であった「温州製」の粗悪品が,その後品質を飛躍的に高めたからである。その背後には,品質検査機の導入,ブランドネームの確立,代理店を使った販路の確立のような,産業の誕生とは別の第2ラウンドの革新=新結合があった。それについては,標本企業のデータを見ながらあとで検討したい。

図8-3によれば,1978年では温州市や楽清市の一人当たり平均GDPは,全国の平均の60%であったが,1992年には追いつき,2001年には倍以上の差をつけて増加している。また,温州市,楽清市ともにGDPが1990年代に加速的に上昇している。温州市の1980年代の成長が急速であったとすれば,1990年代の成長は爆発的であった。こうした爆発的な発展のプロセスを,内生的産業発展論の立場から,革新と模倣の担い手に焦点をあてて明らかにしようというのが,本節以下の分析の主題である。

---

18) 温州には,他にも製靴,アパレル,ライターなどの集積がある。

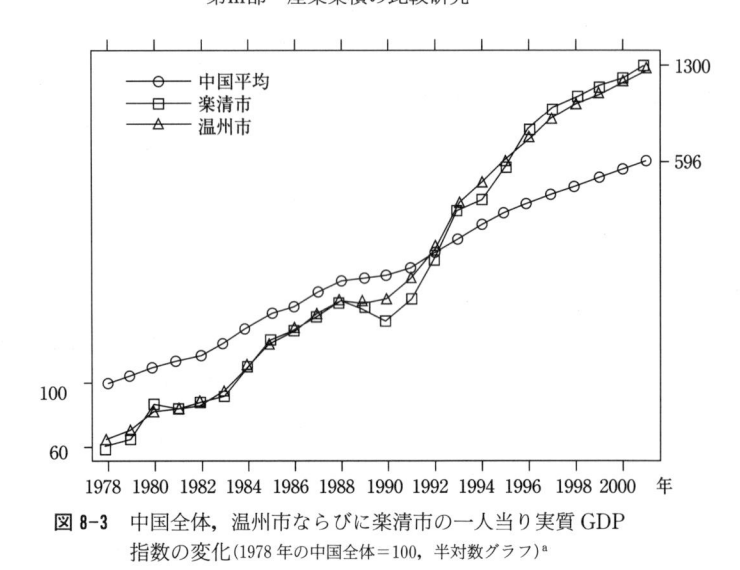

図 8-3 中国全体，温州市ならびに楽清市の一人当り実質 GDP 指数の変化(1978 年の中国全体＝100，半対数グラフ)[a]

出所) 国家統計局(2002)，浙江省統計局(2000，2000-02)

3-2 標本企業の特質

データの性格

1999年に2回にわたって温州を訪問し，どのような産業がどのように発展しているかについて予備調査を行い，発展が著しい楽清市の弱電産業を研究対象に選ぶことにした。その決め手は，発展が急激であることと企業数が多く統計分析に適していることがあげられる。しかし我々の感触では，他の産業を選択したとしても結論は大きく変わることはなかったと思われる。

本調査は2001年の5月から12月にかけて行われ，117社の組立て企業と90社の部品企業を無作為に抽出してインタビュー調査を実施した[19]。調査では，1990年，1995年，2000年についての生産と費用についての統計データを収集し，その他に創業者，現在の経営者，そして企業の特質について質問を行った。なお5社については信頼のできない統計数値や記入漏れが

---

19) 部品産業のデータはこれから分析するところであり，この研究では企業間分業の分析は行っていない。

表 8-8 温州における標本企業の創業時期，創業者の学歴と前職

創業時期	1980 年以前	1981-85 年	1986-90 年	1991-95 年	1995-2000 年
企業数	4	32	30	36	10
就学年数	8.0	9.8	10.0	10.5	10.9
前職（％）					
農民	50	12.5	6.7	2.8	0
工場労働者	0	25	16.7	16.7	10
販売担当・商人	25	25	43.3	63.9	50
技術者	0	3.1	13.3	5.6	0
経営者	0	9.4	10	5.6	10
その他	25	25	10	5.6	30

あり，分析から除外することとした．したがって，標本のサイズは112社である．

標本企業の特徴

表8-8は標本企業を創業時期で区分し，創業者の学歴と前職を示したものである．弱電産業が誕生したのは1973年であると言われているが，この表によれば1980年代前半から創業が活発化したことが読み取れる．この時期は最初に楽清市が市場を設立した時期に合致する．その後も1990年代中ごろまでは参入は継続したが，1990年代後半になると参入が減少している．これは1990年代後半に質的な向上が重要となり，新規参入が困難になったことを示唆している．

創業者の就学年数はおそらく一般的な傾向を反映して伸びているが，1990年代ですら平均学歴は高卒以下であり，この産業が技術的あるいは経営面で特に複雑な産業ではなかったことを物語っている．創業者の前職については大きな変動が見られる．まず1980年以前では農民の割合が高く，1980年代前半になると工場労働者による創業が増えるがやがてそれも下火になる．しかしこうした職業の人々がこの産業に参入したということは，少なくとも量的拡大期には，技術や流通の知識はさほど重要ではなかったことを示している．この点では織里との共通性は強い．しかし産業の発展段階が進んでいくと，企業の販売担当者や商人のような市場情報に精通した人材の起業が重要になってくる．したがって，温州の弱電産業も「商人主導型」の発展の範疇に属するように思われる．

表 8-9 温州における標本企業の変化と企業規模の推移[a]

	1990 年	1995 年	2000 年
標本企業数	66	102	112
独立標本企業数[b]	66	96	73
売上高[c]	320.4	964.1	9525.7
付加価値[c]	123.7	375.8	3671.4
従業員数	46.7	104.1	338.3
資本ストック[c]	372.0	983.9	7922.1

a) 各年に存在していた企業の平均値を示す。ただし子会社は含めていない。
b) 子会社を除いた企業数である。
c) 2000 年価格（1 万元）にした実質値である。デフレーターは電器機械産業の工場出荷価格指数，出所は浙江省統計局（2000, 2000-2002）である。

表 8-9 は，1990 年，1995 年，2000 年の 3 時点における企業規模の変化を，売上高，付加価値，従業員数，資本ストックの面から検討したものである。中国では他の地域でも観察されたことであるが，1990 年代後半になると合併による企業グループの形成が行われた。温州でも事情は同様であり，112 社の標本企業のうち，2000 年には 28 社がグループ企業の中核企業となった。そのうち最大の企業は 70 社もの子会社を抱えていた。そうした企業のグループ化に対応して，標本企業も子会社化していき，1990 年では皆無であったものが，1995 年には 6 社，2000 年には 39 社が子会社となっている[20]。そのために子会社を除いた独立系の標本企業数は，2000 年には 73 社となってしまった。こうした企業数の減少は質的向上期の特徴であり，第 7 章でも触れたようにアメリカにおける産業発展のプロセスでも観察されている (Gort and Klepper, 1982; Klepper and Graddy, 1990; Filson, 2002; Klepper and Simons, 2000)。

表 8-9 から明瞭に観察できるのは，1990 年代後半における驚異的な企業規模の成長である。しかもこの数値は，グループの親企業と独立系の企業に関するものであり，子会社のそれは含んでいない。もし子会社を含めると，2000 年の平均企業規模は 1.6 倍に増加する。企業経営者の聞き取り

---

20) それと同時に，1990 年代後半には多くの企業が退出していったと言われている。

調査によれば，この時期に大量生産を有利にするような技術的な変化はなかったという。したがって，この驚異的な企業成長の原因は生産技術の変化以外の要因に求めなければならない。ここでは示していないが，TFPの計測結果によれば1990年代の前半はとりわけ生産性の増加率が低く，後半にかけて若干の増加がみられた程度である。つまり量的拡大期と思われる時期には生産性の向上は鈍く，質的向上期には若干の効率性の上昇があったものと思われる[21]。これは台湾の工作機械産業のケースと類似している。

質の向上プロセス

おそらく1980年代中ごろまでは，モノ不足に悩んでいた中国経済では製品の質は二の次であったものと思われる。どのような製品でも売れる状況であったから，生産や販売にうとい人物でも企業経営を開始することができた。製品の質がどれくらい悪かったかを示すのは容易ではないが，不良品が多かったことは疑いない。というのは1980年代の中ごろまでは，検査器を使って出荷前に製品の質を検査していた企業は皆無だったからである。これでは，温州製品が粗悪品と不良品の代名詞となったのも不思議ではない。

聞き取り調査の結果によれば，1990年代の弱電産業の大躍進を理解する鍵は，1980年代中ごろから始まった製品の質の向上である。もし質の向上がなければ，たとえ建設ブームで弱電製品に対する需要が鰻昇りであったとしても，他の地域の生産者に市場を奪われたかもしれず，あれほどまでに温州の弱電産業が成長することはなかったであろう。われわれの調査によれば，1985年当時二人の人物が共同で新しい企業を設立し，製品の質の検査システムを導入した。表8-10によれば，1990年代に標本企業は技術者の雇用比率を高め，製品の質の改善に努力したことが窺える。また部品は市場で匿名の部品製造企業から購入することが一般的であったが，長期的な部品企業との下請け関係も1990年代になってから導入されるようになった。その結果，1995年から2000年にかけて1企業あたりの下請け企業数

---

21) TFPは製品の質の向上を評価していないので，質が変化する時の効率性の指標としては問題がある。ただし，質の向上によって製品の価格が高くなったとすれば，それはTFPの上昇に反映される。

表 8-10 温州における技術者比率，平均部品下請企業数，販路の変化

	1990年	1995年	2000年
技術者比率（％）[a]	1.5	2.7	4.2
部品下請企業数	0	2.8	34.8
販路（％）[b]			
地元卸売市場	23.5	20.4	3.6
温州の商人	26.5	23.8	5.7
代理販売	22.0	30.7	50.6
直営小売店	9.5	12.6	27.1
その他	18.5	12.5	13.0

a）技術者の総従業員に対する比率。企業の従業員比率でウェイトして加重平均。
b）売上高比率でウェイトした加重比率。

が激増している。これもまた，製品の質を向上させようとする努力の一環であろう。

　先進的な企業による品質検査の導入は，品質の向上に向けての革新の一里塚に過ぎなかった。温州全体では，質の悪い製品と質の良い製品が混じることになり，それは製品の質に対する情報の非対称性を生み出したからである[22]。こうした情報の非対称性の問題を解決する方法はいくつかある。一つは生産者が消費者に直接販売することである。こうすれば，消費者は生産者にクレームをつけることができる。これは備後で観察された。あるいは，専属の販売員を雇用したり，信頼のおける代理店と契約して販売することも考えられる。ブランドネームの確立も重要である（Akerlof, 1970; Klein and Leffler, 1981; Shapiro, 1983）。

　こうした議論から予想されるように，表 8-10 によれば，代理人による販売や直営の小売店を通じた販売が，市場や地元の商人への販売に代わってシェアを伸ばしている。ある大企業の場合には1990年代末で，800人程度の専属の販売代理店と契約して全国的な販売網を構築していた。もちろ

---

22) つまり生産者には製品の質が分かるが，消費者には分からないという問題である。こうした問題は工作機械の場合にもあったと思われるが，工作機械の購入者は機械等の製造業者であり，一般の消費者と違って質の判断はより正確にできたものと思われる。また工作機械の場合には，製品を販売した企業がアフターサービスも行うのが一般的である。

んこの場合，契約にともなうモラルハザードなどのまさにエージェンシー（代理人）の問題があるが，この問題は地縁関係を利用して解決していた。すなわち，代理人はほぼすべてが大都市に住み着いた温州出身の商人達であった。このやり方は温州のアパレルや靴の場合にも採用された。おそらくこれは，歴史的に商人の伝統がある温州独特のシステムで，これによって取引費用を削減していたものと思われる[23]。

　最初に検査器を導入して検査を始めた企業は，1990年に内部分裂を起こしてしまった。この企業の二人の経営者は創始者的企業家ではあったが，真の革新者ではなかった。なぜならば，彼らは新しい市場戦略の導入に失敗したからである。猛烈な勢いで成長したのは，1986年に創業した企業であり，この企業は最初から検査システムを導入したばかりでなく，その効果を高めるための新しい市場戦略を最初に導入した。それはブランドネームの使用であり，製品の国家標準や国際標準の取得であり，代理店の本格的な利用であった。一つ一つの変革は特にユニークなものはないが，それを組み合わせて「新結合」を導入したことがこの企業の成功因であった。興味深いことに創始者的経営者の二人が工場労働者出身であったのに対して，革新者は販売員出身であった。なお前者の二人の経営者はやがて別々に企業を創設し，革新的な企業のやり方を真似ていずれも新しい企業を大企業に育て上げている。

　ブランドネームの利用は，他企業との製品の差別化を行うのに必須の条件である。国家標準や国際標準は中央政府の機関が交付するものであるが，製品の質が高いことにある程度のお墨付きをあたえるものであった。表8-11は，こうした市場戦略が多くの企業に急速に浸透していった状況を描写している。依然として質の低い製品を生産し販売していた企業は存在したと思われるが，かなりの企業はブランドネームを使いながら質の高い製品を代理店や自前の小売店で販売するようになった。ブランドネームを消費者が認識するようになると，その企業の売上は大きく伸びたという。つまりブランドネームが確立されると，その影響はその企業の全ての製品に

23）　我々の聞き取り調査によれば，例えば武漢のアパレル産業ではこうしたシステムはないとのことであった。

表 8-11 温州における新販売戦略採用企業割合の推移（％）[a]

	1990 年	1995 年	2000 年
ブランドネームの使用	50.0	72.9	98.6
国家標準取得	43.5	72.9	91.8
代理店の本格的利用	12.9	42.7	56.0
国際標準取得	4.8	15.6	54.8

a) 子会社は含まない。

表 8-12 温州における企業グループ形成時期別の企業の特徴

	1990 年以前	1990 年代前半	1990 年代後半	2000 年まで形成せず[a]	2000 年までに子会社[b]
企業数	1	5	20	47	39
平均創業年	1986	1982	1987	1990	1990
経営者の平均就学年数	13	13.0	10.9	10.4	10.4
分類	革新者	創始者	追随者Ⅰ	追随者Ⅱ	追随者Ⅲ

a) 2000 年までにグループを形成せず，子会社にもならなかった企業。
b) 2000 年までに子会社になった企業。

及ぶから，そこにはスケールメリットが生まれる。グループ企業のリーダーによれば，比較的業績が好調な中小の企業の方が進んで子会社化に応じ，その他の企業は子会社化に抗して営業を続けたが，赤字を計上して結局最後には子会社化されるケースが多かったという。

企業グループ別パフォーマンス

表 8-12 は，企業グループを形成した時期別に標本企業を分類したものである。グループ内には親企業と子会社があり，同じブランドで製品を販売していることが特徴である。1990年以前にグループを形成した企業は，すでに説明したように最も革新的であり，革新者と呼ぶのにふさわしい。しかし創業は1986年であり，1990年代前半にグループを形成した企業 5 社よりも新しい。つまり温州の弱電産業の革新者企業は，仮説 1 が主張するように創始者企業とは異なる。そこで設立は早いが1990年代の前半にグループを形成した企業を，創始者企業と呼ぶことにする。なおこのグループには最初に温州で弱電企業を創業した企業が含まれている。興味深いことに，革新者と創始者の学歴は相対的に高い。これは第 6 章の備後と織里，本章の台湾の工作機械のファインディングと似ている。1990年代後半にグルー

第 8 章 台中と温州の機械産業：集積地における革新と模倣

表 8-13 温州における企業タイプ別の技術者雇用比率，利潤マージン率，製品数，新販路比率の推移[a]

	創始者	革新者	追随者Ⅰ	追随者Ⅱ	追随者Ⅲ
技術者比率（%）					
1990 年	7.2	2.4	1.9	0.9	0
1995 年	5.7	2.7	2.1	2.1	1.6
2000 年	5.7	2.5	3.6	2.6	2.7
利潤マージン率（%）[b]					
1990 年	−0.02*)	15.9	0.05	11.9	13.4
1995 年	18.9	16.1	10.3*)	14.9	14.5
2000 年	20.2	16.1	16.6	11.9*)	14.0
製品数					
1990 年	25	50	79	22	70
1995 年	1424	900	405	48	84
2000 年	7960	1500	2840	156	182
新販路比率（%）					
1990 年	8	60	3.9	3.5	1.1
1995 年	58	55	16.4	6.2	5.5[c]
2000 年	79	70	60	18.9	NA[d]

a) 企業タイプは参入時期に対応しており，表 8-13 の「1990 年代前半」のグループが創始者，「1990 年前」の企業が革新者，あとの3つが順に本表の追随者ⅠからⅢとなっている。
b) ＊は，その年に利潤マージン率が最も低い企業タイプの値であることを示す。
c) 1995 年には独立していた企業の平均。
d) 2000 年には子会社化していたので該当しない。

プ企業を立ち上げた企業は追随者企業Ⅰ，2000年までにグループ企業にも子会社にもならなかった独立型の企業を追随者企業Ⅱ，そして子会社化されてしまった企業を追随者企業Ⅲと呼ぶことにしたい。ⅡとⅢは先導的企業に「追随」しているようには見えないかもしれないが，実際には模倣的な企業であり，実態的には追随者グループⅠに業績で劣る企業群である。

表 8-13 によれば，創始者企業は相対的に多くの技術者を採用していた。これは彼らが革新者企業に製品の質の面でキャッチアップしようとしていたためであろう。きわめて興味深いことは，これらの企業の1990年における利潤マージン率は全ての企業タイプの間で最低であったことである。なお利潤マージン率は粗収入から原材料費と労働費を差し引き，それを粗収入で除したものである。しかしながら，1995年と2000年では創始者企業群

の利潤マージン率は最高を記録している。これはこの企業が1990年にはたとえ値引きを行っても，自社の質の高い製品の販売を伸ばし，「名声」を確立しようとしたためではないかと考えられる。

創始者企業が「名声」への投資を行ったという仮説は，1990年に革新者企業の利潤マージン率が高かったことと矛盾しない。なぜならば，この企業は1980年代後半に名声に投資し，1990年には投資収益の回収を行っていたと考えられるからである。追随者企業Ⅰの利潤マージン率が1995年では最も低くなり，追随者企業Ⅱのそれが2000年で最も低いことも，製品の質が高まった時期に「名声」の確立に投資をしていると考えれば説明がつく。製品数が製品の質の向上による差別化の程度を表しているとすれば，その企業グループ別の相違と変化は，上述の説明と符合する。また新販路比率（つまり代理店と小売店への販売比率）も，それが質の高い製品の販売経路であるとすれば，利潤マージン率の統計数値と整合性がある。

図8-4は，革新者企業の付加価値額を1として，他の企業グループの平均付加価値額の変化をプロットしたものである。いくつかの興味深い事実がこの図から読み取れる。第一は，1990年においては革新者を除けば，企業規模が接近していたことである。つまり，模倣が本格的に行われる以前は四つの企業グループの間で大きな規模の相違はなかった。第二は，素早く模倣を行い名声に投資し，さらに技術の向上に努力した創始者企業は1990年代前半に急成長し，革新者をも凌いでしまったことである。これは，創業者は優秀な模倣者であると主張する仮説2と整合的である。第三は，遅れて投資を行った追随者企業Ⅰが，1990年代後半には最も急速に成長していることである。それとは対照的に，追随者企業ⅡとⅢはほとんどH成長せず，模倣に成功していないことをうかがわせる。

われわれの考えを，図8-5を用いて図式的に説明しておこう。質的向上期に入ってある企業が自社製品の質の向上に努力するものとする。その結果製品の質は向上するが，消費者はそれをすぐには認識せず，実際の質と認識される質の間にギャップが生じることになる。そこでこの企業は自社製品の質の高さを消費者に知らしめるために，ブランドネームを導入し，値下げや販売キャンペーンによって販売活動を強化するであろう。そのために，利潤が一時的に犠牲にされることになる。しかしその成果として，

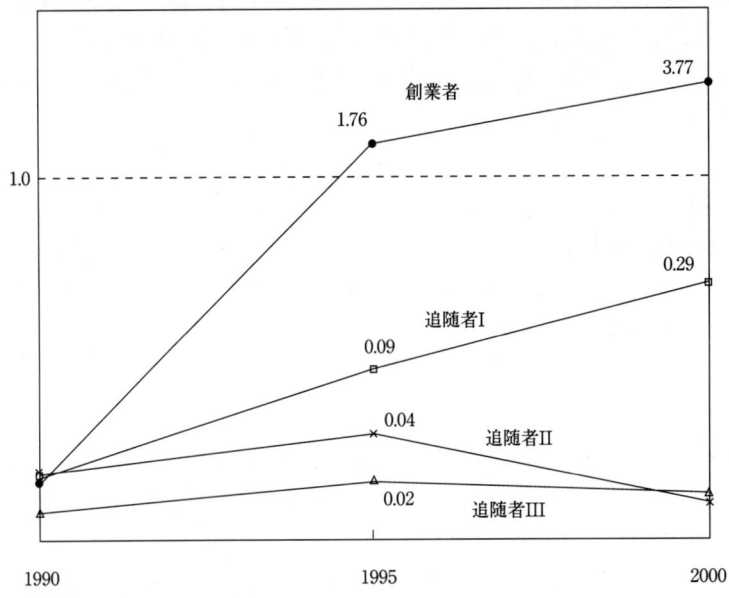

第8章　台中と温州の機械産業：集積地における革新と模倣　　203

図 8-4　温州市における革新的企業を1とした企業タイプ別の相対付加価値額の変化(半対数グラフ)[a]

a) 子会社を含む

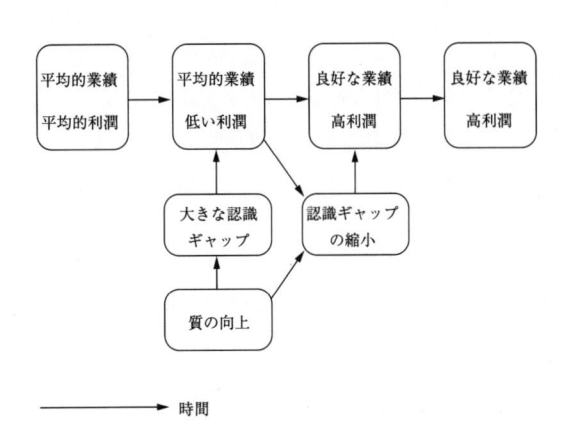

図 8-5　製品の質の変化の認識ギャップ, 利潤, 企業実績への影響の図式化

次の期には製品の質が正しく認識されるようになり，利潤が増大するばかりか子会社化で企業規模をさらに拡大し，業績は一層良好となる。こうしたことを，革新者→創業者→追随者企業Iの順で繰り返してきたのではないかというのが，我々の見解である。

3-3　回帰分析
推定式の特定化

図8-5を用いて議論した状況の妥当性を検証するために，以下のような3本の誘導型の回帰式を推定することにした。

$$V'_i = \alpha_0 + \alpha_V V_i + \alpha_C C_i + \alpha_M M_i + \alpha_E E_i + X_i \alpha_X + u_i, \tag{3}$$

$$C'_i = \beta_0 + \beta_V V_i + \beta_C C_i + \beta_M M_i + \beta_E E_i + X_i \beta_X + v_i, \tag{4}$$

$$M'_i = \gamma_0 + \gamma_V V_i + \gamma_C C_i + \gamma_M M_i + \gamma_E E_i + X_i \gamma_X + w_i, \tag{5}$$

ここで V は付加価値の対数値，C は新販路比率，M は利潤マージン比率であり，左辺の右肩にダッシュのついた変数はそれぞれの5年後の値をとる。E は技術者比率，X は経営者の特性，そして u，v，w は攪乱項である。係数は時間とともに変化することが予想されるので，1990-95年，1995-2000年に分けて別々に推定した[24]。

ここで予想される係数の符号について，表8-14を用いて確認しておこう。先導者（革新者や創始者企業）が1990年に技術者比率を高めて，製品の質を向上させると1995年には付加価値，新販路比率，利潤率は高まったと思われる。そこで第(i)列にあるように，α_E，β_E，γ_E はいずれも正であることが期待される。先導者はまた利潤率を一時的に下げて，将来の利益の上昇を見込むと想定されるので α_M，β_M，γ_M は負であると予想される。新しい販路の開拓は将来の売上の増大を見込んでいるから，C の増加は V' を増加させると思われるので，第(i)列の α_C は正であると予想される。付加価値は企業家能力や設備の多寡等，構造的な理由で決定されている面が強いから，1990年と1995年の付加価値はいずれの企業の場合も相関し，α_V はすべての企業について正であることが期待される。同様の理由で β_C

---

24)　説明変数は先決変数であるので，内生変数にともなう推定バイアスの問題は深刻ではない。(3)式と(5)式については普通最小二乗法を適用したが，C がゼロと1の間の値しかとらないため，(4)式には攪乱項の不均一分散を考慮したうえで Tobit 推定法を用いた。

も正であろう。

先導者と異なり,追随者は戦略的に利潤率を下げたり,販路を拡大したりするような行動はとらない。したがって,現在の従属変数の値と5年前の値は相関しており,第(ii)列に示したように α_V, β_C, γ_M はともに正となるであろう。

1995年になると先導者の製品の質に対する認識のギャップは減少してくる。したがって,1995-2000年の回帰分析では,1995年の高い V や C は,2000年の V', C', M' を高めるであろう(第(iii)列を参照)。他方で先導者にとっての M や E の効果は不明瞭になってくる。と言うのは,利潤を下げてでも販売を促進することや,技術者を雇用して製品の質を高めることが以前ほど重要ではなくなってくるからである。

追随者企業は先導者の戦略を遅れて模倣し,1995-2000年にかけて,先導者が1990-95年に行ったことを繰り返すものと思われる。そこで,追随者の1995年の V, C, M の2000年の V', C', M' への効果は,先導者の1990-95年期のそれと同じであると考えた。しかし追随者は技術者を多数雇用することなく,模倣によって製品の質を高めることができたかもしれない。そのため,α_E, β_E, γ_E はそれほど有意ではないかもしれない。しかし基本的には,(i)列と(iv)列の符号は同一であると考えられる。

表8-14で示した関係を厳密に検証するためには,先導者と追随者について別々の関数を推定する必要がある。しかし残念ながら,先導者企業は革新者と創始者企業を含めても6社しかなく,それは不可能である。従って,実際に推定できるのは先導者と追随者の係数の中間の値である。そこで期待されるのは,1990-95年の回帰式と,1995-2000年の回帰係数の変化である。例えば α_C は後半に大きくなることが期待され,β_V も同じく後半でより強い正の効果が期待され,γ_M についても後半に負で有意となることが期待される。

推定結果

(3)式から(5)式の推定結果は,1990-95年については表8-15に,1995-2000年については表8-16に示してある。まず前期の結果から検討しよう。技術者比率の係数は,(i)列,(iii)列,(v)列ともに正で有意であり予想に合致する。利潤マージン率は技術者比率を含めると,予想に反して付加

表 8-14　回帰式において期待される係数の符合（1990-95年と1995-2000年）[a]

式番号	従属変数	係数	1990-95年 先導者 (i)	1990-95年 追随者 (ii)	1995-2000年 先導者 (iii)	1995-2000年 追随者 (iv)
(1)	V'	α_V	+	+	+	+
		α_C	+		+	+
		α_M	−			−
		α_E	+			(+)
(2)	C'	β_V			+	
		β_C	+	+	+	+
		β_M	−			−
		β_E	+			(+)
(3)	M'	γ_V			+	
		γ_C			+	
		γ_M	−	+		−
		γ_E	+			(+)

a）＋はプラス，−はマイナスの符号を示し，（＋）はプラスまたはゼロを示す。

価値や新販路比率に負の影響を与えていない。しかしながら，技術者比率を除外すると，(ii)列や(iv)列のように負で有意となった。こうした結果が得られたのは，技術者の雇用と利潤率が負に相関しているためである。すなわち，技術者を雇用して製品の質を高めると販売促進のために利潤率を減少させていたと考えられる。

　利潤マージン率の過去の値の現在の値への効果は正であるが，技術者比率を含めないと，有意性が低下してしまった。表8-14に示したように，この係数が正となったのは，追随者の行動を色濃く反映したためであろう。有意性が(vi)列で下がったのは，技術者比率と利潤率が負に相関しているからであろう。(ii)列で新販路比率が付加価値に正の影響を与えているのは，予想通りである。前職ダミーは一般に有意ではない。ダミー変数の比較のベースは商人・販売員の出身者であり，この結果は1990年代前半においては，経営者が商人であったことが経営の効率性に大きく影響しなかったことを示している。経営者の就学年数が付加価値に正の影響を与えていることは，この時期に一般的な教育水準が経営効率にとって重要になった

第8章 台中と温州の機械産業：集積地における革新と模倣

表 8-15 温州における付加価値，新販路比率，利潤マージン率の決定因（1990-95年）[a]

	ln（付加価値）$_{1995}$		新販路比率$_{1995}$（%）		マージン率$_{1995}$（%）	
	OLS		Tobit[b]		OLS	
	(i)	(ii)	(iii)	(iv)	(v)	(vi)
ln（付加価値）$_{1990}$	0.555**	0.639**	-2.800	0.033	-0.826	-0.469
	(3.98)	(4.52)	(-0.64)	(0.00)	(-1.16)	(-0.66)
新販路比率$_{1990}$（%）	0.019	0.027*	1.103**	1.172**	0.053	0.091
	(1.46)	(1.95)	(4.55)	(3.14)	(1.11)	(1.47)
マージン率$_{1990}$（%）	-0.013	-0.036**	-0.130	-0.627*	0.149*	0.031
	(-1.02)	(-3.18)	(-0.54)	(-1.74)	(1.76)	(0.32)
技術者比率$_{1990}$（%）	0.183**		3.797**		0.935**	
	(3.30)		(4.01)		(3.01)	
農民ダミー	0.359	0.624	6.414	18.05	-2.227	-0.889
	(0.76)	(1.22)	(0.57)	(1.11)	(-0.59)	(-0.25)
工場労働者ダミー	-0.112	-0.259	6.391	-6.916	-2.656	-3.349
	(-0.26)	(-0.58)	(0.59)	(-0.39)	(-0.92)	(-1.09)
技術者ダミー	-0.307	0.044	-27.01	13.81	-3.526	-1.821
	(-0.52)	(0.07)	(-0.71)	(0.35)	(-1.01)	(-0.51)
経営者ダミー	-0.034	0.123	31.60**	36.17*	-5.455	-4.702
	(-0.06)	(0.21)	(2.85)	(2.09)	(-1.12)	(-1.12)
その他ダミー	0.036	0.147	11.04	30.97*	-1.790	-0.709
	(0.09)	(0.34)	(1.39)	(2.11)	(-0.68)	(-0.29)
就学年数	0.153**	0.120*	1.820	1.826	0.272	0.125
	(3.09)	(2.24)	(1.63)	(1.06)	(0.71)	(0.30)
経営者在職年数	-0.048	0.016	-0.382	1.193	-0.331	-0.005
	(-1.20)	(0.40)	(-0.44)	(0.86)	(-0.94)	(-0.02)
切片	1.777*	1.532*	-11.22	-36.63	16.18**	15.04**
	(2.11)	(1.68)	(-0.40)	(-0.83)	(2.66)	(2.43)
不均一分散の修正 ln（付加価値）$_{1990}$	n.a.	n.a.	-1.044**	-0.381	n.a.	n.a.
			(-3.32)	(-0.88)		
R^2	0.66	0.57	n.a.	n.a.	0.20	0.11

a) t-統計量をカッコ内に示す。＊は片側検定5％水準で，＊＊は1％水準で有意であることを示す。標本数は55である。
b) 27のケースは1995年の新販路比率がゼロであった。

ことを示している。付加価値の5年前の値が現在の値と正の関係にあり，同じことが新販路比率の過去と現在の値の間にもあてはまることは予想されたとおりである。なお以上の推定結果から類推すれば，創始者企業の1990年代前半における急激な企業規模の拡大は，1990年の低い利潤マージン率，高い技術者比率，経営者の高い教育年数によって説明されよう。

表8-16では1995-2000年についての回帰分析の結果を示している。ここでは追随者企業IIIが子会社であり，独立した経営の主体ではなかった

表8-16 温州における付加価値,新販路比率,利潤マージン率の決定因 (1995-2000年)[a]

	ln（付加価値）$_{2000}$		新販路比率$_{2000}$（%）		マージン率$_{2000}$（%）	
	OLS		Tobit[b]		OLS	
	(i)	(ii)	(iii)	(iv)	(v)	(vi)
ln（付加価値）$_{1995}$	1.062**	1.105**	21.73**	10.49*	1.079**	1.362**
	(13.38)	(8.82)	(3.86)	(1.96)	(3.37)	(3.10)
新販路比率$_{1995}$（%）	0.014**	0.014*	0.665*	0.725**	0.009	0.006
	(2.38)	(1.73)	(1.91)	(2.40)	(0.37)	(0.21)
マージン率$_{1995}$（%）	-0.059**	-0.059**	-2.062**	-1.520*	-0.066	-0.118*
	(-4.11)	(-3.00)	(-2.41)	(-2.00)	(-1.13)	(-1.69)
技術者比率$_{1995}$（%）	0.019	0.016	-0.120	-0.269	0.036	0.081
	(0.77)	(0.45)	(0.08)	(-0.18)	(0.37)	(0.66)
農民ダミー	0.364	0.563	10.97	5.200	0.553	1.374
	(1.08)	(1.27)	(0.61)	(0.35)	(0.41)	(0.88)
工場労働者ダミー	-0.075	-0.267	-10.64	-8.071	0.122	-0.954
	(-0.29)	(-0.74)	(-0.73)	(-0.65)	(0.12)	(-0.75)
技術者ダミー	0.698*	0.951	9.636	20.47	2.631	1.278
	(1.76)	(1.51)	(0.39)	(0.89)	(1.65)	(0.58)
経営者ダミー	0.352	0.616	24.32	13.33	-0.247	0.996
	(0.97)	(1.29)	(1.44)	(0.98)	(-0.17)	(0.59)
その他のダミー	0.575*	0.757*	2.279	-2.823	1.276	0.920
	(1.91)	(1.75)	(0.14)	(-0.19)	(1.05)	(0.61)
就学年数	0.021	0.063	-1.844	0.035	-0.069	0.022
	(0.57)	(1.21)	(-1.04)	(0.02)	(-0.47)	(0.12)
経営者在職年数	-0.043*	-0.045	-1.781	-1.094	0.016	-0.043
	(-2.01)	(-1.51)	(-1.50)	(-1.07)	(0.18)	(-0.41)
切片	1.869**	1.155	-49.41*	-3.462	9.563**	8.200**
	(3.32)	(1.40)	(-1.79)	(-0.14)	(4.21)	(2.82)
不均一分散の修正						
ln（付加価値）$_{1995}$	n.a.	n.a.	-0.252*	-0.409*	n.a.	n.a.
			(-1.73)	(-2.08)		
R^2	0.82	0.81	n.a.	n.a.	0.24	0.35
標本数	95	62	95	62	95	62

a) t-統計量をカッコ内に示す。＊は片側検定5％水準で,＊＊は1％水準で有意であることを示す。標本数は95。ただし(ii)(iv)(vi)式では独立型の企業のみを含めたので企業数は62である。

b) (iii)式のTobit推定では51のケースがゼロで5ケースが1,(iv)式では18のケースがゼロで5ケースが1である。

ことを考慮して,フルサンプルのケース（奇数番号の欄）と子会社を除いたサブサンプルのケース（偶数番号の欄）の双方の推定結果を示した。しかし推定結果に顕著な相違はなかった。重要なことは,表8-16の推定結果が,表8-15の推定結果と大きく異なっていることである。

まず第一に,過去の付加価値の影響が強まったことが指摘できる。現在の付加価値に対する効果は,係数の値が大きくなっていることから増大し

第8章　台中と温州の機械産業：集積地における革新と模倣　　209

ていることがわかる。この変数の新販路比率や利潤マージン率への効果も有意となった。これらは，表8-14に示した予想の妥当性を支持するものである。第二に，過去の利潤マージン率の効果が一般に負で，特に現在のマージン率に負で有意な影響を与えていることが，表8-15と異なっている。これもまた表8-14の予想と整合的である。つまりこの時期には，多くの企業が利潤率を下げて将来の利潤率の向上を狙ったものと思われる。第三に，技術者比率が有意でなくなったことがあげられる。これは，技術者の雇用は模倣がより重要となった時期には，重要性を失っていくことを示すものである。第四に，付加価値関数では技術者ダミーが正の，経営者在職年数が負の係数を持っている。これは技術的な専門的知識が重要である一方，新しい経営者の採用が重要になっていることを示すものであろう。最後に，予想に反して経営者の就学年数が有意でなくなったことを指摘しておきたい。この結果は，革新の普及しはじめる初期には教育が重要であっても，模倣期には重要でなくなることを示唆している。

4　結　　論

技術情報や市場情報についてのスピルオーバーが，経済学の様々な分野で注目されるわりには，スピルオーバー（＝模倣）の重要な源泉である革新の発生過程については，ミクロレベルの研究はこれまでのところあまりなかった。本章の研究によれば，量的拡大期には低級な標準品が生産され，簡単に模倣が出来るために参入が容易であり，産業の生産量は増大する。しかし模倣型の追随者の経営能力が低いために，産業全体の生産性はさほど上昇しない。生産性が上昇するのは，量的拡大期が終了し，それに続く質的向上期に入ってからのことである。

　もしこのように，生産性の向上を伴わない量的拡大期が先行し，量的成長は低いが生産性の成長が高い質的向上期がその後に続くのであれば，東アジアの高度成長国においてTFPの成長が低かったことは，むしろ当然のことであったかもしれない（第2章参照）。換言すれば，模倣は量的成長をもたらし，革新は生産性の成長をもたらす。ただし，われわれの研究

が産業レベルの研究であるのに対して，東アジアの生産性の議論は経済全体に関するものであることは注意を要する。

質的向上期の契機になるのが新たな革新である。台湾の工作機械産業について言えば，それはNC機の生産開始とそれを安価に大量に生産するための新しい下請け依存型の生産システムであった。この革新の骨子は，量的拡大期に蓄積された技術的知識と，その間に発展した部品生産メーカーの能力を巧みに結びつける「新結合」であった。温州の弱電産業について言えば，革新の実態は質的向上への市場の要求を踏まえて，改良された製品の検査システム，ブランドネーム，直接販売といった新たなシステムの活用であった。ここでも革新の革新たるゆえんは，「新結合」であった。であるとすれば，それは量的拡大期に蓄積された能力と，時宜を得た様々な工夫の総合的な活用であったと言えるであろう。

強調すべきことは，こうした新結合を可能にする機会を産業集積地が提供していることである。下請企業を活用できたのも，新しい市場戦略を導入できたのも，集積地に部品企業や商人が集中しているからである。集積地において新結合のための機会が準備されるという仮説は，様々な事例研究を通じて今後，一層詳細に検討する価値があるように思われる。

温州の弱電産業において，商人が企業家の役割を果たしたのは著者にとってもやや以外であった。なぜならば，電器産業のような産業では技術的知識が大きな役割を果たしていると思っていたからである。しかしながら，産業発展の初期には低級品が製造されており，生産に関する技術的知識の重要性は低いのかもしれない。産業革命前の17世紀におけるヨーロッパのプロト工業化では，商人が市場の知識を生かして，機械化による大量生産を可能にしている (Landes, 1969)。日本でも，商人主導の発展は綿織物の産地などで観察されている (Itoh and Tanimoto, 1998)。であるとすれば，「商人主導型の発展」はわれわれの想像以上に産業発展の鍵を握っているのかもしれない。

第9章

蘇南と台湾北部のプリント配線板：
集積の形成と模倣的競争

―――――

　情報のスピルオーバーは，内生的成長理論では持続的な経済成長の源泉とされ，地域経済学では産業集積の重要なメリットとされているが，その実態はこれまでのところ把握されていない。産業集積の理論的な研究に新風を吹き込んだ Krugman（1991）は，情報のスピルオーバーを集積のメリットとして重視していない。その理由の一つとして彼は，「知識の流れ」は目に見えないし，捉えどころのないものであるから，理論家はそれについて好き勝手に仮定を置くことができ，したがって好き勝手な結論を導き出すことができてしまうと述べている。確かにそれでは理論の健全な発展は望めない。本章の目的は，この捉えどころのなさそうなスピルオーバーの実態を，現場での観察に基づいて少しでも解明することにある。

　Krugman（1991）はまた，シリコンバレーのIT産業のように高度な技術が重要な産業ばかりでなく，カーペットや宝石のような伝統的産業に産業集積があることも，情報のスピルオーバーを重視しない理由として挙げている。つまり彼は，ローテク産業では情報のスピルオーバーが重要ではないにもかかわらず産業集積が存在していると主張している。しかしこれは二重の意味で誤解である。まず，情報のスピルオーバーは技術の模倣ばかりではない。第6章から第8章までの分析から明らかになったように，直接販売などのマーケティングに関する模倣や，下請けの活用といった生産組織に関する模倣といったスピルオーバーも，重要な産業集積のメリットである。第二に，ローテク産業においても技術の模倣が産業集積の形成を促進していることが指摘できる。第7章のオートバイ産業にしろ，第8章の工作機械や弱電機器産業にしろ，始発期から量的拡大期にかけての技

術の水準は極めて低かったが，そのようなローテク段階でも技術の模倣は活発であった。量的拡大期に産業の創始者企業が輩出した多くのスピンオフ企業が中心となって産業集積を形成したことは，創始者を模倣する追随者の続出が産業集積の形成をもたらしたことを強く示唆している。ただしこれまでの事例研究では，スピンオフ企業が創始者企業を模倣していることを数量的に示すまでには至らなかった。

　本章では，蘇南地方と台湾のプリント配線板の事例研究を通じて，模倣が産業集積の形成に果たす役割を詳細に解明したい。プリント配線板（あるいはプリント基板）というのは，家電製品やパソコンなどの部品の中で最も重要なものの一つで，IC（集積回路）などの電子デバイスや抵抗器などの細かな電子部品を搭載してマザーボード等を作る基板のことであり，電子部品を接続する細い配線が絶縁基板の表面にプリントされている。品質は幅広く分布しており，台湾と蘇南地方の間で品質の差が歴然としているのはもとより，蘇南地方の中の三つの集積地である昆山，蘇州，常州の間でも品質は大きく異なっている。それどころか，各集積地の中でも明確な違いがある。蘇州への訪問では，近代的な生産技術に感心して一つの工場を後にしたかと思うと，次の村では，手作業で低級なプリント基板を生産している工場に遭遇するという具合であった。データからも，品質が広い範囲にわたって連続的に分布していることが確認できる。このように品質の多様な製品が共存するのは，後に詳述するように，プリント配線板の用途が多岐に渡るからであろう。第8章の台湾の工作機械の場合にはどの企業もブリッジポートを生産し，温州の弱電機器の場合にはどの企業も品質検査をせずに低級品を生産していたのが，量的拡大期の特徴であった。それに比べて，プリント配線板の場合には製品の質の多様性がはるかに高く，量的拡大期と質的向上期の関係がより連続的である。

　本章の分析のユニークな点は，追随者企業がどの創始者企業からスピンオフしたかを辿ることにある。工作機械の事例研究（第8章）でも，企業の系図を作成しようとしたが，十分な情報が得られなかった。蘇南地方のプリント配線板の場合，1990年代に入って民営化とともに多数の新規企業が参入して産業集積を形成した。これら新規企業のほとんどすべてはかつての国有や町営の企業からのスピンオフであり，国有企業や町営企業が創

始者企業に相当する。台湾では1960年代末に設立された外資企業から従業員が独立していくつかの地元企業を創業し，そこからまた独立起業が生じるということが繰り返されて，桃園県を中心とする産業集積が形成された。経営者の出身企業を完全に特定できたわけではないが，蘇南についても台湾についてもかなりの精度の情報を得ることができた。本章ではその情報を用いて，産業集積を形成したスピンオフ企業が創始者企業を模倣していたこと，言い換えれば，模倣によって集積が形成されたという仮説を検証しよう。

　質的向上期に突入する段階で，第8章の台湾の工作機械の場合にはNC機械の量産という革新が起き，温州の弱電機器の場合にはブランドイメージの確立という革新が起きた。ところがプリント配線板の場合，最も単純な製品である片面板があり，続いて両面板，さらに各種の多層板が続く。しかも同じタイプの製品，例えば片面板での品質の格差も大きく，質的向上のための明らかな革新を特定できない。これはおそらく，連続的に分布する品質のなかから，企業ごとに異なる当面の目標水準を選ぶからであろう。そうしたターゲットの近辺にもすでに競争者がいるので，それを模倣しながら徐々に質的向上を進めて行くという「模倣的競争」が展開されるものと考えられる。第1章で述べたプロダクト・ライフサイクル論によれば，決定版（dominant design）的な製品が登場すると企業数が減少傾向に転ずるという。しかしプリント配線板の場合，そのような製品は存在しないし，少なく見積もっても40年の歴史のある日本のプリント配線板産業においても企業数の本格的な減少は起きていない。したがって，量的拡大期と質的向上期の境界は必ずしも判然としない。

　それでは，模倣的競争において優れたパフォーマンスを示すのはどのような企業であろうか。これまでに分析してきた事例では，経営者の人的資本が質的向上期の企業パフォーマンスを大きく左右するという仮説が検証された。本章では，この仮説が模倣的競争をともなう質的向上についても妥当するかどうかを分析したい。以下，第1節では産業集積の形成期における模倣の源泉と，模倣的競争における人的資本の役割に関して検証可能な仮説を提起する。第2節では蘇南地方，第3節では台湾についての事例研究の結果を示し，第4節で結論を述べる。

1 仮説の提起

第6章から第8章までのいずれの事例においても，産業を興した革新的な創始者企業を模倣する追随者が続出することによって産業集積が形成された。そして追随者企業の多くはスピンオフ企業であった。それは，創始者企業を模倣するうえで，創始者企業での勤務を通じて技術や経営ノーハウを習得することが有利だからであろう。他方，第8章での分析によれば，質的向上期に突入する段階で革新を起こすのは，必ずしも創始者とは限らないし，質的向上期における優れた模倣者が，創始者企業からスピンオフした企業であるとも限らない。なぜならば，この時期の模倣には，量的拡大期において蓄積された経験ばかりでなく，革新的な技術やマーケティングを理解し実践する能力が重要だからである。スピンオフが量的拡大期に多く，質的向上期に激減するのはこれらの理由によるものと考えられる。要約すれば，以下のような仮説が考えられる。

仮説1　量的拡大期における情報のスピルオーバーの主要な源泉は，経営者の勤務経験を通じた模倣であるが，質的向上期においてはその重要性は低下する。

この仮説は，プリント配線板産業に特有のものではなく，第6章から第8章までの事例研究の結果を踏まえた一般的な仮説であることを指摘しておきたい。それを検証する上で，多様な品質の製品が併存したというプリント配線板産業の特殊事情は好都合である。品質の多様性の背景には，家電メーカー，玩具メーカー，パソコンメーカーなど用途を異にする顧客の多様性がある。そうした多様性があるなかで，経営者の出身企業が同じである場合に品質やマーケティングが似通っているのであれば，経営者の勤務経験を通じた模倣が情報のスピルオーバーの重要な源泉であると推測できよう。

量的拡大期の後期になると，出身企業の模倣を続けるのではなく，利潤率の高い製品分野へ移行する独自の試みを始める企業が増える。したがって，企業のいわば個性が現れ始めて，出身企業を同じくするスピンオフ企

業同士の間でも製品の品質に差が生じるようになると考えられる。そうした差異をもたらす重要な要因は，教育によって培われる経営者の一般的な人的資本と，プリント配線板産業での経験によって養われた産業特殊的な人的資本であろう。そこで，模倣的競争における品質の決定について以下の仮説を提起したい。

仮説2　質的向上期において，品質を決定する重要な要因は産業特殊的な人的資本や一般的な人的資本である。

　一般的な人的資本は，日本のアパレル産業が中国へ生産を移転させるケース（第6章）でも大きな役割を果たした。仮説2で産業特殊的な人的資本を重視したのは，質的な向上に伴って新しい顧客を開拓する上で，マーケティング等の経験の重要性が高まると考えられるからである。経営者の人的資本は，品質の向上を通じて企業パフォーマンスに貢献するだけでなく，資金調達や生産組織の管理運営などの多方面にわたって重要になるであろう。そこで，企業パフォーマンスについて次の仮説を提起することにしよう。

仮説3　質的向上期において，企業のパフォーマンスを決定する重要な要因は産業特殊的な人的資本や一般的な人的資本である。

2　蘇南の事例

2-1　発展の経緯

蘇南地方には，プリント配線板を製造する三つの相異なる特徴を持った産業集積が存在する。第一はプリント配線板企業がまばらに散在する常州市であり，第二は小型の企業が濃密な集積を形成している蘇州市であり，第三は近代的な工業区があり，最も企業規模が大きく，かつ最も先進的な製品を生産している昆山市である（図9-1を参照）。なお昆山市は蘇州市の中の下級の市であるが，本研究では簡単化のためにこの地域を昆山と呼び，もう一つの集積を蘇州と呼ぶことにする。なおこれらの三つの集積は地理的にはさほど離れていないが，三者の間に交流はほとんどない。その証拠に，昆山の企業は常州や蘇州の集積の存在すら知らないことがある。同じ

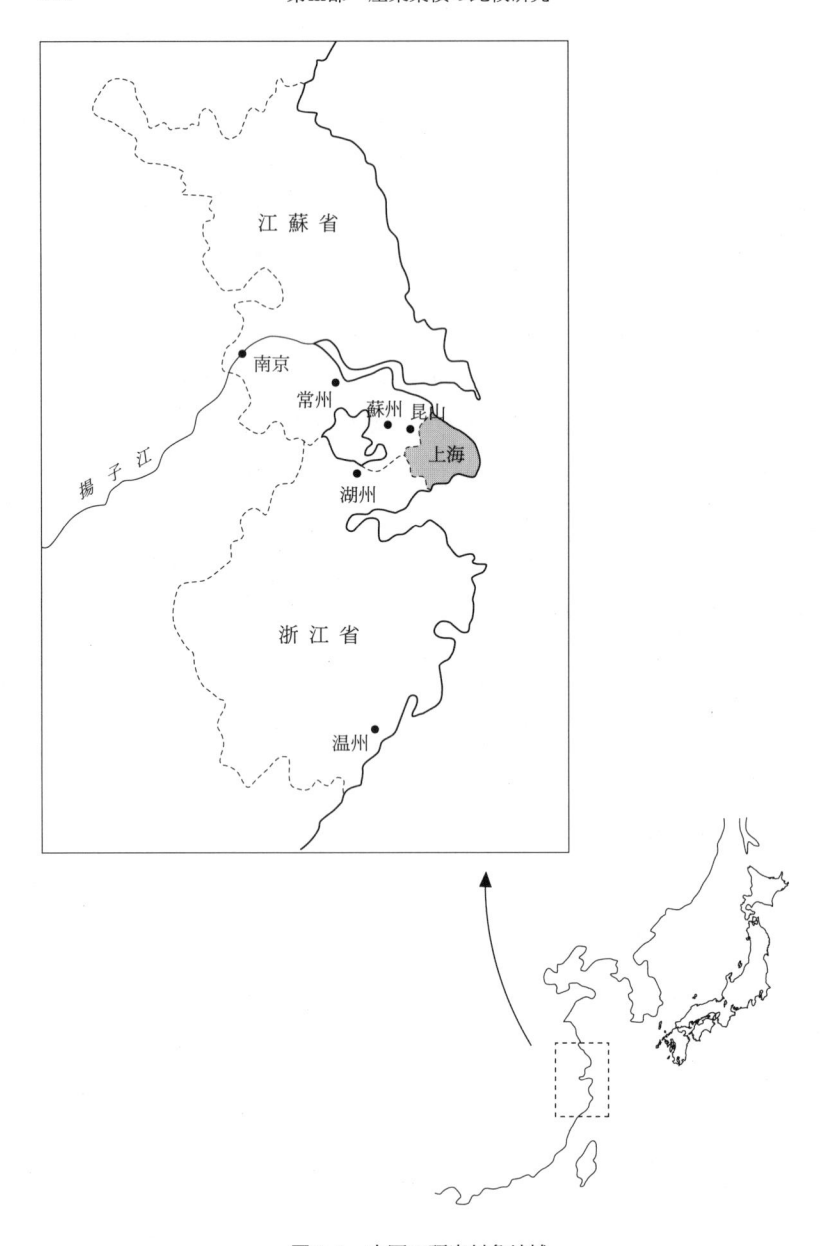

図 9-1 中国の研究対象地域

ことは，常州と蘇州との関係についても言える。

　常州の集積地は上海からは約180キロの距離があるが，江蘇省の省都である南京に近い。南京を含む江蘇省一帯には伝統的に国有の大手家電メーカーが多く，1963年には早くも常州市の武進市（現在は武進区）にプリント配線板を生産する国有企業が設立された。この企業を訪問したところ，武進はプリント配線板の「ふるさと」と呼ばれているとのことであったが，真偽のほどは確かめ切れなかった。1970年代後半からは武進の中の四つの町と十数個の村の政府がそれぞれ町営や村営の企業を設立したが，原則としては同業の企業を管轄域内に複数設立することはしなかった。そのために常州は密度の低い産業集積となっており，企業と企業の間の距離は10キロを越えることも珍しくない。特にその傾向は，1990年代になって開始された企業の民営化が始まる以前においては顕著なものがあった。なお，家電向けの電気製品の製造では広東省の発展が顕著であり，常州のプリント配線板産業はそれに押されて停滞的である。そのため民営企業の新規参入は1990年代において不活発であり，それが集積の密度を低いままにしているという事情がある。

　第二の産業集積は蘇州市の北西部にある。ここでは，町営企業が中小の国有電器メーカーの下請けとして1970年代末に創設されたのが，プリント配線板産業が誕生したきっかけであった。その後，七つの村のそれぞれに村営工場も設立された。蘇州のプリント配線板産業は，常州以上に単純な製品の製造から創業した模様であるが，販路の多様化や製品の質の向上に多少とも成功してきており，成長のダイナミズムが感じられる。その成長の過程で多数の小規模な民営企業が次々と各村に設立されたという経緯があり，企業同士が隣り合わせに立地しているような地理的に濃密な産業集積を形成している。

　第三の集積である昆山でも，蘇州と同じように一つの村がプリント配線板の工場を設立すると，他の村もそれを真似るというかたちで1970年代後半から産業が始まった。しかし，やがて上海に隣接しているという地理的利点を利用した発展が始まった。一つは1990年代初頭に，国防関連の国有企業と地元の集体企業の提携によって先進的な企業が誕生したことであった。そこから比較的高度なプリント配線板を生産する企業のスピンオフが

生じた。もう一つは，近年における上海市による環境規制の強化の影響である。プリント配線板の製造ではメッキを使用するが，適切な処理をしないとそれは環境汚染を引き起こす。実際問題として汚染産業であったプリント配線板産業は，上海市の郊外に数多く存在していたが，その操業が規制されていった。そこで上海の隣接地域である昆山でこの産業が発展したという経緯がある。なお昆山には外資系の企業も多いが，その技術的な水準は隔絶して高く，地元の企業がそれを模倣する段階には至っていない。

サンプル企業の特徴

2003年の3月に13日間の予備調査を行い，本調査はその年の7月から9月にかけて常州で21社，蘇州で59社，昆山で34社の企業に対して行われた（表9-1参照）。それぞれの集積地で7割程度の企業を抽出したことになる。なお昆山では外資系企業にも質問表への記入を依頼したが，回答率が悪いばかりか，記入漏れや不正確な数値が多く，当面，分析は断念せざるを得なかった。表9-1では，企業規模に限ってのみ25社の外資企業の規模を示してある。

民営化の進展は常州や蘇州で早く，1998年時点でほとんどの企業が民営企業であったが，技術的に最も先進的な集積である昆山では町営や村営の集体型郷鎮企業が主体であった。その後昆山で民営比率が増加したのは，2000年以降に民営企業が大量に参入したためである。従業者数で見ても，実質販売総額で見ても，蘇州の企業は小型であり，常州のそれは中型で，昆山の地元企業は大型である。ラフに言えば，常州の企業規模は蘇州の2－3倍であり，昆山のそれは常州の2－3倍である。なお，昆山の企業規模が2000年から2002年にかけて低下しているのは，新規参入企業の規模が小さかったからである[1]。

基準年に存在していた企業の平均的な雇用の成長率を比較すると（表9-1の下部），やや意外な感もあるが，蘇州の伸びが最も高い。昆山の企業規模の伸びが低いのは，高級品の市場では外資との厳しい競争にさらされ，低級品の市場では新規参入者との競争が激化しているからであろう。特に，

---

1) 昆山で1998年や2000年に操業していた企業に限ってみると，実質販売額は約1800万元であり，企業規模は拡大した。

第9章　蘇南と台湾北部のプリント配線板：集積の形成と摸倣的競争　219

表 9-1　蘇南における標本企業の一般的特徴[a]

	1998	2000	2002
常州			
標本企業数	19	20	21
民営企業の割合（％）	89.5	95.0	100
従業者数	61	63	61
実質販売総額（万元）	510	552	677
蘇州			
標本企業数	48	57	59
民営企業の割合（％）	97.9	98.2	98.3
従業者数	22	23	27
実質販売総額（万元）	147	202	297
昆山（地元企業）			
標本企業数	14	14	34
民営企業の割合（％）	14.3	21.4	70.6
従業者数	146	178	149
実質販売総額（万元）	1,014	1,489	1,214
昆山（外資企業）			
標本企業数	2	5	25
従業者数	680	642	282
実質販売総額（万元）	17,050	12,876	6,410
雇用の年間成長率（％）[b]		1998年-2000年	2000年-2002年
常州		6.4	-1.8
蘇州		11.4	9.8
昆山（地元企業）		6.7	2.9
昆山（外資企業）		42.0	6.0

a）　デフレーターとして，国家統計局（2003）公表の機械工業工場出荷価格指数を用いた。
b）　過去2年間の年平均成長率であり，基準年に既に操業していた既存企業の雇用成長率の平均値。

昆山のなかでもコンピューター向けの多層板を生産していた大手企業は，2001年の国際的なIT不況の影響で伸び悩んだ。

　表9-2に示したように，経営者の年齢，学歴，出身企業のタイプとそこでの職種には，三つの産業集積間で興味深い類似性と異質性がある。年齢については，2000年以降に多数の新規企業が参入した昆山で若い。学歴については，常州が高卒主体であり，蘇州では中卒以下が主体で，昆山は大卒が主体である[2]。この相違は，始発期における製品の質と関係しているように思われる。すなわち，常州では大型家電メーカーが主要な顧客で

2）　以下の議論では昆山は地元企業のみを指す。

表 9-2 蘇南における経営者の特徴の地域比較[a]

	常州	蘇州	昆山（地元企業）
平均年齢	46.6	44.7	41.9
学歴（％）			
中卒以下	23.8	55.9	14.7
高卒	61.9	30.5	29.4
大卒以上	14.3	13.6	55.9
出身企業のタイプ（％）			
地元国営 PCB 企業	0	0	5.9
地元集体 PCB 企業	61.9	76.2	61.8
地元民営 PCB 企業	0	5.1	0
他地域 PCB 企業	9.5	0	17.6
その他の産業	28.6	18.7	14.7
過去の主な職種（％）			
元セールスマン	52.6	56.1	55.9
元経営者	21.1	10.3	26.5
元技術者	15.8	24.6	8.8
元労働者	5.3	3.4	5.9
その他	5.3	5.6	2.9

a) 2002 年の状況。

あり，蘇州ではより小型の家電メーカー等が顧客であり，昆山ではパソコン関係のメーカーが顧客であった。それぞれが要求するプリント配線板の質は昆山で最も高く，蘇州で最も低かった。出身企業のタイプとしては，地元の町営や村営型の集体型のPCB（プリント配線板の略）企業が 6 - 7 割を占めている[3]。このことは，いずれの集積においてもスピンオフがその発展に重要な役割を果たしているからであろう。

過去の職種としてはセールスマンが共通して最も多く，経営者と技術者がこれに続いている。この統計数値から判断すると，この産業も技術的に決して容易ではないにも関わらず，技術者主導型ではなく，商人主導型のケースに該当するように思われる。ただし，元セールスマンは，出身企業で同僚であった技術者をさそって新規企業を創業するケースが圧倒的に多い。その場合に，なぜ技術者ではなくセールスマンの方が新企業のトップに就くことが多いのかは，明らかではない。しかし，常州の経営者からの聞き取りを要約すれば，市場情報が希少であったためにセールスマンは高

---

3) 昆山の場合には都市集体企業も少数ではあるが，集体企業に含まれている。

表 9-3 蘇南における地域別および出身企業別の片面板比率の推移（%）[a]

	1998	2000	2002
総平均	74	73	65
常州の平均	84	84	87
蘇州の平均	80	77	75
蘇州1	85	83	72
蘇州2	65	60	59
蘇州3	91	92	92
蘇州4	89	84	82
蘇州5	96	92	93
蘇州6	71	70	65
蘇州7	18	26	21
蘇州その他企業	89	81	79
昆山（地元企業）の平均	38	37	34
昆山1	29	38	27
昆山2	22	20	14
昆山3	8	6	14
昆山その他企業	48	45	43
蘇南全体での分散	983	921	1,160
地域間の分散（A）	11,208	10,846	24,297
地域内の分散（B）	720	695	744
F 値（＝分散比 A/B）	15.6**	15.6**	32.7**
常州での分散	812	785	352
蘇州での分散	653	589	588
出身別平均の分散（C）	2,325	1,761	2,087
出身が同じ場合の分散（D）	353	406	364
F 値（＝分散比 C/D）	6.6**	4.3**	5.7**
昆山の中での出身企業間の差	902	874	1,183
出身別平均の分散（E）	818	665	1,685
出身が同じ場合の分散（F）	927	937	1,132
F 値（＝分散比 E/F）	0.9	0.7	1.5

a) 片面板比率は，プリント配線板の生産額に占める片面板生産額の割合。F 値は分散比が1より大きいか否かを検定するための統計量であり，＊＊は片側検定1%の水準で有意であることを示す。

給を得ていて，独立起業するための資金を貯めることができたからである。

2-2 集積間 vs 集積内の企業特性の相違

蘇州の標本企業のうち1980年代までに創設された比較的古い企業は10社であり，その他の企業のほとんどが，そのうちの7社のいずれかで働いていた従業員によって創業された。昆山の標本企業の中にも3社の創始者的な企業がある。常州では，1960年代に創設された国有企業から13社がスピン

オフしたと聞いたが，標本企業の出身を特定することは困難であった。そこで表9-3の上半分では，企業を常州，蘇州の7グループ，昆山の3グループ，そして蘇州と昆山についてはその他の企業グループも一つの企業グループとして分類して，片面板生産比率を比較した。

片面板は最も単純な製品であり，エアコンや冷蔵庫のような大型の家電に使われることが多い。テレビであれば，両面板か多層板が使われ，パソコンや携帯電話であれば，多層板が必ず用いられる[4]。プロダクトサイクル論から予想されるように，常州や蘇州ではより標準化された片面板が主流であり，片面板が7-8割のシェアを占めているのに対し，昆山では片面板の生産比率は目立って低い。常州と蘇州は，試作品的なものを除けば多層板をまったく生産していなかった。昆山の標本企業のうち多層板を生産したのは3社の大企業に過ぎず，売上に占める割合はせいぜい20%足らずであった。したがって，100%から片面板比率を引けば，ほぼ両面板比率になると考えてよい。

すでに指摘したように，三つの産業集積間での技術や情報の交流はほとんどない。であるとすれば，片面板比率の地域間の平均の分散が大きいのに対して，交流の活発な産業集積内の企業間の分散は相対的に小さいはずである。この点を検証するために，表9-3下段の最初の部分では，これについての分散比の検定を行った。1998年，2000年，2002年のいずれの年についても，地域間の分散が地域内の分散よりもはるかに大きく，分散比は高い水準で有意である。これは，集積内において企業間での片面板比率に類似性が高いことを示している。

より興味深いのは，蘇州や昆山での出身企業グループ別の平均の分散と，同じ出身企業グループ内の分散の比較である。もし仮説1が主張するように，量的な拡大期における情報のスピルオーバーの主要な源泉が，経営者の勤務経験を通じた模倣にあるならば，出身企業内の分散は相対的に小さくなるであろう。特にこのことは，質の低い製品を主に生産している蘇州に当てはまり，より質の高い製品を生産している昆山では当てはまりが悪いであろう。表9-3の分散比の検定はこの仮説の妥当性を支持している。

---

4) 多層板の中にも，4層程度のものから10層を超えるものまでのバリエーションがある。

第9章　蘇南と台湾北部のプリント配線板：集積の形成と摸倣的競争　223

表 9-4　蘇南における地域別および出身企業別の片面板単価の推移[a]

	1998	2000	2002
総平均	26	24	26
常州の平均	19	16	15
蘇州の平均	22	21	20
蘇州 1	28	28	27
蘇州 2	33	31	31
蘇州 3	50	45	40
蘇州 4	12	13	12
蘇州 5	19	15	13
蘇州 6	13	14	13
蘇州 7	30	27	24
蘇州その他企業	17	18	18
昆山（地元企業）の平均	46	45	46
昆山 1	52	56	38
昆山 2	46	44	42
昆山 3	26	17	35
昆山その他企業	46	44	50
蘇南全体での分散	275	233	387
地域間の分散（A）	3,610	3,887	8,958
地域内の分散（B）	191	150.1	231
F 値（＝分散比 A/B）	18.9**	25.7**	38.7**
常州での分散	162	129	158
蘇州での分散	139	115	86
出身別平均の分散（C）	757	609	496
出身が同じ場合の分散（D）	29	38	25
F 値（＝分散比 C/D）	26.6**	16.2**	20.1**
昆山での分散	434	369	559
出身別平均の分散（E）	175	384	325
出身が同じ場合の分散（F）	512	364	584
F 値（＝分散比 E/F）	0.34	1.1	0.6

a）　単価は片面板の生産額を生産量で除した値であり，単位は元/平方フィート。デフレーターとして，国家統計局（2003）公表の機械工業工場出荷価格指数を用いた。F 値は分散比が1より大きいか否かを検定するための統計量であり，＊＊は片側検定1％の水準で有意であることを示す。

　すなわち，蘇州では分散比は有意であり，昆山では有意ではない。こうした分析結果は，仮説1の妥当性を支持するものである。

　分散比の検定結果は，表 9-3 の上段に示されているグループ別の片面板比率の平均の相違からもある程度予測することができる。昆山では平均値の間に大きな相違があるが，蘇州では比較的類似している。蘇州で大きく異なるのは「蘇州 7」というグループであり，あとは似かよっている。

表 9-5 蘇南における地域別の両面板単価，総合単価の推移[a]

	1998	2000	2002
両面板単価：総平均	71	59	53
常州の平均	27	29	25
蘇州の平均	67	54	47
昆山（地元企業）の平均	104	91	71
蘇南全体での分散	2,829	2,042	911
常州での分散	1,474	550	422
蘇州での分散	3,132	2,359	902
昆山での分散	992	601	482
総合単価：総平均	35	30	23
常州の平均	22	18	15
蘇州の平均	29	26	25
昆山（地元企業）の平均	73	67	60
蘇南全体での分散	981	575	519
常州での分散	568	264	123
蘇州での分散	777	339	213
昆山での分散	518	294	246

a）　両面板単価は，両面板の生産額を両面板の生産量で割った値であり，総合単価はプリント配線板の総生産額を総生産量で割った値である。単位はいずれも元/平方フィート。

　表には示していないが，蘇州 7 というグループを含めて蘇州ではグループ内の企業間の相違が極端に少ない。それが，「出身が同じ場合の分散」の著しく低い値に反映されている。他方ダイナミックに質の向上が見られる昆山では，「出身が同じ場合の分散」が相当に高い。

　表 9-4 では片面板の単価について表 9-3 と同様に，集積地の間ならびに集積地の内部のグループ間比較，さらに分散比の検定を行った。もちろん単価は製品の質の指標である。昆山の単価は最も高く，質的に高い製品が生産されていることが分かる。最初の分散比の検定も有意であり，集積間では情報の分断があり，集積内では情報の共有性があることを示唆している。蘇州では「出身が同じ場合」の企業グループ内の分散が顕著に小さく，分散比は高い水準で有意である。それとは対照的に昆山では分散比は有意ではない。こうした分析結果は，量的拡大期におけるスピンオフ企業の模倣の重要性と，質的向上期における重要性の低下という仮説 1 の妥当性を支持している。

　表 9-5 では，両面板の単価とすべての製品の面積当りの平均単価（総合単価）を比較した。総合単価は，製品構成が高度化していたり，同じタ

第9章　蘇南と台湾北部のプリント配線板：集積の形成と摸倣的競争　225

表 9-6　蘇南における地域別の三大顧客シェア，セールスマン比率の推移（％）[a]

	1998	2000	2002
三大顧客シェア：総平均	65.8	63.0	59.3
常州の平均	75.8	69.2	67.7
蘇州の平均	67.7	64.1	58.5
昆山（地元企業）の平均	44.8	51.3	55.4
蘇南全体での分散	450	454	551
常州での分散	398	407	555
蘇州での分散	375	396	455
昆山での分散	506	567	662
セールスマン比率：総平均	11.7	10.2	11.3
常州の平均	10.0	8.5	8.0
蘇州の平均	9.8	8.2	7.1
昆山（地元企業）の平均	20.4	21.0	20.1
蘇南全体での分散	66	60	99
常州での分散	42	22	27
蘇州での分散	24	17	12
昆山での分散	161	165	174

a）　三大顧客シェアは，標本企業の売上に大口顧客の上位三社が占める割合であり，セールスマン比率は標本企業の従業者数のうちセールスマンが占める割合である。

イプの製品でも質が高いと高くなる。両面板の平均単価については，常州が最も低く，蘇州が中位で，昆山が顕著に高いことが読み取れる。表9-3に示した片面板比率のデータからもうかがい知ることができるように，両面板比率についても同様の地域的相違がある。つまり，昆山では質的な改善がある程度進んでおり，常州では質的な水準が低いままである。もう一つ注意すべきことは，両面板単価の減少傾向である。これは両面板生産の「量的拡大」のために，製品価格が下落していることを示唆している。なお，蘇州での分散が1998年で大きいのはグループ7を中心にして，両面板生産で先行する企業が出現していたからであり，分散がその後縮小していることは急激な模倣があったことを示唆している。総合単価についても，両面板単価と同様のことが指摘できる。

　表9-6では，各社の販売先として最も重要な三つの顧客のシェアと，従業者に占めるセールスマン（販売員）の比率の平均と分散を比較した。常州は三大顧客シェアが最も大きく，現在でも大手の国有電機メーカーが主要な顧客であることを示している。蘇州も類似の傾向にある。昆山は三

大顧客シェアがはるかに低く，多くの顧客を開拓中であることがうかがえる。「昆山での分散」が高いのも，大きな顧客に依存する旧態依然とした企業がある一方で，顧客の多様化に成功した企業があることを示唆している。興味深いことに，三大顧客シェアの大きい常州や蘇州では，昆山よりはるかにセールスマン比率が低い。しかも昆山ではセールスマン比率の分散が極端に大きい。これは三大顧客シェアが昆山で低いことと整合的であり，昆山ではセールスマンを雇用して新たな販路の開拓を行っている企業があることを強く示唆している。またセールスマンが多いこと自体が，第6章から8章までの分析結果を踏まえるならば，製品の質が改善されつつあることを反映しているものと思われる。

以上の分析では省略したが，両面板単価，総合単価，三大顧客シェア，セールスマン比率についても分散比検定を適用すると，表9-3や表9-4と同じように，蘇州での分散比は有意であり，昆山では有意ではないという結果が得られる。これらもまた，仮説1の妥当性を支持するものである。

2-3 回帰分析

推定式の特定化

第1節で提起した仮説2と3を検証するために，総合単価上昇率関数と雇用規模成長率関数を推定する。分析期間は1998年から2000年までと，2000年から2002年までの2期間に分け，それぞれについてクロスセクションの推定を行う。総合単価の上昇率は品質向上の指標であり，雇用規模の成長率は企業パフォーマンスの指標である。

いずれの推定式も誘導形であり，説明変数としては(1)基準年における総合単価や雇用規模の値，(2)経営者の産業特殊的な人的資本を表す元販売員ダミー，(3)経営者の一般的な人的資本を表す大卒ダミー，(4)地域ダミー，(5)蘇州の企業の出身を表す蘇州1から蘇州7までの出身企業ダミーを用いた。叙述的分析の表で見たように，昆山では出身企業が企業の品質の選択に影響を及ぼしていないため，昆山の出身企業ダミーは省くことにした。

表9-5に示された総合単価の平均値は，いずれの集積地においても1998年から2002年にかけて低下しているが，これは新規企業の参入や台湾

などの外資企業の進出，さらには国際的な市況の低迷に影響されたものであって，品質の低下によるものではない。したがって，時系列的に見る場合には総合単価は品質の指標としてふさわしくないかもしれない。しかしながら，2年間という短かい期間についてクロスセクションの分析をする場合には，単価の上昇率あるいは下落率の相対的大小は，企業間の品質向上の違いを反映するものと考えられる。

これまでの分析で明らかになったように，昆山は質的向上期に入っているか，少なくともそれに差し掛かっているのに対して，常州や蘇州は量的拡大期にあり，常州と蘇州の間でも企業成長のスピードには大きな違いがある。そのため，過去の総合単価や雇用規模の効果や人的資本の効果は集積地ごとに異なる公算が大きい。そこで，推定に当たってはそれぞれの説明変数に地域ダミーを掛けた交差項を用いて，説明変数の効果の地域間の違いが浮き彫りになるようにした。したがって説明変数の効果の推定値は，各地域について個別に推定を行った場合とまったく同じになるが，まとめて推定することによって地域間の推定値の差を統計的に検定できるという利点がある。

推定結果

表9-7に掲げた総合単価上昇率関数の推定結果は，質的向上に関する地域間の差異について興味深い傾向を示している。最も顕著な違いは，大卒ダミーが昆山では二つの期間のいずれにおいても高い有意水準で正の効果を持ったのに対して，蘇州では1998-2000年についてだけそうであり，常州ではいずれの期間でも大卒ダミーが有意な効果を持たなかったことである。元販売員ダミーも昆山では前半に高い水準で有意な正の効果を持ったのに対して，蘇州や常州では有意な効果が見られなかった。これらの推定結果は，質的向上の決定因として経営者の人的資本が重要であるという仮説2と整合的である。

既に表9-5で見たように，総合単価はいずれの集積地においても低下しているが，それでもそれはクロスセクション分析では品質の指標として意味を持つ。その理由はまず，すべての標本企業に影響を及ぼすような市況の全般的な悪化は切片によって吸収され，集積地ごとに異なる影響は地域ダミーによって吸収されているからである。また表9-4と表9-5を比

表 9-7 総合単価上昇率関数の推定，1998-2000 年と 2000-2002 年[a]

	1998-2000	2000-2002
常州		
ln（総合単価）	-0.083** (-2.73)	-0.155 (-1.39)
元販売員ダミー	-0.004 (-0.12)	-0.060 (-0.81)
大卒ダミー	0.077 (1.19)	-0.020 (-0.17)
常州ダミー	-0.095 (-0.67)	0.223 (0.69)
蘇州		
ln（総合単価）	-0.095* (-2.20)	-0.062 (-1.13)
元販売員ダミー	0.032 (1.05)	0.033 (0.87)
大卒ダミー	0.079** (2.64)	0.016 (0.36)
蘇州1ダミー	0.074* (1.73)	0.027 (0.42)
蘇州2ダミー	0.025 (0.42)	0.026 (0.33)
蘇州3ダミー	0.067 (1.11)	-0.001 (-0.01)
蘇州4ダミー	0.036 (0.74)	-0.015 (-0.31)
蘇州5ダミー	-0.052 (-0.99)	-0.089 (-1.59)
蘇州6ダミー	-0.023 (-0.69)	-0.013 (-0.26)
蘇州7ダミー	-0.005 (-0.04)	0.032 (0.31)
昆山		
ln（総合単価）	-0.131** (-7.91)	-0.234** (-4.74)
元販売員ダミー	0.078** (3.73)	-0.001 (-0.03)
大卒ダミー	0.075** (4.66)	0.086** (3.00)
昆山ダミー	0.216 (1.57)	0.705** (2.85)
切片	0.244* (2.04)	0.170 (1.09)
R^2	0.48	0.31

a) 従属変数は総合単価の年間上昇率。カッコ内は，White 修正済みの標準誤差に基づいた t-統計量を示す。＊は片側検定5％水準で，＊＊は1％水準で有意であることを示す。標本企業数は，1998 年－2000 年が 79 社，2000 年－2002 年が 88 社である。

較すると明らかなように，片面板は平均単価がほとんど低下しなかったのに対して，両面板は低下率が大きく，表には示さなかったが多層板では低下率がさらに大きかった。そのため，両面板や多層板を生産する企業ほど大きな打撃を受けたわけだが，それは総合単価が高かった企業ほど総合単価の低下率が大きかったことを意味する。こうした影響の違いは，説明変数の一つである基準年の総合単価の水準が負の係数を持つことに現れている。昆山においてこの係数の絶対値が特に大きいのも，そこに両面板を生産する企業が多く，多層板を生産する企業もあったからであると考えられる。このように市況の悪化が総合単価に及ぼした影響は，定数項や地域ダミーや基準年の総合単価の水準といった変数によってコントロールされている。

表9-8 雇用成長率関数の推定，1998-2000年と2000-2002年[a]

	1998-2000		2000-2002	
	1	2	3	4
常州				
ln（雇用）	-0.060 (-1.42)	-0.554 (-1.34)	-0.038 (-1.14)	-0.024 (-0.67)
ln（総合単価）	0.032 (0.50)	0.045 (0.52)	-0.077 (-0.81)	-0.028 (-0.24)
元販売員ダミー	0.012 (0.14)	0.012 (0.13)	0.044 (0.61)	0.047 (0.62)
大卒ダミー	−	-0.035 (-0.24)	−	-0.112 (-0.79)
常州ダミー	-0.004 (-0.02)	-0.057 (-0.20)	0.154 (0.47)	0.012 (0.03)
蘇州				
ln（雇用）	-0.126** (-2.89)	-0.125** (-2.82)	-0.037 (-1.01)	-0.032 (-0.88)
ln（総合単価）	0.922* (1.69)	0.088 (1.54)	0.024 (0.65)	0.034 (0.88)
元販売員ダミー	0.014 (0.41)	0.019 (0.48)	-0.041 (-1.22)	-0.052 (-1.53)
大卒ダミー	−	0.022 (0.52)	−	-0.062* (-1.74)
蘇州1ダミー	-0.184* (-2.10)	-0.177* (-1.90)	-0.029 (-0.42)	-0.042 (-0.58)
蘇州2ダミー	-0.094 (-1.23)	-0.097 (-1.24)	0.045 (0.67)	0.057 (0.98)
蘇州3ダミー	-0.249** (-2.99)	-0.239** (-2.67)	-0.085 (-1.38)	-0.101 (-1.59)
蘇州4ダミー	0.018 (0.38)	0.019 (0.38)	0.008 (0.23)	0.006 (0.16)
蘇州5ダミー	0.010 (0.23)	0.009 (0.20)	0.055 (1.03)	0.067 (1.20)
蘇州6ダミー	-0.007 (-0.13)	-0.009 (-0.18)	0.029 (0.79)	0.040 (1.12)
蘇州7ダミー	0.064 (0.59)	0.072 (0.63)	0.032 (0.42)	0.011 (0.13)
昆山				
ln（雇用）	0.038 (0.81)	0.019 (0.37)	0.045** (2.56)	-0.017 (-0.42)
ln（総合単価）	0.043 (0.48)	0.038 (0.38)	0.162* (2.20)	0.098* (1.77)
元販売員ダミー	0.006 (0.07)	0.011 (0.13)	0.115* (2.08)	0.144** (3.80)
大卒ダミー	−	0.047 (0.41)	−	0.175* (2.11)
昆山ダミー	-0.478 (-0.96)	-0.395 (-0.73)	-1.068** (-3.09)	-0.556 (-1.65)
切片	0.189 (1.28)	0.195 (1.30)	0.150 (1.34)	0.121 (1.00)
R^2	0.33	0.34	0.37	0.42

a）従属変数は従業者数の年間上昇率．カッコ内は，White修正済みの標準誤差に基づいたt-統計量を示す．＊は片側検定5％水準で，＊＊は1％水準で有意であることを示す．標本企業数は，1998年−2000年が79社，2000年−2002年が88社である．

なお，蘇州における出身企業ダミーは，前半期の蘇州1ダミーだけを除いて，総合単価に対して効果を持たない。しかしながら，蘇州1と3のグループダミーの係数は，蘇州5と6のそれより有意に大きく，量的拡大期には勤務経験を通じた模倣が重要であるという仮説1と整合的である。

表9-8は，雇用規模成長率関数の推定結果を示している。各期間について2種類の推定を行ったが，違いは大卒ダミーの有無にある。前半期においては，蘇州の雇用水準の係数が負で有意であり，小規模企業が大規模企業にキャッチアップする傾向があったことを示唆している。また，出身企業ダミーのうちの二つが前半期には有意な係数を持ったことは，同じ企業からスピンオフした企業の間に共通する効果があったことを意味していて，量的拡大期における模倣の源泉についての仮説1と整合的である。総合単価の水準が後半期の昆山においてだけ雇用の成長に正で有意な効果を持ったという推定結果は，昆山だけが質的向上期に入ったことを示唆している。また後半期の昆山では，元販売員ダミーや大卒ダミーが正で有意な効果を持ったが，これは質的向上期には人的資本が企業パフォーマンスの重要な決定因になるという仮説3を支持している。

3　台湾の事例

3-1　発展の経緯

台湾では1960年代末に日系企業が片面板の，アメリカ系の企業が多層板の生産を始めたのがプリント配線板産業の出発点であり，1970年代前半には早くも地元企業による産業集積の形成が始まった。図9-2に示すのは，多層板生産を台湾に持ち込んだアメリカ系の安培社（アンペックス社の台湾子会社）に連なる企業の系図である[5]。この企業で働いていた従業者が独立して華通，燿文，台湾電路の3社を創業し，そこから次々と独立による起業が繰り返された[6]。ただしこの系図は，スピンオフ企業ではない企

---

5) この系図は，統盟電子股份有限公司総経理の楊崇能氏が書き出してくれたものを，共同研究者の川上桃子氏が台湾電路板協会顧問の白蓉生氏に確認してもらい，さらに各社のホームページなどを参照しつつ作成したものである。各氏の協力に，記して感謝の意を表したい。

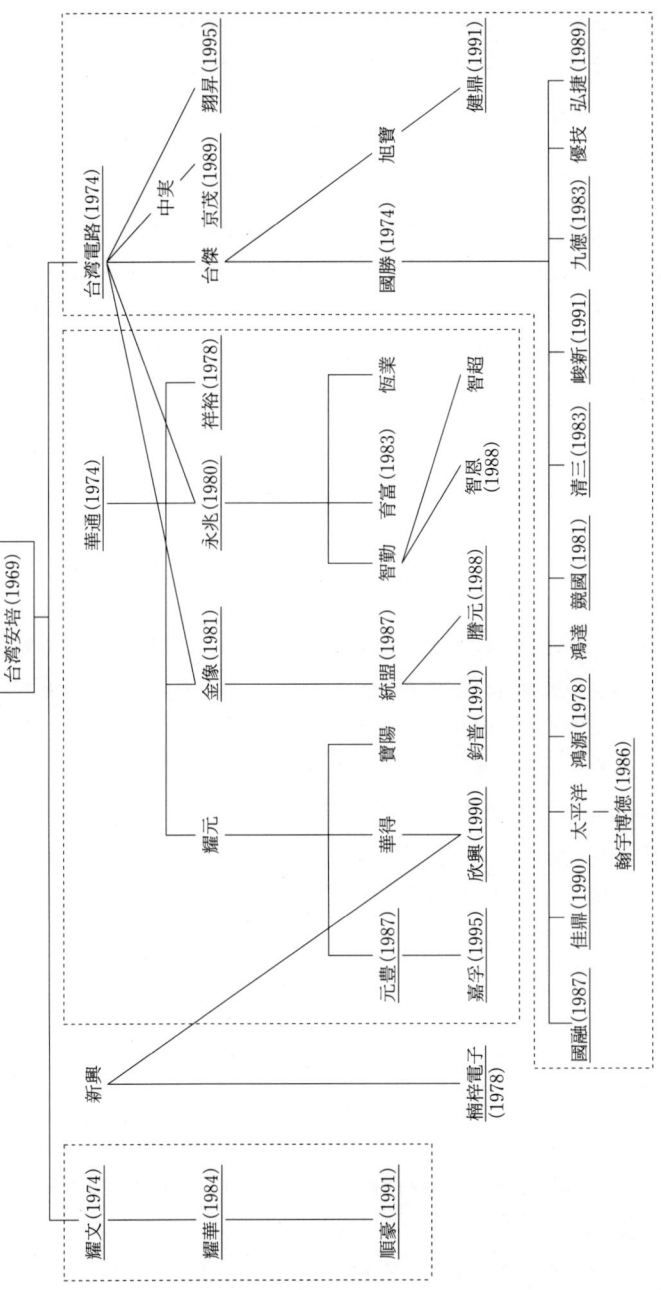

図 9-2 台湾安培（アンペックス）社からの人材のスピンオフの系図

出所　川上（2004）
a）企業名の後ろのカッコ内は創業年を示す。また点線枠は本文の分析に用いられている企業グループを示す。下線は標本企業であることを示す。

業もいくつか含んでいる。それらは，技術に関する知識の乏しい商人などが創業した企業で，既存企業から招聘した技術者の色濃い影響を残した企業である。たとえば，華通出身グループに含まれている金像は，貿易商だった創業者が，華通と台湾電路から技術者を連れてきて創業した企業である。永兆へも華通と台湾電路の両方から線が延びているが，これも主だった技術者の出身を反映している。これらの企業を華通出身としたのは専門家の判断に従ってのことである。なお独自の技術的背景を持つ企業は，この系図には含まれていない。

　この安培社系の系図のほかにも，企業間の系図的な関係がわかっている。その中で重要なのは，大手プラスチックメーカーの一事業部門として出発した南亜電路板に始まる系図である。中国の蘇南地方の場合には系図は短かったが，安培社系や南亜系の系図は三代から五代にわたっている。これらの系図は，われわれが訪問した企業の経営者が会議室のホワイトボードに書き出してくれたものを基にしているのだが，30年前から今日までのという長期間の人の流れが頭に入っているのには驚いた。この経営者に巡り合えたことは僥倖と言うしかないと思うが，しかし，比較的最近起きた企業の幹部レベルの技術者の企業間の移動については，われわれが面会した他の企業の経営者や幹部たちも熟知していたことは注目に値する。これは台湾の工作機械産業の事例研究でも経験したことである。Marshall (1920) が産業集積では特殊技能の労働市場が発達することを指摘したが，まさにその通りに人材に関する情報が盛んに行き交っているのである。その発達した市場で生じる人材の移動が，同時に技術や経営ノーハウのスピルオーバーをもたらしていることは想像に難くない。実際，インタビューした経営者の言葉の端々から，技術を獲得することと人材を獲得することとが同一視されていることがわかった。これがすべてとは言わないが，重要な情報のスピルオーバーとは基本的には人材の企業間移動を通じて起きるものであろう。

　台湾のプリント配線板の立地は，一部の例外はあるが北部の桃園県に集中している。桃園県は台北市の南西の郊外にあたり，台北市を取り囲む台

---

6) 図9-2のカッコ内に示した創業年は情報源によって多少のズレがある。

北県に隣接し，南隣には台湾のハイテク基地として知られる新竹市がある。ここに産業集積が形成されたきっかけは，安培社と日系の台豊社が1960年代末に立地したことにある（川上，2004）。第4章でも触れたように，1970年代からはプリント配線板のユーザーである様々な電気電子機器産業が台北県，桃園県，新竹市一帯に多数の産業集積を形成したから，プリント配線板メーカーが桃園県に集積する理由は強まった。桃園県の中でも特に集中しているのは県の中心に位置する中壢市とそれに隣接する平鎮市と蘆竹郷であり，以下ではそれを中心地と呼ぶことにする。蘇南地域と違って，桃園とその周辺ではプリント配線板生産の企業間分業が高度に発達している。穴あけ加工や表面処理などの工程は，それらを専門とする企業に外注することが多い。残念ながら，いつごろから分業が発達したのかは明らかではない。

　川上（2004）によれば，1980年代初頭に興った台湾のパソコン産業が1984年辺りから急速な成長を始めたのに伴って，プリント配線板産業にも注目すべき変化が生じた。まず，パソコン産業は多層板を使用するため，多層板の生産が急増したことが挙げられる。それまでにも多層板を生産する企業は幾つかあったが，高品質の多層板を安定的に供給できる唯一の企業であった華通は記録的な売上と利益をあげた。そのため，他社も多層板の品質を向上させ，その本格的な生産体制を築いていった。第二の重要な変化として，パソコン産業からの需要増大はスピンオフによる新規企業の参入を促した。質的向上と量的拡大が入り混じった模倣的競争が展開されるようになったと言えよう。パソコン景気に乗って参入した新興企業も，老舗企業からの人材の獲得を通じて多層板の生産技術を吸収し，多層板市場に果敢にチャレンジしていった。

　1990年代の後半には，IT景気による需要の増大に乗って各社が積極的に設備投資を行って生産能力を増強した。その一貫として中国への直接投資（以下では大陸投資と呼ぶ）も1998年ごろから本格化した。大陸投資は，家電産業やパソコン産業などのユーザーの生産拠点が大陸へ移転したことに影響されたものである。プロダクトサイクル論から予想されるとおり，先に中国へ生産を移転したのは家電やオーディオ機器といった標準化が早くから進んでいた産業である。それに対応して，片面板や両面板の生産が

1990年代半ば頃から主に広東省へ移転されるようになった。その後はパソコン・メーカーの大陸投資が増大したのに対応して，昆山を中心として台湾企業による多層板の生産が増大した。表9-1でも1998年から2000年にかけて台湾系を中心とする外資企業が多層板を中心に生産を急速に増大させていたことが見て取れる。しかしながら，2001年には世界的なIT不況の影響を受けて，台湾のプリント配線板産業の業績も悪化した。

3-2 標本企業の特質

データの性格

予備調査を2000年に実施し，台湾電路板協会や桃園県に立地する5社を訪問して産業が発展した経緯や，情報のスピルオーバーや質的向上の実態，中国への工場進出について質問した。予備調査では5社の経営者やその側近と面談できたが，それを実現するのは容易ではなかった。台湾の工作機械産業の事例研究(第8章)の経験からも，質問表を用いたデータの収集が極めて困難であることが予想された。そこで，公表されている1995年以降の企業の財務諸表のデータを集め始め，最終的には2002年の時点で株式を公開発行していた47社から財務諸表や生産額，生産量，輸出額，輸出量のデータを収集することにした。これが可能になったのは，2001年までは株式を公開発行する企業に財務諸表などを公表する義務があったからである。なお2003年には，昆山においても台湾の大手メーカーの経営者から，台湾と昆山のプリント配線板産業の特徴について聞き取りを行った。

データの収集では当初1995年までさかのぼることを目指したが，企業によってはまだ上場を果たしていなかったり，輸出や製造原価の詳細についてデータを公表しなかったりという事情があって，年によってデータの揃い具合は異なる。以下では，比較的データがよく集まった1996年，1998年，2000年の3カ年を分析の対象とする。

財務諸表を中心とする企業データには，われわれが事例研究で重視している企業経営者の経歴に関する情報が欠けていることや，中国への直接投資の実情が把握し難いといった問題がある。後者は，大陸投資の際に，企業名を変えたり香港を経由して投資するなどの複雑な操作を行う場合が多いからである。そこで，学歴については各社の公開説明書や経営者の人名

表 9-9 台湾の標本企業数と企業規模の推移[a]

	1996	1998	2000
標本企業数	41	46	43
従業者数	392	626	929
実質販売総額（億NT$）	7.6	14.8	30.8

a）デフレーターとして，行政院経済建設委員会（各年版）の機械設備卸売価格指数を用いた。

録（中華徴信所，2002）から，大陸投資については台湾証券取引所や各社のホームページ，各種新聞報道等から情報を収集した。また，上場企業は大企業である場合が多いため，標本が産業の企業規模の分布を反映しないという問題もあるが，これについては如何ともし難い。

標本企業の特徴

表9-9は標本企業の従業者数と実質販売総額を示したものである。標本企業数は販売総額が分かった企業の数であり，従業者数データが取れた企業の数はそれより若干少ない。以下の分析では，1998年における販売総額がわかる46社をできる限り標本企業として分析対象としたい。既に指摘したように標本企業は大企業が中心であり，従業者数の平均は2000年には900人を超えている。この数字には中国工場の従業者数は含まれていない。2003年に行った大手企業の経営者とのインタビューによると，同社では2000年のピーク時には台湾と中国の工場のそれぞれに3000人ずつの従業者がいたという。このピークは世界的なIT景気のタイミングと符合する。表9-9に掲げた平均値でも企業規模は1996年から2000年まで上昇を続け，とくに実質販売額は4年間で4倍増という驚異的な伸び率を示した。

標本企業の立地は，「中心地」すなわち桃園県の中壢，平鎮，蘆竹に4割強に当たる20社が集中する。桃園県のその他の地域や台北県と新竹市には24社が立地し，それ以外は高雄市と高雄県に3社があるのみである。図9-2の系図において点線で囲まれた3つのグループに含まれる標本企業が合計25社あり，その内訳は華通系が10社，台湾電路系が13社，燿文系が2社である。そのほかに南亜系の3社も標本に含まれている。また，系図的な関係のある他の企業が標本にないためにグループとして扱えない企業が5社あり，その他の13社については系図的な関係が不明あるいは未確認である。

表 9-10 台湾における創業時期別の経営者の学歴と大陸投資のタイミング

	老舗企業 (1984年までの創業)	新興企業 (1985年以降の創業)
企業数	23	23
学歴 (%)		
高卒以下	56.5	43.5
大卒	34.8	21.7
大学院卒	8.7	34.8
大陸投資		
2002年までに進出したか進出予定であった企業数	15	10
工場を建設した年（平均）	1998年半ば	1999年後半

　既に述べたようにプリント配線板産業では，高品質の多層板の生産が増大した後にも新規参入が活発であった。その契機となったのは，1980年代半ばに始まったパソコン産業の急成長であった。そこで1985年を境として標本企業を，それまでに参入していた老舗企業とその後に参入した新興企業とに分類すると，表9-10が示すようにそれぞれ23社ずつとなる。出身企業別に見ると，華通系の企業10社のうち老舗と新興は5社ずつ，台湾電路系13社のうち老舗は6社で新興は7社，燿文系の2社はいずれも老舗で，南亜系3社はいずれも新興である。

　経営者の学歴を探るために考えうるあらゆる情報源を当たったが，それが分かったのは46社のうち33社だけである。高学歴の場合には学歴を公表する傾向が強いというのが人情であるから，学歴が不明の経営者はおそらくは比較的低学歴であると推察される。表9-10では，そうした経営者を便宜的に高卒以下に分類した。この表を蘇南地方に関する表9-2と比較すると，台湾の標本企業の学歴の高さが歴然としている。特に印象的なのは新興企業の経営者の35％が大学院を出ていることである。大陸投資の状況も完全には把握できていないが，2002年の時点で既に工場進出を果たしていたことが確認できた企業数と，工場進出の計画を公表していた企業数を合計すると25社になる。そのうち老舗企業は15社と過半数を占めており，進出の時期でみて新興企業よりも1年あまり早い。

模倣的競争

　表9-11は標本企業の製品構成を，表9-12と表9-13はそれぞれ両面板と

表 9-11 台湾における出身企業別及び創業時期別の両面板比率の推移（％）[a]

	1996	1998	2000
全体の平均	30	23	1
全体の分散	1492	718	4
出身企業別			
華通出身の平均	39	22	2
台湾電路出身の平均	25	24	2
南亜出身の平均	-	3	-
燿文出身の平均	4	4	0
その他	33	31	2
出身別の分散（A）	792	414	2
同じ出身の場合の分散（B）	1576	776	5
F-統計量（＝分散比 A/B）	0.5	0.5	0.4
創業時期別			
老舗企業の平均	22	25	2
新興企業の平均	44	21	2
t-統計量	1.4	-0.4	1.0

a) F-統計量は分散比が1より大きいか否かを検定するための統計量であり，t-統計量は新興企業の両面板比率の平均が老舗企業のそれより大きいか否かを検討するための統計量である。

多層板の単価を，表9-14は輸出比率を，表9-15は下請け比率を示したものである。下請け比率は製造原価報告書に記載された下請け加工費に基づいて算出し，その他は販売額や販売量のデータから算出した。これらのデータは25社から40社足らずの企業からしか得ることができなかった。標本の規模が小さいという問題はあるが，製品の品質や輸出，生産組織が出身企業別や創業時期別でどのように異なっているかを丹念に分析することにより，模倣的競争の姿を少しでも明らかにしていきたい。

表9-11に掲げた両面板比率は，国内販売額と輸出額の合計のうちで両面板が占める割合として算出した。片面板の生産は極めて少なく，大半の企業でゼロであったので，100％から両面板比率を差し引いた残りはほぼ多層板比率に相当するとみてよい。平均値を見ると，1996年には30％だが，2000年には大陸投資の本格化の影響で1％にまで低下した。そのため分散も大幅に減少した。出身企業別では，燿文系や南亜系の両面板比率が低い。しかし，分散比の検定によれば，グループごとの違いがグループ内の差異よりも有意に大きいとは言えない。また，1996年には老舗企業より新興企業の両面板比率が高いが，平均値の差の検定によるとその違いも有意では

表 9-12 台湾における出身企業別及び創業時期別の両面板単価の推移[a]

	1996	1998	2000
全体の平均	360	363	336
全体の分散	43740	55902	16662
出身企業別			
華通出身の平均	450	421	354
台湾電路出身の平均	260	269	335
南亜出身の平均	−	322	−
耀文出身の平均	413	459	396
その他	358	405	282
出身別の分散（A）	56243	30070	7021
同じ出身の場合の分散（B）	42239	60823	18269
F-統計量（＝分散比 A/B）	1.3	0.5	0.4
創業時期別			
老舗企業の平均	340	304	347
新興企業の平均	393	432	316
t-統計量	0.6	1.3	−0.5

a) デフレーターとして，行政院経済建設委員会（各年版）の機械設備卸売価格指数を用いた。単位はNT$/平方フィート。$F$-統計量は分散比が1より大きいか否かを検定するための統計量であり，t-統計量は新興企業の単価の平均が老舗企業のそれより大きいか否かを検討するための統計量である。

ない。このように製品構成に関しては，出身企業別や創業時期別の違いは大きなものではなかったし，2000年には国内で生産される製品はほとんど多層板ばかりになり，企業間の差異はほとんど消滅した。

表9-12と表9-13が示すように，両面板と多層板の全企業の平均単価は1996年から2000年にかけて安定していた。また出身企業別や創業時期別にみても平均値はかなり安定していた。これらの点では製品構成の推移と異なるが，出身企業や創業時期による差が有意ではなかったという点では，単価も製品構成と同様の傾向を示している。表9-13では，多層板の単価の全体の分散が1996年から2000年までの4年間に3分の1以下に減少したことが興味を引く。これは統計的にも有意な減少である。このような均質化の理由を探るために各社の単価を仔細に検討したところ，1996年には一部の新興企業が単価の非常に高い多層板を生産していたことがわかった。ところが2000年になると，そうした企業も4層ないし6層の平均的な価格の多層板に落ち着いている。これは，技術的に難易度が高い製品にチャレンジすることが，高い収益に結びつかなかったことを示唆している。

表 9-13 台湾における出身企業別及び創業時期別の多層板単価の推移[a]

	1996	1998	2000
全体の平均	497	494	462
全体の分散	114803	80953	33968
出身企業別			
華通出身の平均	618	608	464
台湾電路出身の平均	362	418	428
南亜出身の平均	-	642	-
耀文出身の平均	572	588	785
その他	508	436	392
出身別の分散（A）	97476	55982	81049
同じ出身の場合の分散（B）	116882	85296	26121
F-統計量（＝分散比 A/B）	0.8	0.7	3.1
創業時期別			
老舗企業の平均	444	442	473
新興企業の平均	572	553	443
t-統計量	0.9	1.0	-0.4

a）デフレーターとして，行政院経済建設委員会（各年版）の機械設備卸売価格指数を用いた．単位は NT\$/平方フィート．F-統計量は分散比が1より大きいか否かを検定するための統計量であり，t-統計量は新興企業の単価の平均が老舗企業のそれより大きいか否かを検討するための統計量である．

製品構成と単価に関する以上の分析から，製品の品質の選択は経営者や主要な技術者の過去の勤務経験には大きく左右されないと言えるであろう．台湾のプリント配線板産業がすでに質的向上期に入っていることを前提にすれば，この観察事実は第1節で提起した仮説1と整合的である．各企業は収益性の高い製品分野を模索し，そうした製品の生産に必要な技術は他企業からの技術者の引き抜きなどによって獲得することができたのであろう．要約すれば，発達した人材市場や活発な情報のスピルオーバーを基礎として，模倣的競争が展開されていたと言うことができよう．

表9-14は，輸出額を国内販売額と輸出額の合計で割った輸出比率の推移を示している．1996年や1998年には老舗企業の輸出率が新興企業のそれよりも有意に高く，老舗企業だけからなる燿文系の輸出率は特に高かった．しかし，2000年になると新興企業が大きく輸出率を高めた結果，老舗企業との差は有意ではなくなった．川上（2004）によれば，主要な輸出先は日本や欧米であり，輸出に際しては高い良品率を維持すること，生産管理の質に関する顧客からの承認を得ること，そして海外マーケティングを担当

表 9-14 台湾における出身企業別及び創業時期別の輸出比率の推移（%）[a]

	1996	1998	2000
全体の平均	35.8	38.7	46.2
全体の分散	908	887	959
出身企業別			
華通出身の平均	41.8	45.0	44.1
台湾電路出身の平均	37.7	38.7	52.4
南亜出身の平均	−	53.6	65.9
耀文出身の平均	77.3	89.2	84.8
その他	23.9	27.6	34.3
出身別の分散（A）	1886	2000	1731
同じ出身の場合の分散（B）	811	764	875
F-統計量（＝分散比 A/B）	2.33	2.62	1.98
創業時期別			
老舗企業の平均	46.7	48.2	53.2
新興企業の平均	22.1	26.5	39.2
t-統計量	−2.68**	−2.56**	−1.49

a） F-統計量は分散比が1より大きいか否かを検定するための統計量である。t-統計量は新興企業の輸出比率の平均が老舗企業のそれより大きいか否かを検討するための統計量である。＊＊は片側検定1％の水準で有意であることを示す。

する人材の獲得が必要とされた。その代り，過酷なまでに価格の引き下げを要求する国内の顧客へ供給するより，輸出の方が高い利潤につながることが多いと言われていた。かつては内需向け生産が中心であった新興企業が輸出比率を高めた背景には，表9-9で観察した1990年代後半の急激な生産能力の増強がある。量的拡大によって生じた国内市場での利潤率の低下が，輸出の障壁を乗り越えさせる圧力となったわけである。

欧米や日本のユーザーの高い良品率への要求を満たすために，新興企業は下請けへの依存度を下げていったと推察される。表9-15に示すように，下請け加工費を当期製品製造原価で割った下請比率の平均は15％から19％程度であった。下請比率に関しても単価などと同様に，出身企業別の違いは見られないが，新興企業と老舗企業の間には初めは有意な差があった。しかし2000年になると，新興企業が下請比率を大幅に引き下げた結果，輸出比率と同様に下請比率についても新興企業と老舗企業の差は消滅した[7]。

7） 老舗企業の下請比率が2000年に高まった理由は定かではないが，その変化は有意なものではない。

表 9-15 台湾における出身企業別及び創業時期別の下請比率の推移（％）[a]

	1996	1998	2000
全体の平均	15.9	18.5	15.8
全体の分散	197	229	124
出身企業別			
華通出身の平均	16.8	17.7	19.4
台湾電路出身の平均	17.8	16.7	16.5
南亜出身の平均	-	-	-
耀文出身の平均	3.6	6.3	15.2
その他	14.3	21.0	12.2
出身別の分散（A）	70	95	80
同じ出身の場合の分散（B）	217	241	129
F-統計量（＝分散比 A/B）	0.32	0.39	0.62
創業時期別			
老舗企業の平均	11.2	11.6	17.0
新興企業の平均	24.5	25.4	14.5
t-統計量	2.04	3.04**	0.58

a）　F-統計量は分散比が1より大きいか否かを検定するための統計量であり，t-統計量は新興企業の下請比率の平均が老舗企業のそれより大きいか否かを検討するための統計量である。＊＊は片側検定1％の水準で有意であることを示す。

　要約すれば，(1)台湾のプリント配線板産業はパソコン産業の急成長やIT景気を追い風とした量的拡大の時期を交えながら質的向上を果たし，(2)1990年代末には新興企業が老舗企業に倣って，高い品質が要求される輸出市場へ本格的に参入したが，(3)それを可能にしたのは，発達した人材市場を通じた情報のスピルオーバーであって，経営者の出身企業での勤務経験ではなかったと思われる。

3-3　回帰分析
推定式の特定化
　模倣的競争では，経営者の人的資本は企業パフォーマンスにどのような影響を及ぼすのだろうか。この問いに答えるために，企業規模成長率関数と大陸投資関数を推定する。蘇南地方に関する第2節の分析では企業規模の指標として雇用を用いたが，ここでは標本企業数を少しでも大きくするために実質販売額を用いる。企業規模成長率の推定式は誘導形であり，従属変数として年間成長率を，説明変数として(1)基準年の実質販売額，(2)出

身企業別の効果を見るための華通出身ダミーと台湾電路出身ダミー，(3) 老舗企業ダミー，(4) 経営者の一般的な人的資本の効果を見るための大卒ダミーと大学院ダミー，(5) 立地の効果を見るための中心地ダミーを用いた。

大陸投資の収益率は，顧客企業が大陸投資を行ったのかどうか，顧客企業とどの程度密接な関係を持つかなどの様々な要因に依存すると考えられる。したがって一概に，大陸投資を行うことが優れたパフォーマンスを意味すると言うことはできない。しかし大陸投資を行うことが有利であるような企業のうち，他社に先駆けてそれを実行する企業は革新的と言えよう。もちろん大陸投資の規模も分析したいところであるが，データの制約からそれは不可能である。ここではまず2000年時点における大陸投資の有無の決定因を分析するために，先ほどの企業規模成長率関数と同じ説明変数を用いてプロビット推定を行う。次に，老舗ダミー，大卒ダミー，大学院ダミーを説明変数とし，大陸投資の行われた年度を被説明変数とするタイミング関数を，ヘックマン推定法を用いて推定する。

推定結果

表9-16の第1列と第2列に示したように，規模の成長率は基準年における規模が大きいほど低く，その傾向は後半の1998年から2000年にかけて特に顕著だった。IT景気に沸く1990年代後半には標本企業は平均して毎年50%近くの率で成長した。急速な企業規模の成長は経営管理の効率性を阻害しがちであり，相対的に規模の大きかった企業が平均以上の成長率を達成することは困難だったものと推察される。そのため，相対的に小さな企業がより速く成長するキャッチアップが実現した。他方，二つの出身ダミーや老舗ダミーは有意ではなく，勤務先企業での経験は企業成長にとって重要ではないことを示している。また，経営者の人的資本などの説明変数は有意な効果を持たなかった。この推定結果は，1990年代後半が内生的産業発展論のいう量的拡大期的な性格も有していたことを示唆している。

表9-16の第3列と第4列に示した大陸投資の有無やタイミングに関する推定結果によれば，早期に大陸投資を行ったのは学歴の高い経営者であった。大学院卒ダミーの推定結果によれば，大陸投資を行った企業のうち，大学院卒の経営者に率いられた企業は他社よりも1.96年早く大陸投資に踏み切った。他社に先駆けての大陸投資が革新的であったとすれば，この推

表 9-16 販売額成長率関数と大陸投資関数の推定，1996-1998 年と 1998-2000 年[a]

	実質販売額成長率		大陸投資	
	1996-1998	1998-2000	投資の有無	タイミング
実質販売額	-0.09*	-0.28**	0.19	-
	(-2.11)	(-9.17)	(1.50)	
華通出身ダミー	0.06	-0.08	-0.57	-
	(0.45)	(-0.62)	(-0.99)	
台湾電路出身ダミー	-0.08	-0.19	-0.11	-
	(-0.59)	(-1.51)	(-0.21)	
老舗ダミー	0.09	-0.02	0.22	-1.02
	(0.68)	(-0.15)	(0.48)	(-1.22)
大卒ダミー	-0.09	0.00	0.19	-0.34
	(-0.76)	(0.04)	(0.41)	(-0.38)
大学院卒ダミー	-0.09	-0.02	0.01	-1.96*
	(-0.60)	(-0.14)	(0.02)	(-1.79)
中心地ダミー	0.11	0.06	0.97*	-
	(0.97)	(0.58)	(2.14)	
逆ミルズ比	-	-	-	0.68
				(0.64)
切片	0.61**	1.78**	-1.05*	-0.25
	(3.55)	(13.16)	(-2.00)	(-0.23)
標本数	40	43	46	46
R^2	0.21	0.77	-	-

a) t-統計量をカッコ内に示す（大陸投資関数では z-統計量）．＊は片側検定5％水準で，＊＊は1％水準で有意であることを示す．

定結果は第1節で提起した仮説3と整合的である．またこれは，第6章の備後のアパレル企業の中国への進出の決定因に関する分析結果と整合的である．投資の有無の決定因として統計的に有意なのは中心地ダミーだけであるが，過去の企業規模も正の効果を持っている[8]．中心地の企業の方が他の企業よりも大陸投資を行う傾向が強かったのは，投資先の工業区の投資環境等の情報へ，中心地の方がアクセスし易かったからであると推察される．

---

8) 過去の企業規模として，標本企業数の最も多い1998年の実質販売額を用いた．標本の規模が大きければ，企業規模も有意な効果を持った公算が大きい．大陸投資を比較的早期（2000年より前）に行ったかどうかというダミー変数を従属変数としたプロビット推定を行ったところ，過去の実質販売額と大学院卒ダミーと中心地ダミーが正で有意な効果を持った．

4 結論

　情報のスピルオーバーという概念は最近の経済成長論や地域経済学で注目を集めているが，その実態を企業レベルのデータを用いて解明しようという研究はこれまでなかった。本章では企業の系図から得られた情報を用いて，蘇南と台湾のプリント配線板産業における情報のスピルオーバーの実態，とくにその源泉を探求した。本章の分析結果によれば，産業集積の始発期や量的拡大期の初期には，経営者の勤務経験を通じた模倣が情報のスピルオーバーの主要な源泉であり，この模倣が集積の形成に決定的に重要な役割を果たす。しかし経営者自身が体得した経験の重要性は時間とともに低下する。かわって専門的な知識を有する従業員の重要性が高まり，その企業間の移動がスピルオーバーの源泉となる。つまり産業集積のメリットとして Marshall（1920）が指摘する(1)情報のスピルオーバーと(2)技能労働の市場形成は，ここでは表裏一体の関係にあることになる。

　プリント配線板産業における質的向上は，革新によって一気に群を抜いてしまう企業が現れるのではなく，どの企業も漸進的に質的向上を進める模倣的競争が重要であるところに特徴がある。しかし，模倣的競争の中にも革新的な企業行動はある。たとえば，昆山における品質の革新的な向上や，台湾企業による革新的な大陸投資がそうである。その革新を起こしたのは，一般的あるいは産業特殊的な人的資本を豊富に有する経営者であることが，本章の分析でも確認された。

　貴重な技術や経営ノーハウが技術者や熟練労働者に体化しており，彼らの企業間移動によって情報のスピルオーバーがおきることは，実務家には昔から知られていたし，重大な関心事であった。たとえば大正時代，松下幸之助は同業者から次のように忠告された。「『それは松下君危険だよ。きょうはいった人に，直ちにそんな重要な秘密の仕事を教えることは，広く技術を公開することになって，いきおい同業者もふえる恐れもあり，僕ら同業者の立場としても，また君自身としても，君の工場としても損害を招くものであって……』」（松下，1986, pp.80-81）。松下氏は，従業員に裏

切られる心配はそれほどないと言ってこの忠告を容れないのだが，彼もこの同業者の意見の方が常識的であったと認めている。工場主は技術やノーハウが盗まれることを恐れて，親戚や兄弟にしか重要な工程を担当させないのが普通であった。

　このように，退職してライバルとなるかも知れない従業員に重要な技術やノーハウを公開しようという経営者は少ない。そうなるとスピンオフ企業が続出するというわけにはいかず，したがって産業集積は形成されないかもしれない。まただからこそ，スピンオフは技術が単純である量的拡大期に集中的に起こるのであろう。しかしそれにしても，ライバル企業の出現をもたらすスピンオフは既存の企業によって抑圧されるはずである。これは，外部経済を持つ財の供給が過小になるという初歩的な経済学の命題の通りである。蘇南地方の国有企業や町営企業からスピンオフ企業が民営化とともに続出したのは，民営化以前には利潤を気にせず従業員をトレーニングしていたことに一因があろう。松下幸之助のようなマインドの経営者が少数派である以上，この蘇南地方の経験は傾聴に値しよう。つまり産業集積を形成するには，従業員に独立させることを奨励しつつ経験を積ませるようなモデル工場を育成することが望ましいように思われる。

第IV部

結　論

第10章
内生的産業発展論の構築に向けて

───────

　本研究の出発点は，産業発展の現実的な重要性に比してそれについてのミクロ的な研究が極度に不足しているという認識のもとに，事例研究を通じて産業発展論に一石を投じることにあった。事例研究を行うために何回も台湾や中国，そして日本のいくつかの産地を訪問して聞き取り調査を行っているうちに，異なる国の異なる産業の発展パターン，あるいは発展の展開構造に驚くほどの類似性があることに気がつくようになった。特に，「量的拡大期」に続く「質的向上期」への展開というパターンはきわめて共通性が強い。産業によって商人主導型の発展と技術者主導型の発展のように異質性があるとしても，それは予想される異質性であって，「有用な知識を有する人材が起業を行う」という原則に照らして見れば，それはむしろ同質性に含まれるようにさえ思われる。

　しかし一般化を行うには，事例研究の数が余りにも少なすぎる。また事例自体もアパレル，オートバイ，工作機械，弱電機器産業のように，組立て型で集積が起こりやすい産業に偏っている感じがある。プリント配線板産業は部品製造業ではあるが，生産工程ごとに企業同士で分業ができる組立て型産業の要素も持っている。分析対象となった産業のそうした特殊性を意識しつつ，本章ではまず第1節で，事例研究の成果を要約することにしたい。

　本章の第二の課題は，第2章で提起した「内生的産業発展論」に，事例研究の成果を踏まえて肉付けを行うことである。第2節ではやや思い切った単純化を行い，内生的な発展プロセスの展開過程を出来る限り明快に叙述しなおしてみたい。

本書の究極的な目的は，途上国の産業発展を促進するための戦略を提示することである。その基本的な視点は，「市場の失敗を是正するような政策を実施すべきである」という，新古典派の教科書の主張と同じである。大きく異なるのは，産業発展というダイナミックに変化する環境の中では「市場の失敗」が起こりやすいという認識と，産業集積のようなシステムこそが市場を市場らしく機能させているという認識である。市場の需要動向に関する情報，製品の質に関する情報，あるいは労働者の質に関する情報は，いずれも完全ではありえない。それを補完するために産業集積が生まれ，取引費用を節約して「市場の失敗」を是正するように機能している。そうしたメリットがなければ，産業集積が世界各地で発展することはないであろう。もう一つ重要なことは，産業集積が Schumpeter 的な革新の温床になっていることである。ただし，リスクの市場が不完全である上に，技術的知識の市場が存在せず模倣が横行する状態では，革新への誘引は減退し，それへの投資は社会的に過小にならざるを得ない。産業集積のこのような利点と限界を考えた政策的サポートこそが，望ましい産業発展戦略であるとわれわれは考える。これについては第3節で議論を展開したい。

最後に第4節で，残された課題についても若干の議論を展開したい。ある意味ではこれは著者たち自身の将来の研究課題について議論したものであり，別の意味では，「産業集積と産業発展」という課題に興味を抱く若手の研究者に対して，道しるべになるような議論を提示することを狙ったものである。

1 事例研究の成果

産業立地の分析結果

第6章から第9章の事例研究に先立って，第3章から第5章では「町」レベルのデータを用いて，日中台における産業立地の変化の大きな流れを探ることにした。これには，鳥瞰図的に産業の立地的な変化や構造的な変動を把握することによって，事例研究の位置づけを明確にしようという意図があった。順序は逆になるが第5章の中国の研究では，企業の民営化が進

み，企業が自由に企業の立地を選べるようになると産業が集積することが明らかになった。われわれの印象では，中国の多くの地域で集積ブームが起こっていると言っても過言ではない。これには社会主義的な制度のもとで集積の形成が抑制されていたというこの国独特の事情もあるのだろうが，それを差し引いても，経済発展の初期段階に産業が狭い地理的範囲に集積する傾向があることには普遍性があるように思われる。事実，第3章の関東地方における産業立地の研究が明らかにしたように，戦争直後における京浜工業地帯への機械関連産業の立地の集中は著しいものがあった。つまり，新しい産業は都市化の経済を享受するために都市かその近郊に立地し，やがてある程度の規模の集積を形成する。台湾でも，コンピューター産業を除けば経済発展初期における産業の大都市への集中傾向は明らかであった[1]。

コンピューター関連の産業の場合には，本書が事例研究で扱った諸産業と違って「科学者主導型」の産業である。シリコンバレーがスタンフォード大学の支援で育ったように，台湾のコンピューター産業は，新竹にある工業技術院の技術的支援のもとでその周辺の地域で育った。ワシントンDC近郊の米国立衛生研究所（NIH）のまわりに，バイオのベンチャービジネスが猛烈な勢いで発展したのも同じ理由である。ついでに言えば，インドのバンガロールでパソコンソフトの集積地が出来たのは，政府系の研究機関がこの市に集中していたからであり，北京の中関村に同じようなソフトの集積が発展したのは北京大学，清華大学，中国科学院といった一流の大学や研究所が隣接して立地しているからである[2]。

しかし経済全体がある程度発展すると，都市とその近郊では混雑が激しくなり産業は郊外へと立地を移していく。それは関東地方でも台湾でも等しく観察された。相違があるとすれば，日本のほうが広域的に移転を展開

　1）　大都市への集中は多くの途上国で観察されているが，それはすべてが必然的なものではなく，大企業を優先する国家主導型の経済発展政策が大都市集中の一因となることもある。そうした政策をとった韓国や東南アジア諸国で大都市集中が起こり（Meyanathan, 1995），財閥（大企業）優先を改めた韓国では企業規模の縮小や立地の地方分散が生じた（Nugent, 1996; Henderson, Lee, and Lee, 2001）。
　2）　現在の日本では，こうした科学者主導のハイテク型産業集積が育たないことが大きな問題である。情報技術産業の発展の問題点については西村・峰滝（2004）参照。

したことであり，地域特化の経済よりも郊外に新たな都市化の経済を求めたことであろう。日本の機械産業のように世界のトップの技術水準にある産業の場合には，新産業と同じように新たな技術を絶えず開発しなければならなかったという事情があるものと思われる。いずれにせよ，日中台ともに大都市の郊外で産業集積が形成される傾向は強い。

その典型は，台中市の郊外で発達した台湾の工作機械産業であり，上海に隣接する昆山で発達したプリント配線板産業，重慶郊外に立地するオートバイ産業であろう。他方，備後や織里のアパレル産業，温州の弱電機器産業，蘇州市や常州市のプリント配線板産業は，もともと大阪や上海のような大都市にあった産業が，商人の力によって，賃金の低い地方都市で発展したという側面が強い。しかし地方都市といっても，それほど大都市から離れているわけではないことは市場へのアクセスという観点から重要である。やや特殊なのが浜松のオートバイであるが，もともと東京が中心地であったこの産業が，浜松中心に変わったのは，浜松に機械産業の伝統があったことが大きい。重慶は，上海をはじめとする東海岸の大都市に比べて多少とも低賃金でスペースがあり[3]，おまけに関連する機械産業の伝統があるので，浜松と同じようにオートバイ産業の集積に適した条件を備えていたのであろう。

結論すれば，町レベルの産業立地の分析結果と，事例研究が対象とした集積の形成の経緯にはかなりの一貫性があると言えるであろう。

始発期の担い手

どのような人物がどこで産業を興すかを正確に予測することは難しい。しかしアパレルのような軽工業や低級で単純な機械の生産であれば，生産技術が簡単なわりには販売が難しいので，商人が創業にからむことが多い。立地的には大都市から大きく離れていない一方で，農業には比較優位がなく，商業の伝統があるような場所が選ばれやすい。備後，織里，温州，常州などはこの好例である。

機械のように，作るのは難しいが良質な製品を作れば売れるような産業

---

[3] 中国では地域間の所得格差が著しいことが指摘されているが，地域間の労働移動は驚くほど活発であり，非熟練工であれば重慶と蘇南地域の賃金格差は10-20％程度でしかない。

の場合には，関連する産業に従事する技術者が創業者になることが多い。日中のオートバイ，台中の工作機械，台湾の北部や昆山のプリント配線板などは買手の目が肥えており，製品の質が販売の大きな決め手となる。立地的には技術者がいる大都市の郊外や，機械産業の伝統のある地方都市が集積地になりやすい。

注目したいのは，始発期の担い手は教育水準が低いことである。試行錯誤の繰り返しの中から単純な製品を生産したり，品質の低い製品を全国に売り歩くのに特段の教育は重要ではないのであろう。これはこれから産業の育成を図ろうとしている途上国にとっては朗報である。つまり，所得が低いうちは品質の低い製品に対する国内需要があり，創始者の教育と関わりなく新しい産業を立ち上げることは可能である。ただし商人の伝統も機械職人の伝統もない地域で，新たに産業を興すことは容易ではなかろう。換言すれば，工業化がどこで起こるのかには，かなりの経路依存性があるものと推測される。

量的拡大期

新しい産業において生産方法や製品が標準化されると，スピンオフを中心にして企業の活発な参入が見られるようになる。この点では八つの研究事例の中に例外はない。こうした参入者は基本的に模倣者であり，経営者としての能力は一般に高くない。その結果，彼らの参入は本格的な産業集積の形成と生産の量的拡大をもたらすが，生産性の向上はもたらさない。この点は，第8章の機械産業の分析が最も明快な統計的検証を行っている。

量的拡大に決定的に貢献する制度は，中国で観察されたような市場(いちば)である。取引されているのは，差別化されていない標準品であるので，経済学の教科書が想定するような競争的な市場取引が成立しやすい[4]。中国においてはそうした市場(いちば)が各地で見られるが，これは市場を構築するという意味で重要な役割を果たしている。中国の市場(いちば)で活躍しているのは，地元の商人達やそこに外部から集まる他地域の商人達である。市場(いちば)には必要な原材料が揃っていて，最終製品の販売も商人が請け負ってくれるのであるか

---

4)「いちば」は実際に財が取引される特定の場所を指し，「しじょう」は概念的に取引が行われるあらゆる場所を指す。混乱を避けるために，「いちば」にはふりがなをつけた。

ら，市場は生産者にとっての取引費用を大きく節約することを可能にしている。他方，日本や台湾では，市場はさほど目立って重要な役割を果たさなかった。しかし，それに代わって地元の商人（産地問屋）や商社が取引費用の節減に大きく貢献した。

質的向上期

量的拡大期は，三つの意味で質的向上期への移行を準備している。第一は学習の効果である。量的拡大期における生産の経験によって，労働者の技能は向上し，経営者の経営能力も向上しており，それはより質の高い製品を生産するのに役に立つ。第二は，企業の新規参入と生産拡大の結果としての利潤率の低下である。Nelson and Winter（1982）が指摘するように，もし利潤率の低下が企業の倒産の可能性を高め，倒産が経営者にとって大きなロスになるとすれば，それを回避すべく製品の質の向上に努力するのは合理的な行動である。第三は，部品産業や商業活動が活発になり，下請けの活用や直接販売のネットワークの構築のような「新結合＝革新」の機会が拡大することである。どの要因が最も重要であるかを確定することは困難であるが，三つの要因が重なって「量的拡大期」から「質的向上期」への移行が起こるように思われる。この点に関しては事例研究の結果に相違は見られない。また経済が成長し，所得が高まることによって高級な製品に対する需要が増加することも，製品の質の改善を促す大きな原因である。しかし，それは産業にとっては外生的な与件の変化であるので，本研究の分析では第二義的な要因として扱われている。

質的向上期をリードする革新者は，教育水準の高い経営者である。なぜならば，この段階での革新は生産，経営，製品の流通，部品・原材料の購入等について総合的な判断が必要だからである。また台湾の工作機械や温州の弱電機器産業の事例研究が最も明快に示しているように，革新者は産業の創始者とは限らない。なぜならば，産業を創始する能力と革新を遂行する能力が同じであるとは限らないからである。しかし産業の創始者は経営能力に長けており，質的向上期において革新者でなかったとしても，その優れた模倣者であることが多い。

革新者として製品の質を高めるためには，多くの技術者を雇用しなければならない。しかしそれだけでは十分ではない。製品の質が高いことを消

費者に知らせるためには，製品の検査を厳格化し，ブランドを確立し，市場取引に代わって直接販売の比重を高めなければならない。それを実行したのが備後，織里，温州，重慶，昆山の革新者達であった。

もう一つの革新は，品質の高まった製品を安く大量に生産して市場を席巻することである。そのためには，台湾の工作機械，温州の弱電機器，重慶のオートバイで観察されたように，実力を高めてきた部品メーカーを下請けとして活用するケースもあれば，あるいは日本のオートバイ産業で観察されたように一貫生産システムを確立するケースもある。いずれにしても，質的向上期は生産組織の再編という革新を伴う傾向がある。

総　括

上述の研究成果に照らしてみて，Marshall（1920）が指摘した(1)情報のスピルオーバー，(2)中間製品に関する企業間分業の発達，(3)技能労働市場の発展という産業集積のメリットは，産業の発展にとってきわめて重要であると判断される。しかしながら，それと同時にこれらの主張は問題点も含んでいる。第一の問題は，情報のスピルオーバー（＝模倣）が技術者，販売員，あるいは経営者の企業間移動によって起こっているという点を看過していることである。我々の見解では，(1)と(3)は表裏一体の関係にある。第二の問題点は新しい情報の「創出」，つまり「革新」が重視されていないことである。我々の見解では，産業集積は「新結合」の機会を拡大することによって革新の温床になる。第三に指摘したいことは，商人・販売店・商社などのような流通関係の企業と，生産に従事する企業との「企業間分業」の重要性が無視されていることである。Marshallは中間製品に関する企業間分業は重視したが，「商人」の役割には注意を払わなかったように思われる。我々は産業集積のメリットとして，Marshallが指摘する上述の三点に加えて，(4)流通市場の発達，(5)革新の機会の拡大を含めるべきであると考える。

本研究のもう一つの成果は，産業集積のメリットの構造が，産業の発展段階とともに変化することを実証したことにあろう。本研究の分析結果を総括すれば，産業発展にはその構造変化を内生的に展開させるような要因あるいはメカニズムが存在する，と結論することができるように思われる。

2 内生的産業発展論

ここでは前節の議論を簡単な数式を使って再解釈してみよう。まず企業は利潤の最大化を目指すと仮定し，利潤πは次のように表せるものとしよう。

$$\pi = \Sigma_i p_i Q_i - (\Sigma_j w_j L_j + rK + \rho T + \Sigma_k q_k X_k) \qquad (1)$$

ここで，p_iは企業が生産するいくつかの製品のうちのi番目の製品の価格でありQ_iはその販売量であって，それらを掛け合わせた販売収入$p_i Q_i$を合計したのが総販売収入$\Sigma_i p_i Q_i$である。他方，労働L，資本K，土地Tという生産要素の投入量や中間財（原料や部品）Xの投入量に，それぞれの価格（w，r，ρ，q）を掛け合わせて合計したものが総費用である。総収入から総費用を差し引いたものが利潤である。労働には非熟練労働や技能労働など様々なタイプがあるので下付き添え字jを使って区別し，中間財の種類は下付き添え字kを使って区別した。資本や土地も種類を分けられるが，簡単化のため(1)式では無視している。生産量Q_iは生産要素や中間財の投入量と技術によって決まり，その関係は生産関数によって示される。完全競争の仮定の下では，製品や生産要素および中間財の価格は個々の企業にとって所与であり，企業は利潤を最大にするように投入量を決定する。その結果として得られる利潤は，

$$\pi = \prod (p, r, w, \rho, q, A) \qquad (2)$$

という利潤関数$\prod$が示すように，価格と技術Aによって左右される。

さて(2)式では価格についての完全情報が仮定されているが，現実はそれほど単純ではない。有能な企業家であれば，同じだけの費用をかけても売れ筋の製品を生産することによって収入を高めることが出来るであろうし，同じだけの収入を得るのにも少ない費用ですませるであろう。つまり現実には，市場情報を駆使しながら(2)式で示されるような理論的な最大化利潤の水準に，どこまで近づけるかが大きな問題になる。また技術は外生的に与えられたものではなく，その開発可能性や模倣可能性を勘案しながら，どのような技術をいかにして獲得するかは経営上の中心的な課題である。こうした問題を考慮しつつ，以下ではできるだけ(2)式に含

まれる経済学的論理を維持しつつ，前節での議論を再解釈してみよう。

始 発 期

新しく創業する企業がどのような製品を生産できるのか，またどの程度の品質の製品を生産できるのかは，企業（特にその経営者）の持つ技術的知識による。産業の始発期には，それは企業ごとにまちまちである。したがって，企業の収入は企業の持つ技術的知識に依存する。また，企業は製品の潜在的な買い手にとって無名であるし，企業の側もどこにどのような買い手がいて，どのような製品であれば売れるのかもまだ漠然としか分かっていない。そのため価格 p_i は企業が持つ市場情報に大きく依存する。このように不確実性が大きいために企業に資金を提供しようという貸し手は乏しく，初期投資はほとんど経営者やその親族の資産によって賄われる。賃金率 w のうち非熟練労働の賃金率や地代 ρ は，大都市から遠く産業全般が未発達な地域ほど安い。しかし遠隔地に立地することにはそうしたメリットがある反面，技能労働者の雇用や中間財の調達が難しくなるというデメリットがある。なお，利潤関数に含まれている技術というのは，生産や経営の効率に影響するあらゆる知識や制度を含んでいる。その一つに，部品を内製する生産システムを採用するか，外注に依存するシステムを採用するかという組織の選択がある。部品 X を外部から調達するほど生産の管理費用は軽減されるが，部品購入への依存度が高くなると取引費用が上がって経営効率が下がる可能性がある。ただし始発期には産地的な集積は形成されていないので，その製品に特有の部品を外注に出すことは難しく，内製率の高い丸抱え的な生産をするほかない。

以上の議論を (2) 式を再構成することによって表現するなら，次のようになるであろう[5]。

$$\pi_0 = \Pi_0 \text{（技術的知識, 市場情報, 企業間分業, 産業の多様性,}$$
$$\text{大都市からの距離）} \tag{3}$$

ここで下付き添え字の 0 は始発期を示す。右辺の「技術的知識」や「市場情報」は，企業が操業を始めてから習得したものも原則的には含む。しか

---

[5] 企業の利潤は，他の企業がどの程度存在し，どのような生産行動を取るかに大きく依存しているが，以下の分析では簡単化のためにその点を捨象している。

表10-1 産業の発展段階と企業の利潤関数Πの構造的変化[a]

1. 始発期	$\pi_0 = \Pi_0$ (技術的知識, 市場情報, 企業間分業, 産業の多様性, 大都市からの距離[b])					
商人主導型発展		++		+	+	
技術者主導型発展	++			+	-	
2. 量的拡大期	$\pi_1 = \Pi_1$ (創業時の技術的知識, 創業時の市場情報, 集積, 大都市からの距離[b])					
商人主導型発展		+	++	+		
技術者主導型発展	+		++			
3. 質的向上期	$\pi_2 = \Pi_2$ (技術革新, 流通革新, 組織革新, 集積, 大都市からの距離[b])					
商人主導型発展	+	++	+	+,--	+	
技術者主導型発展	++	+	++	+,--	-	

a) 説明変数の下の＋＋サインは非常に強い正の効果，＋は正の効果，－は負の効果，－－は非常に強い負の効果が期待されることを示す。
b) 大都市からの距離が遠いほど，非熟練労働の賃金，土地代，生活費は安くなり，熟練労働の賃金は高く（または熟練の雇用可能性は低く）なることを想定している。

し産業集積がまだ形成されていない始発期においては情報のスピルオーバーはないので，始発期における技術的知識や市場情報とは，主に経営者が創業時に既に持っていた知識や情報を指す。(2) 式と関連付ければ，技術的知識は A の水準を決定し，市場情報は価格情報の量と正確さを規定する。「企業間分業」という変数は，企業が立地した地域でどれほど企業間分業が発達しているかを示すものであり，中間財の調達コストを規定する。始発期にはこのような分業は始まっていないから，この変数は無視できるが，産業の発展とともにその重要性は高くなる。「産業の多様性」という変数は，企業が立地した地域の産業全般の規模と多様性を示すものであり，多様な中間財や技術者の調達のしやすさを含めた「都市化の経済」の指標である。つまり，産業の多様性と大都市からの距離は，(2) 式に示されている製品と生産要素の価格の構造を規定している。

表10-1 で説明変数の下に正負の符号を用いて示したように，(1) 式の中で重要であると思われる変数は，産業のタイプが「商人主導型」か「技術者主導型」かによって大きく異なる。前者の場合には，市場情報が決定的に重要であり，したがって関連する産業で活躍していた商人が創始者になる可能性が高い。従業員は非熟練労働でもよく，そのため市場からの距離が長くなると費用が低下すると考えられる。そのため，この種の産業は

大都市からある程度離れたところに立地する傾向が生まれる。

　技術者主導型の産業の場合には，技術者の知識が創業に決定的に重要であり，関連する産業に従事していた技術者が創始者になる可能性が高い。彼らは都市かその近郊に在住しており，製品の開発には必ずしも予期できない様々な部品や熟練工が必要であるから，それに対するアクセスの良い都市かその近郊が起業の場所に選ばれやすい。なお，産業を創始するにあたって学校教育が特に重要ではないことは強調しておきたい[6]。

量的拡大期

量的拡大期には，暖簾分けやスピンオフを中心にして追随型の企業が多数出現する。これは，創始者企業で働くことが，貴重な技術的知識や市場情報を得るための一番の近道であるからだと思われる。追随者企業の中には創始者企業へ部品を供給する者もいる。彼らが集積を形成するにつれて，技術的知識や市場情報のスピルオーバーや企業間分業といった産業集積のメリットが生まれる。すなわち，

　　　　技術的知識＝E（創業時の技術的知識，集積）　　　　　(4)

　　　　市場情報＝M（創業時の市場情報，集積）　　　　　　　(5)

　　　　企業間分業＝D（集積）　　　　　　　　　　　　　　　(6)

といった関係が考えられる。織里のアパレル（第6章）や温州の弱電機器（第8章）の事例に照らしてみれば，「市場（いちば）の建設」が生産者と買い手のサーチコストを大幅に引き下げることも産業集積のメリットの重要な要素として考えなければならない[7]。したがって，(5)式における集積の効果は，情報のスピルオーバーと市場システムの確立の両方の効果を含む。量的拡大期における利潤関数は関数形としては始発期と同じであるが，産業集積の形成によって情報がスピルオーバーし企業間分業が発達するために，(4)から(6)式を通じて利潤が増大する。その結果，新規企業の参入が活発になり，集積がいっそう拡大するという好循環が生じる。

---

　6)　一般に経済全体の教育水準の向上と所得水準の向上との間には，時間的なラグが存在する。これは大塚・黒崎（2003）によれば，それを発見した研究者の名前を取って「神門パラドックス」と呼ばれている。

　7)　なおナイロビのアパレル産業の集積の研究でも，商人の活躍が取引費用を削減し，集積の発展を支えていることが報告されている（Akoten and Otsuka, 2004）。

Marshall (1920)が指摘したように，産業集積においては事業の秘訣はもはや秘訣ではなくなるので，(4) 式や (5) 式の「創業時の」知識や情報はあまり意味をなさなくなり，産業集積のなかに立地しているか否かが重要になる。また，産業集積は技能労働者を引き寄せ，さまざまな中間財の生産者を育てるので，「産業の多様性」が技能労働者や多様な中間財の調達を容易にするという効果は，「集積」の効果の中に吸収されてしまう。さらにこの時期には研究開発などの創造的活動の重要性はほとんどないので，都市化の経済の指標としての「産業の多様性」の効果は無視できる。したがって，(3) 式の利潤関数 Π_0 の中の「技術的知識」，「市場情報」，「企業間分業」へ (4) 式，(5) 式，(6) 式を代入し，「産業の多様性」を無視するならば，量的拡大期における利潤関数は次のように書き直せる。

$$\pi_1 = \Pi_1 \text{(創業時の技術的知識，創業時の市場情報，集積，大都市からの距離)} \tag{7}$$

ここで下付き添え字1は量的拡大期を示す。創業時の知識や情報の効果は正だが弱く，かわりに集積の効果は強くなる。生産方法の標準化によって技術者主導型の産業でも非熟練工を雇用することが可能になり，企業の立地が市場から離れることのロスは以前より小さくなる。その結果，大都市の郊外で集積が形成される可能性は高まる。

　量的拡大期の産業集積においては市場システムが確立し，技能労働市場も発達しているので，市場取引の費用は低い。企業間分業に付き物のモラルハザードや契約の不履行などによる取引費用は，企業同士が近接して立地しているために比較的容易に削減できる。これは，一種の共同体的な人間関係が集積内に築かれるということでもある。このように産業集積は，市場の失敗を矯正することに寄与する。なお量的拡大期においては模倣が重要であり，依然として学校教育が重要であるという積極的な理由はない。

質的向上期

量的拡大が続くと低級品が値崩れを起こし，製品の質的な向上が決定的に重要になる。この時期には，技術的知識や市場の流通に関する知識は，スピルオーバー効果によって集積内に知れ渡り既に重要性を失っている。それに代わって重要になるのは「技術革新」であり，「流通革新」であり，下請けの活用や一貫生産の確立等の「組織革新」である。本書の事例研究

によれば,「技術革新」や「組織革新」が重要なのは「技術者主導型」の産業であり,「流通革新」が重要なのは「商人主導型」の産業である。このように利潤の主要な決定因が入れ替わることを考慮すると,質的向上期における利潤関数は以下のように表現できよう。

$$\pi_2 = \Pi_2 (技術革新, 流通革新, 組織革新, 集積, 大都市からの距離) \tag{8}$$

ここで下付き添え字の2は質的向上期を示す。なお利潤関数における集積は,「集積の経済」による正の効果とともに,「過当」とも思える企業間競争によって価格や収入を減らす負の効果があり,表10-1では,後者の重要性が強調されている。

重要なことは,(8)式に含まれる三つの革新はいずれも集積の程度と,一般的な人的資本としての教育水準,それに都市化の経済の指標としての産業の多様性の関数であるということである。すなわち,

$$革新 = H (集積, 経営者の教育水準, 産業の多様性) \tag{9}$$

といった関係が考えられる。すでに強調したように,本研究で確認した「革新」とは入手可能な資源や組織を新しく組み合わせて,経営効率を高めるような「新結合」であった。そしてその新結合を可能にしたのは,量的拡大期に進歩した部品供給企業群の存在であり,商人を中心にした流通部門の進化であった。そうした革新の機会を現実のものとしたのは,(9)式に表現されているように教育水準の高い経営者たちであった。教育水準が低く,模倣を追求する追随型の企業家は,革新に成功する確率は低く,そのため利潤がマイナスとなり倒産する可能性が高い。ただし,本来的に技能や経営の能力が高く,巧みに模倣を行う能力のある「創始者」のグループは,革新者に伍して競争を勝ち抜く可能性が高い。

質的向上期の産業集積の内部では,市場に関する情報の流れはスムーズであり,モラルハザードや契約履行などに関わる取引費用も軽減できる状況にある。多くの企業が革新を意図して様々な試行錯誤を行い,それが第9章でみたように口コミや技術者の移籍によって迅速に企業から企業へ伝播する。このように多数の企業が知識をある程度共有しつつ革新競争を演じることも,産業集積が革新の温床となっていることの大きな理由である。

3 産業発展の戦略

　市場が失敗し過小生産が起こっている分野に資源を投入し，あるいは非市場的制度を構築して市場の失敗を是正することこそ経済政策の鉄則である。なぜならば，市場が失敗している分野こそ，政策の介入によって成長を大きく促進できる可能性が高いからである。産業集積には，「取引費用」を削減して市場をより効率的に機能させるという効果と，技術情報等のスピルオーバーによる「外部経済」という効果が存在する。したがって産業集積の発生と育成を支援し，市場が有効に機能するように誘導するとともに，外部経済を促進することは社会的に正当化されうる。

　問題は途上国経済においてどのような産業をどうやって育成するかである。商人の伝統のある地域や，たとえ初歩的でも機械産業ないし部品産業の伝統がある地域があれば，そこは産業集積を育成する有力な候補地として考えるべきである。もし公的支援がない状況で既に工業化への歩みが始まっているとすれば，その産業はとりもなおさず支援に値する有望な産業であろう。

　しかしながら当然予想されることであるが，途上国にそうした地域はそれほど多くはないであろう。そうなると，政策当局はどのような新規の産業が有望であるかを的確に判断し，次にどのような政策を実施すべきかを考えなければならない。まずなすべきことは，その経済の特徴とその発展段階を見極め，より進んだ経済の過去の経験とを比較しつつ，比較優位のある産業を確定することである。アジアの経験に照らしてみれば，それはさほど難しい判断であるとは思われない。なぜならば，「雁行形態」的に類似の産業発展パターンをたどっている経済が多いからである。そこで以下では，産業を立ち上げ，育成するのにはどのような産業支援策が有効であるかを考察してみよう。

　図10-1は，発展段階別に有効な産業支援策を示している。大別すればそれは二つの戦略からなり，(1)「集積支援プログラム」は産業集積の形成を通じて取引費用の削減を目指すものであり，(2)「知的支援プログラム」

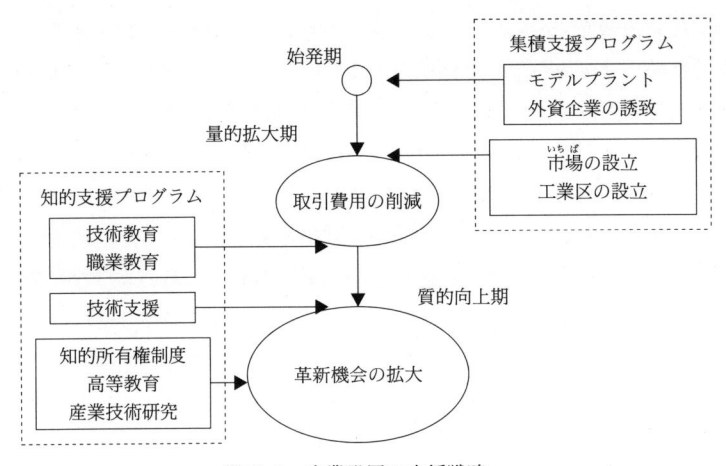

図10-1 産業発展の支援戦略

は集積内における革新の機会の拡大を意図するものである。

集積支援プログラム

第一に考えられる新産業の発展戦略は，明治期の日本のような「官営企業助成」策であり（清川，1995；Minami et al., 1995），中国のような「国有企業優遇・改革」路線である。現代風に表現すれば，「モデルプラント」支援プログラムとでも呼ぶことができるかもしれない。その狙いは，産業を誕生させ，産業集積の建設を支援することである。そこでは，将来的にスピンオフが生まれることを予想しながら，赤字経営は覚悟の上で，公的企業の経営によって望ましい技術，経営，流通の体系を実際に探求する。第9章で強調したように，利潤追求を目指す私企業ではスピンオフを阻止する可能性があり，公的企業のモデルプラントがおそらく望ましい。ただし，標準的な製品と生産方法の確立が出来たならば，「官業払下げ」や「国営企業改革」を断行することによって民営化を行う必要がある。

国有企業の非効率性を考えるならば，町営や村営企業をモデルプラントとして育成することも一策である。中国の経験によれば，町営や村営企業は他地域の同業種の企業と競争するため，国有企業のように過度に非効率になることはない（大塚他，1995）。またそうした行政単位の財政規模は小さいから，過度に資本集約的な産業や大規模な企業を育成してしまう危険も少ない（第5章）。これらの比較的小規模な公的企業に技術的，経営

的支援と流通面での支援を与えつつ、スピンオフの温床としてある程度の期間存続させてみることは価値のある戦略であろう。ただし、本研究が明らかにしたように、こうした公的企業制度の弱点は、集積の発展を阻止する傾向があることである。したがって、製品や生産技術や経営方法の標準化が確立した段階で、民営化を実施する必要がある。

外資企業を誘致することも効果的な戦略である。もちろん、技術や経営を学んだ従業員が将来スピンオフ企業を興す可能性が高いような産業の外資企業を誘致するべきである。スピンオフがおこらないようでは、本格的な情報のスピルオーバーは起こりにくい。多大な租税優遇措置を与えて、その経済の発展段階にそぐわないハイテク企業や重化学プラントを誘致するのでは意味がない。つまり先進国では陳腐化した技術や労働集約型の生産方法を持ち込む企業こそ歓迎すべきである。また、誘致の目的は外資企業で訓練を受けた従業員が独立起業することにあるのだから、外資企業を優遇する際には、従業員を訓練する誘因となるような優遇措置を与えることが望ましい。

もし起業がおこり量的拡大期へ移行する兆候が見られれば、図10-1に示したように、政策当局がやるべきことは二つある。第一は、原材料の調達や製品の販売を促進するように、市場（いちば）を建設することである。これによって流通部門が強化され、追随的企業群の参入が容易になるであろう。第二は、工業区のような優遇地域を設定し、そこに同一ないし関連する産業の企業が立地するように誘導することである。せっかく工業区を建設しても、特定の産業の集積を育成するという意図がなければ意味がない。

始発期から量的拡大期にかけての主要な「市場の失敗」は、サーチコストや情報の非対称性や不完全な契約履行などによる取引費用の高さが原因である。しかし前節で述べたように、それは産業集積によって軽減される。そうした産業集積の働きを強化することによって一層の集積形成を促進することが、この段階での重要な発展戦略である。

知的支援プログラム

量的拡大期に到達して産業集積が形成されたとすれば、質的向上期への移行を促進するように、「革新」を刺激する戦略を考えなければならない。内生的産業発展論が指摘するように、量的拡大期に採算性が悪化していく

ために，企業にとって革新の重要性は次第に高まってゆく。しかし，革新を起こすための基盤ができていなければ，その産業集積は低迷するだけでいっこうに質的向上を達成できない。そうした基盤の第一は，人材の育成であろう。技能向上のためのトレーニングプログラムや専門学校での教育を支援することによって，即戦力となる優秀な技能労働者や流通担当者，さらには将来の経営者予備軍を育成しておくことが重要である。第二は，先進国や中進国の経験を生かし，「技術指導プログラム」，「技術移転センター」，「産業技術研究所」などを設置して，これまで途上国で知られていなかったような技術の普及を促進し，さらに技術の開発を支援すべきである。これは，先進国で引退した技術者や熟練労働者といったシルバーボランティアが活躍する場でもある。

質的向上期になると産業集積は革新の温床として機能する。企業がより多くの革新の機会を持てるように，集積の持つ革新促進機能を支援することが政策の課題である。まず重要なのは，知的財産権制度の整備であろう。ホンダのスーパーカブという革新的なオートバイの開発にまつわるエピソードからも明らかなように，特許制度の存在と厳格な実施は革新的知識を保護するうえできわめて重要である（第7章）。たとえ産業集積地でも，新しい知識の所有権が保護されないのであれば革新への誘引は減殺されてしまう。

本研究で再三指摘したように，質的向上期にはブランドネームの確立が重要な制度的変革になる。政府はそれをサポートするように，登録商標制度を設立し強化する必要がある。長期的には市場での競争がブランドネームの価値を決定するであろうが，短期的には知的財産権の保護の一環として，政策的に商標を保護することは意味のあることであろう。

より長期的な視点に立てば，この時期には経営者の教育水準が決定的に重要になるので，高等教育への投資を行わなければならない。また，公共財的な性格を持つ産業技術研究を支援することが重要である。特に基礎研究は，個々の企業が精を出す誘因が乏しい一方で，それがなければ技術を革新することが困難な場合が多い。つまり支援すべき研究というのは，産業発展に即効力のあるような研究であるけれども，個々の企業では採算が取れないような研究である。そうした研究は，ある程度公的な研究機関に

積極的に取り組ませるべきであろう。その成功例である台湾の新竹の工業技術研究所では，研究員が短期間で研究所を辞して民間企業に移籍したり，独立起業することを歓迎している。まさに，台湾北部に連なる電気電子関係の産業集積での革新機会の拡大に貢献しているのである[8]。

このように，質的向上期の段階では産業特殊的な発展戦略は陰をひそめ，一般的な知的所有権の保護と一般高等教育と研究の強化が最も重要になる。産業はすでにかなり高い技術水準に到達しており，上記の点を除けば，政策に期待される戦略は少ない。

4 残された課題

本書の一つの弱点は，事例研究がもっぱら成功事例を扱っていることである。日本，台湾，中国ともに産業発展に成功したか，あるいは成功しつつある経済であり，データが集まるような産業はその中でもとりわけ成功した事例であるケースが多い。そのこと自体は産業発展の戦略を考えるうえでむしろ重要であって，もし失敗例だけを観察していたとしたら何らの有用な洞察も得られなかったのではないかと思われる。しかし，失敗事例の研究がないと，バランス感覚のある視点を構築することができないことも事実であろう。

そこで，フィリピン，バングラデシュ，インド，パキスタンのようなやや発展の遅れた国々で，なぜ産業発展がうまくいっていないのかを研究することが有効であろう。これらの国々でも，アパレル，製靴，灌漑用ポンプ，自転車，手術器具産業等の集積が育ちつつあることが知られている。そしてそれらの産業の発展が非熟練労働を吸収し，「不平等化なき発展」に貢献していることは疑いない。またこれらの国々で事例研究を行うことによって，本書が主張している内生的産業発展論が，どこまで「東アジア型の産業発展モデル」なのかが明らかになるであろう。さらに付け加える

---

8) なお，中国のオートバイ産業の事例（第7章）では，国有企業が質的向上期の初期の技術的人材や経営管理の人材を供給した。しかし，既に指摘したように非効率な国有企業を質的向上期まで存続させておくことは正当化し難い。

ならば，アフリカで事例研究を展開し，なぜアフリカでは産業が発展しないのか，さらにどうしたら発展するのかを研究することは，本研究の終着点として是が非でもチャレンジしなければならないテーマである[9]。特に，図10-1に示した産業発展の構図の中で，途上国では何が欠けているかを解明することは決定的に重要である。

実践面で残された最も重要な課題は，「政策的実験」である。本書では，産業発展の戦略としてどのような政策が望ましいかについての一般論を展開し，その「原理・原則」を提示したつもりである。しかし本章の議論からは，具体的にどのような政策が最も有効であるかは明らかではない。

もし本書の議論を政府開発援助に生かすとすれば，産業政策や援助政策の担当者，研究者，それに途上国の企業の技術や経営に精通している人材を結集し，様々な実験的集積支援プロジェクトを立ち上げるべきである。そしてその成果をモニターすることによって，その中から，「革新的な支援策」を見出すべきである。産業の発展にとって「革新」が重要であるのと同じように，政府開発援助にも「革新」が必要であることは肝に銘じておきたい。

---

9) アフリカにおける工業化の研究は少ないが，例えば Haggblade et al. (1989), Mead and Liedholm (1998), Collier and Gunnning (1999) などがパイオニア的な研究を行っている。

付論
回帰分析について

───────

　本書をはじめとして経済の実態を分析しようとする研究は，回帰分析という統計学的な手法をたびたび用いる。回帰分析が理解できないというテクニカルな障害のために，経済学的な実証分析が敬遠されがちになっているのは実に惜しむべきことである。しかし，この事態は改善が可能である。なぜなら，本書も含めてたいていの実証分析を理解するには，難解な定理は不要であり，回帰分析の結果の見方さえ分かっていれば十分だからである。それをできるだけ平易に説明してみようというのが，この付論の目的である。ここで例として用いるのは架空のデータだが，ある産業からサンプルとしてランダムに選んだ25社で，X（たとえば経営者の教育水準）とY（たとえば企業の規模）のデータを聞き出してきて，「Xが大きいほどYも大きい」という仮説を検証しようとしていると想像していただきたい。

　図1は，サンプル企業25社のXとYのデータを，座標の上に散りばめた散布図である。●と〇があるが，それはしばらく気にしないことにしてほしい。ひとつひとつの点が，個々の企業のXとYの組み合わせを表している。全体として，心持ち右肩上がりの関係が看て取れるような気もするが，本当にXが大きいほどYも大きいのかと問われても，何とも答え難い。しかし，これが図2のように点がきれいに直線状に並んでいて，しかもそれが急勾配になっている散布図なら，話は別である。これならデータは仮説を支持していると思える。

　回帰分析というのは，こうしたデータの眺め方に似ていて，全体の傾きと，点のバラツキ具合に注目する手法である。まず，傾き具合を判定するために散りばめられた点の真ん中に直線を引く。直線というのは，式では $Y = a + bX$ という形になる。右辺の a は，直線を左に延長していって縦軸と交わる切片のYの値（すわなち，Xが0という企業があった場合に予

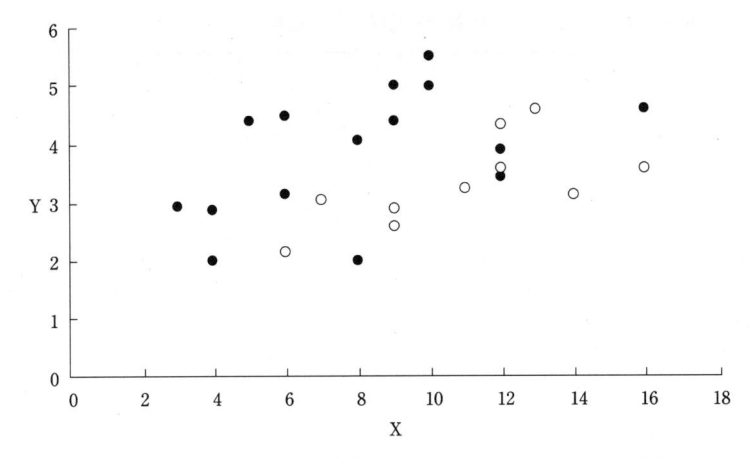

付図-1 ＸとＹの散布図：勾配が緩やかでバラツキが大きい場合

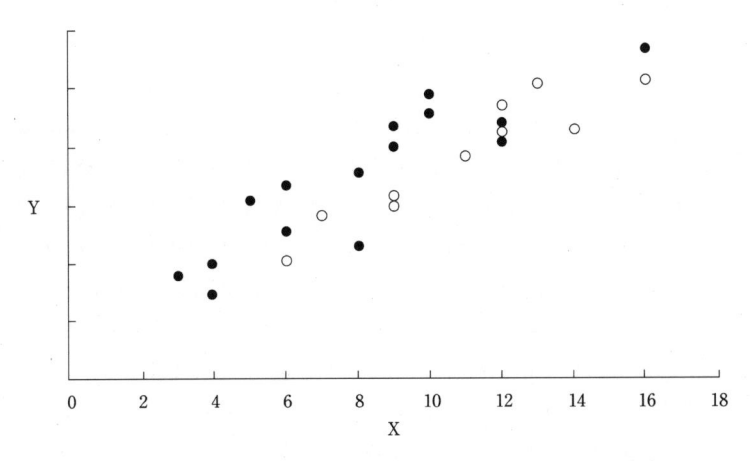

付図-2 ＸとＹの散布図：勾配が大きくバラツキが小さい場合

想されるＹの値）を表し，ｂは直線の傾き（すなわち，Ｘが１単位大きいと，何単位Ｙが増えるか）を表す。真ん中に直線を引くということは，切片ａと係数ｂを推定するということに他ならない。ＸがＹに対して正の効果を持つという仮説は，ｂの推定値が正（すなわち直線が右上がり）であると言っているのと同じである。実際に推定してみると，図１の場合には0.089，図２の場合には0.280という推定値を得た。この直線を回帰直線といい，これを引いて係数の推定値を得るところまでが，回帰分析の前半の

付録　回帰分析について

付表-1　回帰分析の結果

	1 (図1)	2 (図2)	3 (図1)	4 (図2)
X	0.089 (1.66)	0.280** (8.98)	0.140** (2.71)	0.306** (9.86)
Z			0.976** (2.61)	0.506* (2.25)
切片	2.769** (5.23)	0.974** (3.16)	1.707** (2.73)	0.424 (1.13)
R^2	0.11	0.78	0.32	0.82

注）括弧内の数字は t-統計量であり，*と**はそれぞれ片側5％，1％有意であることを意味する。

目的である。

　後半の目的は，ｂの推定値が正であるというのを，どのくらい信じてよいかを判定することにある。サンプルが変われば，点の散らばり方も変わり，ｂの推定値も違ってくる。サンプル次第では，負になってしまう可能性すらある。とくに，図1のように回帰直線が水平に近く，しかも点が大きくバラついている場合には，そうした不安が大きい。感心なことに，このような不安の程度を天気予報の降水確率のようにパーセントで表す方法が，統計学には用意されている。まず，直線が急勾配であるほど大きく，また，点のバラツキが小さいほど大きな値をとる「t-統計量」というものを計算する。直観的に明らかなように，この t-統計量が大きいほど，ｂの真の値が正であることに自信が持てる。そして，t-統計量の大きさに応じて，ｂが実は0である確率が何％であるか推測できるのである。

　回帰分析の結果を掲げる表には，必ず，係数の推定値と t-統計量（あるいは，t-統計量そのものでなくても t-統計量がすぐ分かるような数字）が示されている。本書では，慣例にしたがって，推定値の下の括弧内に t 統計量を示すことにした（付表1を参照）。また，推定値の脇には，例の確率がどの程度かを示す星印＊が付いていることが多い。本書でも，「実は無関係」という確率が1％に満たないという非常に信頼度の高い結果のときには星2つ，5％足らずなら星一つをつけることにした。星が一つも付いていない場合は，推定値は正であっても，ＸのＹに対する効果は，「統計的に有意」ではなく，星がついていれば，効果は「有意に正である」というように判定をする。たとえば，付表1の第1列によると図1のケー

スでは惜しいところで有意ではなく,第2列によると図2のケースでは1%水準で有意である。なお,以上の例は,正の効果があるという仮説に沿ったものであるが,効果が負であれば,回帰直線は右下がりになり,t-統計量も負になる。

次に,複数の変数がYに及ぼす効果を分析するケースに話を進めよう。実は,図1と2の●と○はそのために用意したものである。たとえば,●は集積地に立地する企業を表し,○は同業他社から孤立して立地している企業を表すと考えていただきたい。白と黒を数字に置き換えないと回帰分析はできないので,集積地の企業なら1,非集積地の企業なら0という値をとる変数によって立地要因を表現することにしよう。この変数をZと呼ぶことにすると,この場合の回帰分析によって出てくるのは,Y＝a＋bX＋cZ という式のa,b,cの推定値と,それぞれのt-統計量である。なお集積地ではZ＝1なので,Y＝a＋c＋bX という関係が想定され,非集積地ではZ＝0なので,Y＝a＋bX が想定されている。Xの水準が同じでも,集積地の方が非集積地よりもYが大きいのであれば,cの推定値は正になる。推定結果をまとめたのが,表1の第3列(図1に対応)と第4列(図2に対応)である。なお,このZのように0と1という値しか取らない変数をダミー変数という。XやZはYを説明する変数なので,説明変数とか独立変数と呼び,Yは被説明変数あるいは従属変数と呼ぶ。

表1によると,集積ダミーZの効果は,正であり5％水準で有意である。この0.976とか0.506という推定値は,Zが0の場合に比べて1の場合,つまり非集積地の企業と比べて集積地の企業は,Yが0.976程度(図1の場合)あるいは0.506程度(図2の場合)大きいということを意味している。もちろん集積地の企業といっても,Xの大きい企業もあれば小さい企業もあり,Xの大きさによってYも異なる。この0.976とか0.506という数字は,Xの違いがもたらす効果を含まない。同様に,Xの効果の推定値は,Zの効果をコントロールしたものである。第1列と比べて第3列の方が,また,第2列より第4列の方が,Xの効果が大きく推定されているのは,第1列や2列ではZの効果がコントロールされていないからである。XとZが無関係であればこれほどの違いは出ないのだが,図1や2を見ると○の方が●より比較的右側に集まっていて,Xが大きいほどZは小さくなる(つまり1ではなく0になる)傾向がある。第1列や2列のXの効果の推定には,

Xの増大とともにZが減少することの負の効果が紛れ込んでいるのである。このように，個々の説明変数の効果を知るには，他の要因も説明変数として回帰分析に取り込んで，他の効果を須らくコントロールすることが望ましい。ただし，他の要因のデータがなければ仕方がないので，これは努力目標といったところである。

最後に，表1の一番下のR^2は決定係数と呼ばれ，これが大きいほど説明変数が全体として従属変数をうまく説明しているという指標である。説明力が皆無であれば$R^2=0$で，完璧であれば$R^2=1$であるが，現実にはR^2は0と1の間の値をとる。表1のR^2と，図1および2の散布図のバラつき具合を比較して，R^2の値が何を意味しているかのイメージを頭に入れておくと便利である。

引 用 文 献

英文（中国語文献含む）

Abe, M. and M. Kawakami (1997), "A Distributive Comparison of Enterprise Size in Korea and Taiwan," *Developing Economies*, Vol. 35, No. 4: 382-400.

Abernathy, W.J. (1978), *The Productivity Dilemma*, Baltimore: John Hopkins University Press.

Abernathy, W.J., K.B. Clark and A.M. Kantrow (1983), *Industrial Renaissance: Producing a Competitive Future for America*, New York: Basic Books.

Abernathy, W.J. and J.M. Utterback (1978), "Patterns of Industrial Innovation," *Technology Review*, Vol. 80, No. 6/7: 41-17.

Adelman, M.A. (1955), "Concept and Statistical Measurement of Vertical Integration," in G.J. Stigler (ed.), *Business Concentration and Price Policy*, Princeton, N.J.: Princeton University Press.

Agarwal, R. and D. Audretsch (2001), "Does Entry Size Matter? The Impact of the Life Cycle and Technology on Firm Survival," *Journal of Industrial Economics*, Vol. 49, No. 1: 21-43.

Akamatsu, K. (1961), "A Theory of Unbalanced Growth in the World Economy," *Weltwirtschaftliches Archiv*, Vol. 86, No. 2: 196-217.

Akerlof, George A. (1970), "The Market for 'Lemons': Quality Uncertainty and the Market Mechanism," *Quarterly Journal of Economics*, Vol. 84, No. 3: 488-500.

Akoten, John E. and Keijiro Otsuka (2004), "From Tailors to Mini-Manufacturers: The Role of Traders in the Transformation of Garment Enterprises in Nairobi," mimeo, FASID.

Amsden, Alice H. (1977), "The Division of Labor is Limited by the Type of Market: The Case of the Taiwanese Machine Tool Industry," *World Development*, Vol. 5, No. 3: 217-233.

Amsden, Alice H. (1985), "The Division of Labor is Limited by the Rate of Growth of the Market: The Taiwan Machine Tool Industry in the 1970s," *Cambridge Journal of Economics*, Vol. 9, No. 3: 271-284.

Asanuma, B. (1985), "The Organization of Parts Purchases in the Japanese Automotive Industry," *Japanese Economic Studies*, Vol. 13, No. 4: 32-53.

Asanuma, B. (1989), "Manufacturer-Supplier Relationships in Japan and the Concept of Relation-Specific Skill," *Journal of the Japanese and International Economies*, Vol. 3, No. 1: 1-30.

Aw, B.Y., X. Chen, and M.J. Roberts (2001), "Firm-Level Evidence on Productivity Differentials and Turnover in Taiwanese Manufacturing," *Journal of Development Economics*, Vol. 66, No. 1: 51-86.

Bailey, M.N., C. Hulten, and D. Campbell (1992), "Productivity Dynamics in Manufacturing Plants," *Brookings Papers on Economic Activity: Microeconomics*, Vol. 1992: 187-267.

Becker, G.S. and K.M. Murphy (1992), "The Division of Labor, Coordinating Costs, and Knowledge," *Quarterly Journal of Economics*, Vol. 107, No. 4: 1137-1160.

Beneria, L. (1989), "Subcontracting and Employment Dynamics in Mexico City," in A. Portes, M. Castells, and L.A. Benton (eds.), *The Informal Economy: Studies in Advanced and Less Developed Countries*, Baltimore: Johns Hopkins University Press.

Ben-Porath, Y. (1980), "The F-Connection: Families, Friends, and Firms and the Organization of Exchange," *Population and Development Review*, Vol. 61, No. 1: 1-30.

Bianchi, P. and G. Gualtieri (1990), "Emilia-Romagna and its Industrial Districts: The Evolution of a Model," in R. Leonardi and R.Y. Nanetti (eds), *The Regions and European Integration: The Case of Emilia-Romagna*, London: Pinter Publishers.

Brusco, S. (1982), "The Emilian Model: Productive Decentralization and Social Integration," *Cambridge Journal of Economics*, Vol. 6, No. 2: 167-184.

Cawthorne, P.M. (1995), "Of Networks and Markets: The Rise of a South Indian Town, The Example of Tiruppur's Cotton Knitwear Industry," *World Development*, Vol. 23, No. 1: 43-56.

Chan, V.L., L.T. Chen, and S.C. Hu (1999), "Implications of Technology and Education for Wage Dispersion: Evidence from Taiwan," in G. Ranis, S.C. Hu, Y.P. Chu (eds.), *The Political Economy of Development into the 21st Century*, Vol. 2, Cheltenhan, UK: Edward Elgar.

Chang, C.C. (1992), "The Development of Taiwan's Personal Computer Industry," in N.T. Wang (ed.), *Taiwan's Enterprises in Global Perspective*, New York: M.E. Sharpe.

Chen, H. and S. Rozelle (1999), "Leaders, Managers, and the Organization of Township and Village Enterprises in China," *Journal of Development Economics*, Vol. 60 No. 12: 529-557.

Chen, Kang, Gary H. Jefferson and Inderjit Singh (1992), "Lessons from China's Economic Reform," *Journal of Comparative Economics*, Vol. 16, No. 2: 201-225.

Chesbrough, H. (1999), "Arrested Development: The Experience of European Hard Disk Drive Firms in Comparison with US and Japanese Firms,"

Journal of Evolutionary Economics, Vol. 9, No. 3: 287-329.

Chinn, D.L. (1979), "Rural Poverty and the Structure of Farm Household Income in Developing Countries: Evidence from Taiwan," *Economic Development and Cultural Change*, Vol. 27, No. 2: 283-301.

Coase, R.H. (1937), "The Nature of the Firm," *Economica*, Vol. 16, No. 6: 386-405.

Collier, P. and J.W. Gunning (1999), "Explaining African Economic Performance," *Journal of Economic Literature*, Vol. 37, No. 1: 64-111

David, C.C. and Keijiro Otsuka (1994), *Modern Rice Technology and Income Distribution in Asia*, Boulder: Lynne Rienner.

Disney, R., J. Haskel and Y. Heden (2003), "Entry, Exit and Establishment Survival in UK Manufacturing," *Journal of Industrial Economics*, Vol. 51, No. 1: 91-112.

Dunne, T., M.J. Roberts and L. Samuelson (1988), "Patterns of Firm Entry and Exit in US Manufacturing Industries," *RAND Journal of Economics*, Vol. 19, No. 4: 495-515.

Dunne, T., M.J. Roberts and L. Samuelson (1989), "The Growth and Failure of US Manufacturing Plants," *Quarterly Journal of Economics*, Vol. 104, No. 4: 671-698.

Duranton, G. and Diego Puga (2001), "Nursery Cities: Urban Diversity, Process Innovation, and the Life Cycle of Product," *American Economics Review*, Vol. 91, No. 5: 1454-1477.

Ellison, G. and Edward L. Glaeser (1997), "Geographic Concentration in U.S. Manufacturing Industries: A Dartboard Approach," *Journal of Political Economy*, Vol. 105, No. 5: 889-927.

Ericson, R. and A. Pakes (1995), "Markov-Perfect Industry Dynamics: A Framework for Empirical Work," *Review of Economic Studies*, Vol. 62, No. 1: 53-82.

Estudillo, J. and Keijiro Otsuka (1999), "Green Revolution, Human Capital, and Off-Farm Employment: Changing Sources of Income among Farm Households in Central Luzon, 1966-94," *Economic Development and Cultural Change*, Vol. 47, No. 3: 497-523.

Evans, D.S. (1987a), "Tests of Alternative Theories of Firm Growth," *Journal of Political Economy*, Vol. 95, No. 4: 657-674.

Evans, D.S. (1987b), "The Relationship between Firm Growth, Size, and Age: Estimates for 100 Manufacturing Industries," *Journal of Industrial Economics*, Vol. 35, No. 4: 567-581.

Fei, J.C.H. and G. Ranis (1964), *Development of the Labor Surplus Economy: Theory and Evidence*, New Haven: Yale University Press.

引用文献

Fei, J.C.H., G. Ranis, and S.W.Y. Kuo (1979), *Growth with Equity - The Taiwan Case,* New York: Oxford University Press.

Filson, Darren (2002), "Product and Process Innovations in the Life of an Industry," *Journal of Economic Behavior and Organization,* Vol. 49, No. 1: 97-112.

Fransman, M. (1986), "International Competitiveness, Technical Change, and the State: The Machine Tool Industry in Taiwan and Japan," *World Development,* Vol. 14, No. 12: 1375-1396.

Friedman, David (1988), *The Misunderstood Miracle: Industrial Development and Political Change in Japan,* Ithaca: Cornell University Press.

Fujita, Masahisa and Takatoshi Tabuchi (1997), "Regional Growth in Post War Japan," *Regional Science and Urban Economics,* Vol. 27, No. 6: 643-670.

Fujita, Masahisa, Paul. Krugman, and Anthony J. Venables (1999), *The Spatial Economy: Cities, Regions, and International Trade,* Cambridge, MA: MIT Press.

Fujita, Masahisa and T. Mori (1999), "A Flying Geese Model of Economic Development and Integration: Evolution of International Economy a la East Asia," Discussion Paper No. 493, Kyoto Institute of Economic Research, Kyoto University.

Fujita, Masahisa and Jacques-Francois Thisse (2002), *Economics of Agglomeration: Cities, Industrial Location and Regional Growth,* Cambridge, UK: Cambridge University Press.

Glaeser, Edward L., Hedi D. Kallal, José A. Scheinkman, and Andrei Shleifer (1992), "Growth in Cities," *Journal of Political Economy,* Vol. 100, No. 6: 1126-1152.

Good, David H., M. Ishaq Nadiri and Robin C. Sickles (1997), "Index Number and Factor Demand Approaches to the Estimation of Productivity," in M. Hashem Pesaran and Peter Schmidt (ets.), *Handbook of Applied Econometrics: Microeconomics,* Oxford: Blackwell.

Gort, Michael and Steven Klepper (1982), "Time Paths in the Diffusion of Product Innovations," *Economic Journal,* Vol. 92, No. 367: 630-653.

Greenstein, S.M. and J.B. Wade (1998), "The Product Life Cycle in the Commercial Mainframe Computer Market, 1968-1982," *RAND Journal of Economics,* Vol. 29, No. 4: 772-789.

Griliches, Z. and H. Regev (1995), "Firm Productivity in Israeli Industry, 1979-1988," *Journal of Econometrics,* Vol. 65, No. 1: 175-203.

Grossman, G. and E. Helpman (1991), *Innovation and Growth in the Global Economy,* Cambridge, MA: MIT Press.

Haggblade, S., P. Hazell and J. Brown (1989), "Farm-Nonfarm Linkages in

Rural Sub-Saharan Africa," *World Development*, Vol. 17, No. 8: 1173-1201.
Hanson, G.H. (1996), "Agglomeration, Dispersion, and the Pioneer Firm," *Journal of Urban Economics*, Vol. 39, No. 3: 255-281.
Harris, J.R. and M.P. Todaro (1970), "Migration, Employment, and Development," *American Economic Review*, Vol. 60, No. 1: 126-42.
Hayami, Yujiro (1998), "Toward an Alternative Paradigm of Economic Development: An Introduction," in Yujiro Hayami (ed.), *Toward the Rural-Based Development of Commerce and Industry: Selected Experiences from East Asia*, Washington, DC: World Bank Economic Development Institute.
Hayami, Yujiro (2001), *Development Economics: From the Poverty to the Wealth of Nations*, Oxford. Oxford University Press.
Hayami, Yujiro (2003), "From the Washington Consensus to the Post-Washington Consensus: Retrospect and Prospect," *Asian Development Review*, Vol. 20, No. 2: 40-65.
Hayami, Yujiro and T. Kawagoe (1993), *The Agrarian Origin of Commerce and Industry: A Study of Peasant Marketing in Indonesia*, London: Macmillan.
Hayami, Yujiro and M. Kikuchi (2000), *A Rice Village Saga: Three Decades of Green Revolution in the Philippines*, London: Macmillan.
Hayami, Yujiro and Keijiro Otsuka (1993), *The Economics of Contract Choice: An Agrarian Perspective*, Oxford: Clarendon Press.
Hayek, F.A. (1948), "The Meaning of Competition," in *Individualism and Economic Order*, Chicago: University of Chicago Press.
Henderson, J. Vernon (1974), "The Sizes and Types of Cities," *American Economic Review*, Vol. 64, No. 3: 640-656.
Henderson, J. Vernon (1988), *Urban Development: Theory, Fact, and Illusion*, New York: Oxford University Press.
Henderson, J. Vernon (1997), "Externalities and Industrial Development," *Journal of Urban Economics*, Vol. 42, No. 3: 449-470.
Henderson, J. Vernon (2003), "Marshall's Scale Economies," *Journal Urban Economics*, Vol. 53 No. 1: 1-28.
Henderson, J. Vernon and Ari Kuncoro (1996), "Industrial Centralization in Indonesia," *World Bank Economic Review*, Vol. 10, No. 3: 513-540.
Henderson, J. Vernon, Ari Kuncoro, and Matt Turner (1995), "Industrial Development in Cities," *Journal of Political Economy*, Vol. 103, No. 5: 1067-1090.
Henderson, J. Vernon, T. Lee, and J. Y. Lee (2001), "Scale Externalities in Korea," *Journal of Urban Economics*, Vol. 49, No. 3: 479-504.
Hirschman, A.O. (1958), *The Strategy of Economic Development*. New Haven: Yale University Press.
Ho, S.P.S. (1978), *Economic Development of Taiwan, 1860-1970*, New Haven:

Yale University Press.

Ho, S.P.S. (1979), "Decentralized Industrialization and Rural Development," *Economic Development and Cultural Change*, Vol. 28, No. 1: 77-96.

Ho, S.P.S. (1982), "Economic Development and Rural Industry in South Korea and Taiwan," *World Development*, Vol. 10, No. 11: 973-990.

Holmes, Thomas J. (1999), "Localization of Industry and Vertical Disintegration," *Review of Economics and Statistics*, Vol. 81, No. 2: 314-325.

Honore, B.E. (1992), "Trimmed LAD and Least Squares Estimation of Truncated and Censored Regression Models with Fixed Effects," *Econometrica*, Vol. 60, No. 3: 533-65.

Hopenhayn, H. (1992), "Entry, Exit, and Firm Dynamics in Long-Run Equilibrium," *Econometrica*, Vol. 60, No. 5: 1127-1150.

Humphrey, J. and H. Schmitz, (1996), "The Triple C Approach to Local Industrial Policy," *World Development*, Vol. 24, No. 12: 1859-1877.

Humphrey, J. and H. Schmitz (1998), "Trust and Inter-Firm Relations in Developing and Transition Economies," *Journal of Development Studies*, Vol. 34, No. 4: 32-61.

Hymer, S. and S. Resnick (1969), "A Model of an Agrarian Economy," *American Economic Review*, Vol. 59, No. 4: 493-506.

Itoh, M. and M. Tanimoto (1998), "Rural Entrepreneurs in the Cotton Textile Industry in Japan," in Y. Hayami (ed.), *Toward the Rural-Based Development of Commerce and Industry: Selected Experiences from East Asia*, Washington, DC: World Bank Economic Development Institute.

Jacobs, Jane (1969), *The Economy of Cities*, New York: Vintage.

Jacobs, Jane (1984), *The Wealth of Nations: Principles of Economic Life*, New York: Vintage.

Jefferson, Gary. H., Thomas G. Rawski and Yuxin Zheng (1996), "Chinese Industrial Productivity: Trends, Measurement, and Recent Developments," *Journal of Comparative Economics*, Vol. 23, No. 2: 146-80.

Ji, F. (1998), *Huzhou Gongshang Yezhi* (History of Industry and Commerce in Huzhou City), Huagnshan, Anhui: Huangshan Chubanshe.

Jovanovic, Boyan (1982), "Selection and the Evolution of Industry," *Econometrica*, Vol. 50, No. 3: 649-670.

Jovanovic, Boyan and Glenn MacDonald (1994), "The Life Cycle of a Competitive Industry," *Journal of Political Economy*, Vol. 102, No. 2: 322-347.

Kamien, M.I. and N.L. Schwartz (1982), *Market Structure and Innovation*, Cambridge, UK: Cambridge University Press.

Kanemoto, Y., T. Ohkawara, and T. Suzuki (1996), "Agglomeration Economies and a Test for Optimal City Size in Japan," *Journal of the Japanese and*

International Economies, Vol. 10, No. 4: 379-398.

Kawasaki, Seiichi and John Macmillan (1987), "The Design of Contracts: Evidence from Japanese Subcontracting," *Journal of the Japanese and International Economies,* Vol. 1, No. 1: 327-349.

Kennedy, L. (1999), "Cooperating for Survival: Tannery Pollution and Joint Action in the Palar Valley (India)," *World Development,* Vol. 27, No. 9: 1673-1691.

Kikuchi, M. (1998), "Export-Oriented Garment Industries in the Rural Philippines," in Y. Hayami (ed.), *Toward the Rural-Based Development of Commerce and Industry: Selected Experiences from East Asia,* Washington, DC: World Bank Economic Development Institute.

Kim, Sukko (1995), "Expansion of Markets and the Geographic Distribution of Economic Activities: The Trends in U. S. Regional Manufacturing Structure, 1860-1987," *Quarterly Journal of Economics,* Vol. 110, No. 4: 881-908.

Kishimoto, Chikashi (2003), "Upgrading in the Taiwanese Computer Cluster: Transformation of its Production and Knowledge Systems," Institute of Development Studies at the University of Sassex, IDS Working Paper No. 186, Brighton, England

Klein, Benjamin and Keith B. Leffler (1981), "The Role of Market Forces in Assuring Contractual Performance," *Journal of Political Economy,* Vol. 89, No. 4: 615-641.

Klepper, Steven (1996), "Entry, Exit, Growth, and Innovation over the Product Life Cycle," *American Economic Review,* Vol. 86, No. 3: 562-583.

Klepper, Steven (2002), "Firm Survival and the Evolution of Oligopoly," *RAND Journal of Economics,* Vol. 33, No. 1: 37-61.

Klepper, Steven and E. Graddy (1990), "The Evolution of New Industries and Determinants of Market Structure," *RAND Journal of Economics,* Vol. 21, No. 1: 27-44.

Klepper, Steven and Kenneth L. Simons (2000), "The Making of Oligopoly: Firm Survival and Technological Change in the Evolution of the U.S. Tire Industry," *Journal of Political Economy,* Vol. 108, No. 4: 728-760.

Knorringa, P. (1999), "Agra: An Old Cluster Facing the New Competition," *World Development,* Vol. 27, No. 9: 1587-1604.

Krugman, Paul (1991), *Geography and Trade,* Cambridge, MA: MIT Press.

Krugman, Paul (1993), "First Nature, Second Nature, and Metropolitan Location," *Journal of Regional Science,* Vol. 33, No. 2: 129-144.

Krugman, Paul (1994), "The Myth of Asia's Miracle," *Foreign Affairs,* Vol. 73, No. 6: 62-78.

Krugman, Paul (1996), *The Self-Organizing Economy,* Cambridge, MA: Black-

well.
Krugman, Paul and R. Livas Elizondo (1996), "Trade Policy and the Third World Metropolis," *Journal of Development Economics,* Vol. 49, No. 1: 137-150.
Laffont, J.J. and J. Tirole (1993), *A Theory of Incentives in Procurement and Regulation,* Cambridge, MA: MIT Press.
Landes, David S. (1969), *The Unbound Prometheus,* Cambridge, UK: Cambridge University Press.
Lanjouw, J.O., and P. Lanjouw (2001) "The Rural Non-farm Sector: Issues and Evidence from Developing Countries," *Agricultural Economics,* Vol. 26, No. 1: 1-23.
Lee, J.-H. and C.-H. Suh (1998), "Rural Entrepreneurship and Industrial Development in Korea," in Y. Hayami (ed.), *Toward the Rural-Based Development of Commerce and Industry: Selected Experiences from East Asia,* Washington, DC: World Bank Economic Development Institute.
Levy, Brian (1991), "Transaction Costs, the Size of Firms and Industrial Policy: Lessons from a Comparative Case Study of the Footwear Industry in Korea and Taiwan," *Journal of Development Economics,* Vol. 34, No. 1/2: 151-178.
Levy, Brian and W.-J. Kuo (1991), "The Strategic Orientation of Firms and the Performance of Korea and Taiwan in Frontier Industries: Lessons from Comparative Studies of Keyboard and Personal Computer Assembly," *World Development,* Vol. 19, No. 4: 363-374.
Levy, David T. (1985), "The Transactions Cost Approach to Vertical Integration: An Empirical Examination," *Review of Economics and Statistics,* Vol. 67, No. 3: 438-445
Lewis, W.A. (1954), "Economic Development with Unlimited Supply of Labor," *Manchester School of Economic and Social Studies,* Vol. 22, No. 1: 139-91.
Lin, J.Y., F. Cai, and Z. Li (1996), *The China Miracle: Development Strategy and Economic Reform,* Hong Kong: Chinese University Press.
Liu, Deqiang and Keijiro Otsuka (1998), "Township-Village Enterprises in the Garment Sector of China," in Y. Hayami (ed.), *Toward the Rural-Based Development of Commerce and Industry: Selected Experiences from East Asia,* Washington, DC: World Bank Economic Development Institute.
Lucas, R.E., Jr. (1988), "On the Mechanics of Economic Development," *Journal of Monetary Economics,* Vol. 22, No. 1: 3-42.
Mano, Yukichi, and Keijiro Otsuka (2000), "Agglomeration Economies and Concentration of Industries: A Case Study of Manufacturing Sectors in Postwar Japan," *Journal of the Japanese and International Economies,* Vol. 14, No. 3: 189-203.

Marshall, Alfred (1920). *Principles of Economics,* London: Macmillan(馬場啓之助訳『マーシャル経済学原理』東洋経済新報社,1966年).

Mead, D.C. (1984), "Of Contracts and Subcontracts: Small Firms in Vertically Dis-integrated Production/Distribution Systems in LDCs," *World Development,* Vol. 12, No. 11/12: 1095-1106.

Mead, D.C. and C. Liedholm (1998), "The Dynamics of Micro and Small Enterprises in Developing Countries," *World Development,* Vol.26 No. 1: 61-74

Meyanathan, S.D., ed. (1995), *Industrial Structures and the Development of Small and Medium Enterprise Linkages: Examples from East Asia,* Washington, DC: World Bank Economic Development Institute.

Milgrom, Paul and John Roberts (1992), *Economics, Organization and Management,* Englewood Cliffs, NJ: Prentice Hall.

Mills, Edwin S. (1967), "An Aggregative Model of Resource Allocation in a Metropolitan Area," *American Economic Review,* Vol. 57, No. 2: 197-210.

Minami, R., K.S. Kim, F. Makino, and J.-H. Seo eds. (1995), *Acquiring, Adapting, and Developing Technologies: Lessons from the Japanese Experience,* London: Macmillan Press.

Moomaw, R.L. (1981), "Productivity and City Size: A Critique of the Evidence," *Quarterly Journal of Economics,* Vol. 96, No. 4: 675-688.

Murakami, Naoki, Deqiang Liu and Keijiro Otsuka (1994), "Technical and Allocative Efficiency among Socialist Enterprises: The Case of the Garment Industry in China," *Journal of Comparative Economics,* Vol. 19, No. 4: 410-33.

Murakami, Naoki, Deqiang Liu and Keijiro Otsuka (1996), "Market Reform, Division of Labor and Increasing Advantage of Small-Scale Enterprises: The Case of the Machine Tool Industry in China," *Journal of Comparative Economcs,* Vol. 23, No. 3: 256-277.

Murmann, J.P. and E. Homburg (2001), "Comparing Evolutionary Dynamics across Different National Settings: The Case of the Synthetic Dye Industry, 1857-1914," *Journal of Evolutionary Economics,* Vol. 11, No. 2: 177-205.

Nadvi, K. (1999), "Collective Efficiency and Collective Failure: The Response of the Sialkot Surgical Instrument Cluster to Global Quality Pressures," *World Development,* Vol. 27, No. 9: 1605-1626.

Nakamura, R. (1985), "Agglomeration Economies in Urban Manufacturing Industries: A Case of Japanese Cities," *Journal of Urban Economics,* Vol. 17, No. 1: 108-124.

Nelson, Richard R. and Sidney G. Winter (1982), *An Evolutionary Theory of Economic Change,* Cambridge MA: Harvard University Press.

Nugent, J.B. (1996), "What Explains the Trend Reversal in the Size Distribution of Korean Manufacturing Establishments?" *Journal of Development Economics*, Vol. 48, No. 2: 225-251.

Ohno, A. and B. Jirapatpimol (1998), "The Rural Garment and Weaving Industries in Northern Thailand," in Y. Hayami (ed.), *Toward the Rural-Based Development of Commerce and Industry: Selected Experiences from East Asia*, Washington, DC: World Bank Economic Development Institute.

Otsuka, Keijiro (1998), "Rural Industrialization in East Asia," in Y. Hayami and M. Aoki (eds.), *The Institutional Foundation of East Asian Economic Development*, London: Macmillan Press.

Otsuka, Keijiro (2000), "Rural Industrialization in East Asia: What Influences its Nature and Development," in S. Haggblade, P. Hazell, and T. Reardon (eds.), *Strategies for Stimulating Growth of the Rural Nonfarm Economy in Developing Countries*, Mimeo, Washington, DC: International Food Policy Research Institute.

Otsuka, Keijiro, Deqiang Liu, and Naoki Murakami (1998), *Industrial Reform in China: Past Performance and Future Prospects*, Oxford: Clarendon Press.

Otsuka, Keijiro, Gustav Ranis, and Gary Saxonhouse (1988), *Comparative Technology Choice in Development: The Indian and Japanese Cotton Textile Industries*, London: Macmillan Press.

Pack, H. and L.E. Westphal (1986), "Industrial Strategy and Technological Change: Theory versus Reality," *Journal of Development Economics*, Vol. 22, No. 1: 87-128.

Pakes, A. and R. Ericson (1998), "Empirical Implication of Alternative Models of Firm Dynamics," *Journal of Economic Theory*, Vol. 79, No. 1: 1-45.

Patrick, H.H. and T.P. Rohlen (1987), "Small-Scale Family Enterprises," in K. Yamamura and Y. Yasuba (eds.), *The Political Economy in Japan, Vol. 1: The Domestic Transformation*, Stanford: Stanford University Press.

Parikh, H.T. and E. Thorbecke (1996), "Impact of Rural Industrialization on Village Life and Economy: A Social Accounting Matrix Approach," *Economic Development and Cultural Change*, Vol. 44, No. 2: 351-377.

Perry, M.K. (1989), "Vertical Integration: Determinants and Effects," in R. Schmalensee and R.D. Willig (eds.), *Handbook of Industrial Organization, Vol. 1*, Amsterdam: Elsevier Science Publishers.

Piore, M.J. and C.F. Sabel (1984), *The Second Industrial Divide: Possibilities for Prosperity*, New York: Basic Books.

Rabellotti, R. (1995), "Is There an 'Industrial District Model'? Footwear Districts in Italy and Mexico Compared," *World Development*, Vol. 23, No. 1: 29-41.

Rabellotti, R. (1999), "Recovery of Mexican Cluster: Devaluation Bonanza or Collective Efficiency," *World Development*, Vol. 27, No. 9: 1571-1585.

Ranis, G. (1995), "Another Look at the East Asian Miracle," *World Bank Economic Review*, Vol. 9, No. 3: 509-534.

Ranis, G. and F. Stewart (1993), "Rural Nonagricultural Activities in Development: Theory and Application," *Journal of Development Economics*, Vol. 40, No. 1: 75-101.

Resnick. S.A. (1970), "The Decline of Rural Industry under Export Expansion: A Comparison among Burma, Philippines, and Thailand, 1870-1938," *Journal of Economic History*, Vol. 30, No. 1: 51-73.

Romer, P.M. (1986), "Increasing Returns and Long-Run Growth," *Journal of Political Economy*, Vol. 94, No. 5: 1002-37.

Saxenian, A. (1994), *Regional Advantage: Culture and Competition in Silicon Valley and Route 128*, Cambridge, MA: Harvard University Press.

Schmitz, H. (1982), "Growth Constraints on Small-Scale Manufacturing in Developing Countries," *World Development*, Vol. 10, No. 6: 429-450.

Schmitz, H. (1995), "Small Shoemakers and Fordist Giants: Tale of a Supercluster," *World Development*, Vol. 23, No. 1: 9-28.

Schmitz, H. (1999), "Global Competition and Local Cooperation: Success and Failure in the Sinos Valley, Brazil," *World Development*, Vol. 27, No. 9: 1627-1650.

Schmitz, H. and B. Musyck (1994), "Industrial Districts in Europe: Policy Lessons for Developing Countries," *World Development*, Vol. 22, No. 6: 889-910.

Schmitz, H. and K. Nadvi (1999), "Clustering and Industrialization," *World Development*, Vol. 27, No. 9: 1503-1514.

Schumpeter, Joseph A. (1912), *The Theory of Economic Development*, New York: Oxford University Press.

Schumpeter, Joseph A. (1950), *Capitalism, Socialism and Democracy*, New York: Rand McNally.

Shapiro, Carl (1983), "Premiums for High Quality Products as Returns to Reputations," *Quarterly Journal of Economics*, Vol. 98, No. 4: 659-679.

Shinohara, M. (1968), "A Survey of the Japanese Literature on Small Industry," in B.F. Hoselitz (ed.), *The Role of Small Industry in the Process of Economics Growth*, Hague: Mouton.

Skoggard, Ian (1996), *The Indigenous Dynamics in Taiwan's Postwar Development: The Religious and Historical Roots of Entrepreneurship*, New York: M. E. Sharp.

Sonobe, Tetsushi, Dinghuan Hu and Keijiro Otsuka (2002), "Process of Cluster

Formation in China: a Case Study of a Garment Town," *Journal of Development Studies,* Vol. 39, No. 1: 118-139.

Sonobe, Tetsushi, D. Hu and Keijiro Otsuka (2004), "From Inferior to Superior Products: An Inquiry into the Wenzhou Model of Industrial Development in China," *Journal of Comperative Economics,* September, forthcoming.

Sonobe, Tetsushi, M. Kawakami and Keijiro Otsuka (2003), "Changing Role of Innovation and Imitation in Development: The Case of the Machine Tool Industry in Taiwan," *Economic Development and Cultural Change,* Vol. 52, No. 1: 103-128.

Sonobe, Tetsushi and Keijiro Otsuka (2003), "Productivity Effects of TVE Privatization: The Case Study of Garment and Metal Casting Enterprises in the Greater Yangtze River Region," in T. Ito and A. O. Kruger (eds.), *Governance, Regulation, and Privatization,* Chicago: University of Chicago Press.

Sonobe, Tetsushi, and Keijiro Otsuka (2004), "The Division of Labor and the Formation of Industrial Clusters in Taiwan," *Review of Development Economics,* forthcoming.

Stigler, George J. (1951), "The Division of Labor is Limited by the Extent of the Market," *Journal of Political Economy,* Vol. 59, No. 3: 185-193.

Sveikauskas, L. (1975), "The Productivity of Cities," *Quarterly Journal of Economics,* Vol. 89, No. 3: 393-413.

Tang, R. and L. Cheng (2000), "Zhejiang Sheng Dongnan Diqu Nongcun Jingji Fazhang De Diaocha Yanjiu (The Survey of Rural Economic Development in the South East Zhejiang Province)," *Jingji Tizhi Gaige,* Vol. 113, No. 4: 99-103.

Taylor, C.F. (1960), *The Internal Combination Engine in Theory and Practice,* New York: Technology Press of MIT and John Wiley and Sons.

Tewari, M. (1999), "Successful Adjustment in Indian Industry: The Case of Ludiana's Woolen Knitwear Cluster," *World Development,* Vol. 27, No. 9: 1651-1671.

Tu, Chaw-Hsia (2000), "Industrial Clusters and Network Restructuring for Competitiveness - The Example of Textiles and Clothing in Taiwan," mimeo, Chung-Hua Institution for Economic Research, Taipei, Taiwan.

Vernon, Raymond (1966), "International Investment and International Trade in the Product Cycle," *Quarterly Journal of Economics,* Vol. 80, No. 2: 197-207.

Visser, E.-J. (1999), "A Comparison of Clustered and Dispersed Firms in the Small-Scale Clothing Industry of Lima," *World Development,* Vol. 27, No. 9: 1553-1570.

Wang, Ruliang (1996), *Wenzhou Cangnan Gaige Kaifang Jishi (The Chronicle of the Reform in Cangnan, Wenzhou)*, Beijing: Xinhua Chubanshe.

Watanabe, S. (1970), "Entrepreneurship in Small Enterprises in Japanese Manufacturing," *International Labor Review,* Vol. 102, No. 6: 531-576.

Watanabe, S. (1971), "Subcontracting, Industrialization and Employment Creation," *International Labor Review,* Vol. 20, No. 2: 157-179.

Weijland, H. (1999), "Microenterprise Clusters in Rural Indonesia: Industrial Seedbed and Policy Target," *World Development,* Vol. 27, No. 9: 1515-1530.

Williamson, O. (1985), *The Economic Institutions of Capitalism: Firms, Markets, Relational Contracting,* New York: Free Press.

Whittaker, D. Hugh (1997), *Small Firms in the Japanese Economy,* Cambridge, UK: Cambridge University Press.

World Bank (1993), *The East Asian Miracle: Economic Growth and Public Policy*, New York: Oxford University Press.

Yamamura, Eiji, Tetsushi Sonobe and Keijiro Otsuka (2003), "Human Capital, Cluster Formation, and International Relocation: The Case Study of the Garment Industry in Japan, 1968-98," *Journal of Economic Geography,* Vol. 3, No. 1: 37-56

Zhang, Liz (2001), *Strangers in the City: Reconfigurations of Space, Power, and Social Networks within China's Floating Population,* Stanford, CA: Stanford University Press.

Zhang, Renshou. (1999), *Zhejiang Nongcun Jingji Gaige Tixi Yanjiu* (Systematic Review of Economic Transition in Zhejiang Rural Area), Hangzhou. Zhejiang Renming Chubanshe.

Zhang, Zhiren (1989), *Wenzhou Chao (Wenzhou Tide),* Beijing: Wenhua Yishu Chubanshe.

和 文

秋山孝允・秋山スザンヌ・湊直信（2003）『開発戦略と世界銀行　50年の歩みと展望』知泉書館.

伊丹敬之・松島茂・橘川武郎編（1998）『産業集積の本質』有斐閣.

岡崎哲二（1997）『工業化の奇跡－経済大国前史』読売新聞社.

尾高煌之助（2000）『新版：職人の世界・工場の世界』NTT出版.

出原淳二・山名洋通（1997）『備後絣』新市町立歴史民族資料館.

大田原準（1999）「日本二輪産業における構造変化と競争－1945～1965」『経営史学』第34巻第4号, 1-28.

大塚啓二郎・劉徳強・村上直樹（1995）『中国のミクロ経済改革』日本経済新聞社.

大塚啓二郎・黒崎卓編著（2003）『教育と経済発展：途上国における貧困削減に向けて』東洋経済新報社.

大原盛樹（2001）「中国オートバイ産業のサプライヤー・システム－リスク管理と

能力向上促進メカニズムから見た日中比較」『アジア経済』第42巻第4号, 2-38.
川上桃子 (1998)「企業間分業と企業成長・産業発展：台湾パーソナル・コンピュータ産業の事例」『アジア経済』第39巻第1号, 2-28.
川上桃子 (2004)「台湾プリント配線板製造業における先発・後発企業間の差異の縮小過程－44社のデータによる分析」『アジア経済』(掲載予定).
関満博 (1995)『中国長江下流域の発展戦略』新評論社.
清川雪彦 (1995)『日本の経済発展と技術普及』東洋経済新報社.
行政院経済建設委員会 (各年版), *Taiwan Statistical Data Book.*
行政院主計処 (各年版)『工商及服務業普査報告』.
工業技術研究院産業経済興訊服務中心 (2002)『PCB産業趨勢分析』.
交通タイムス社編 (1960)『日本小型自動車変遷史』交通タイムス社.
国家統計局 (2000, 2002, 2003)『中国統計年鑑』.
斉藤修 (1985)『プロト工業化の時代：西欧と日本の比較史』日本評論社.
財政部 (各年版)『中華民国台湾地区出口貿易統計月報』.
自重堂 (1981)『自重堂60年の歩み』.
斯波義信 (1968)『宋代商業史研究』風間書房.
浙江省統計局 (2000)『新説浙江50年統計資料』中国統計出版社.
浙江省統計局 (2000-02)『浙江省統計年鑑』.
信用交換所 (1970-1998)『全国繊維企業要覧西日本版』.
中華徴信所 (2002)『経理人名録2002／2003年版』.
中華民国印刷電路版発展協会 (1999)『TPCA1998電路板産業調査報告』.
通商産業省関東通商産業局 (1996)『広域関東圏における産業立地の展開に関する調査』.
通商産業省 (各年版)『工業統計表』.
通商産業関東通商産業局 (1996)『「産業集積」新時代－空洞化克服への提言』日刊工業新聞社.
富塚清 (1997)『日本のオートバイの歴史』三樹書房.
西村清彦・峰滝和典著 (2004)『情報技術革新と日本経済』有斐閣.
日本銀行統計局 (1970-99)『物価指数年報』.
日本小型自動車工業会編 (各年版)『小型情報』日本小型自動車工業会.
日本自動車工業会編 (各年版)『自動車統計年表』日本自動車工業会.
日本プリント回路工業会 (1999)『電子回路産業の現状』日本プリント回路工業会発行.
速水佑次郎 (2000)『開発経済学－諸国民の貧困と富』創文社.
藤田昌久・久武昌人 (1998)「新しい空間経済学の視点から見た地域経済システムの変容」小宮隆太郎・奥野正寛編『日本経済21世紀への課題』東洋経済新報社.
ホンダコレクションホール (1997)『競合と進化　カーマガジン3月号増刊　ホンダコレクション4』ネコパブリッシング.

三樹書房編（2001）『世界のロングセラー　ホンダスーパーカブ』三樹書房.
松下幸之助（1986）『わが半生の記録：私の行き方考え方』PHP研究室.
八重洲出版編（1987）『モーターサイクリスト国産モーターサイクルの戦後史』八重洲出版.
八重洲出版編（1997）『日本モーターサイクル史』八重洲出版.
劉徳強（2000）"戦後中国の工業物価指数に関する推計：1952−1997年," Discussion paper No. D99-27, 一橋大学経済研究所.

人　名　索　引

Abe, M.　76
Abernathy, W. J.　31-32,144
Adelman, M. A.　59
Agarwal, R.　152
Akamatsu, K.　26,28-29
Akerlof, G. A.　17,46,83,198
Akoten, J. E.　223,259
Amsden, A. H.　17-18,22,73,76,175,179
Asanuma, B.　16,53
Audretsch, D.　152
Aw, B. Y.　179
Bailey, M. N.　179
Becker, G. S.　9,19,82
Beneria, L.　133
Bianchi, P.　133
Brown, J.　25
Brusco, S.　16,19,133
Cai, F.　27,29
Chan, V. L.　75
Chang, C. C.　79
Cawthorne, P. M.　19,120
Chen, H.　103
Chen, L.T.　75
Chen, K.　73,91
Cheng , L.　193
Chesbrough, H.　152
Chinn, D. L.　22
Clark, K.B.　31
Coase, R. H.　17
Collier, P.　230,267
David, C. C.　5
Disney, R.　152
Dunne, T.　32
Duranton, G.　61
Ellison, G.　65,84

Elizondo, R. L.　21
Ericson, R.　31
Evans, D. S.　157
Fei, J. C. H.　73
Filson, D.　196
Fransman, M.　73,176
Friedman, D.　60
Fujita, M.　12,34,53,57,134
Glaeser, E. L.　10,48-49,53,62,65,84
Good, D. H.　178
Gort, M.　171,178,196
Graddy, E.　171,196
Greenstein, S. M.　32
Griliches, Z.　179
Gualtieri, G.　133
Gunning, J. W.　230,267
Haggblade, S.　25,230,267
Hanson, G. H.　133
Haskel, J.　152
Hayami, Y.　6,23-24,26,47
Hayek, F. A.　136
Hazell, P.　25
Heden, Y.　152
Henderson, J. V.　11,15,26,48-49,53,58,62,65,84,86-87,215,251
Hirshman, A.O.　104
Ho, S. P. S.　22,25,73
Holmes, T. J.　59
Homburg, E.　151
Honore, B. E.　189
Hopenhayn, H.　31
Hu, S. C.　75
Humphrey, J.　16
Hymer, S.　22,25
Itoh, M.　26,120,210

Jacobs, J.   10-11, 62, 165
Jefferson, G. H.   91
Ji, F.   118
Jirapatpimol, B.   26
Jovanovic, B.   31, 178
Kanemoto, Y.   61
Kantrow, A. M.   31
Kawagoe, T.   23-24
Kawakami, M.   73
Kawasaki, S.   16, 54, 83
Kennedy, L.   17
Kikuchi, M.   23, 26
Kim, S.   12, 53
Kishimoto, C.   79
Klein, B.   83, 198
Klepper, S.   31 - 32, 144, 157, 171, 178, 196
Knorringa, P.   120, 125
Krugman, P.   9, 12, 14-15, 21, 34, 45, 112, 211
Kuncoro, A.   11, 26, 53, 58, 62, 84, 87
Kuo, W.-J.   18, 73, 76, 180
Laffont, J. J.   24
Landes, D. S.   210
Lanjouw, J. O.   23
Lanjouw, P.   23
Lee, T.   11, 251
Lee, J. Y.   11, 251
Lee, J.-H.   26
Leffler, K. B.   83, 198
Levy, B.   18, 23, 73, 76, 180
Levy, D. T.   59
Li, Z.   27, 29
Liedholm, C.   230, 267
Lin, J. Y.   27, 29
Liu, D.   22, 25-26, 122, 147
Lucas, R. E., Jr.   10, 170
Macmillan, J.   16, 53, 83
MacDonald, G.   178
Mano, Y.   26, 49, 53, 84
Marshall, A.   8, 14-15, 36-37, 81-82, 112, 136, 170, 232, 244, 255, 260

Mead, D. C.   23-24, 83, 230, 267
Meyanathan, S. D.   251
Milgrom, P.   24
Mills, E. S.   10, 61
Minami, R.   30, 226, 263
Moomaw, R. L.   10
Mori, T.   34
Murakami, N.   22, 25, 122, 147
Murmann, J. P.   151
Murphy, K. M.   9, 19, 82
Musyck, B.   16
Nadvi, K.   16, 18-19, 21, 81, 120
Nakamura, R.   133
Nelson, R. R.   218, 254
Nugent, J. B.   251
Ohkawara, T.   61
Otsuka, K.   5, 22, 24-26, 29, 40, 43, 49 -50, 53, 73, 84, 91, 103, 122, 135, 147, 192, 223, 259
Ohno, A.   26
Pack, H.   172
Pakes, A.   31
Parikh, H. T.   23
Patrick, H. H.   16, 23
Perry, M. K.   59
Piore, M. J.   15, 133
Pakes, A.   31
Puga, D.   61
Rabellotti, R.   17-19, 120
Ranis, G.   22-23, 25, 29, 40
Regev, H.   179
Resnick. S. A.   22, 25
Resnick, S.   22
Roberts, J.   24
Roberts, M. J.   32
Rohlen, T. P.   16, 23
Romer, P. M.   10, 120, 170
Rozelle, S.   103
Sabel, C. F.   15, 133
Samuelson, L.   32
Saxenian, A.   15
Saxonhouse, G.   29, 40

人名索引

Schmitz, H.　16,18-19,21,23,81,120
Schumpeter, J. A.　30,134,143,170-72,250
Shapiro, C.　198
Shinohara, M.　16
Simons, K. L.　32,144,196
Skoggard, I.　73
Sonobe, T.　50,73,91,135
Stewart, F.　22-23
Stigler, G. J.　23,77,81-82,175
Suh, C.-H.　26
Suzuki, T.　61
Sveikauskas, L.　10
Tabuchi, T.　53,57,134
Tang, R.　193
Tanimoto, M.　26,210
Taylor, C. F.　148
Tewari, M.　18
Thisse, J.-F.　12,34
Thorbecke, F.　23
Tirole, J.　24
Tu, C.-H.　75
Turner, M.　11,26,53,58,62,84,87
Utterback, J. M.　31,144
Venables, A. J.　12,34
Vernon, R.　15,26-27,47,53,61,121,142
Visser, E.-J.　17,133
Wade, J. B.　32
Watanabe, S.　16,23
Weijland, H.　16
Westphal, L. E.　172
Whittaker, D. H.　16,53,56,60,112
Williamson, O.　24,83

Winter, S. G.　218,254
Yamamura, E.　135
Zhang, L.　192
Zhang, R.　91,193
Zhang, Z.　91

秋山孝允　5
秋山スザンヌ　5
伊丹敬之　6
出原淳二　134
大田原準　152
大原盛樹　146,160
大塚啓二郎　5,43,91,103,147,222,226,259,263
岡崎哲二　7
尾高煌之助　38,43
川上桃子　30,230,233,239
清川雪彦　30,226,263
黒崎卓　5,222,259
久武昌人　49
斉藤修　42
関満博　91
橘川武郎　6
富塚清　148
湊直信　5
西村清彦　251
速水佑次郎　6
藤田昌久　49
松下幸之助　6,244
松島茂　6
峰滝和典　251
村上直樹　147
山名洋通　134
劉徳強　130,147

事 項 索 引

あ 行

IT 産業　　15, 112, 211
アパレル産業　　11, 26, 36-37, 42, 50, 75-77, 87, 117, 119, 133-35, 142-44, 147, 171, 215, 252, 259
委託加工　　22, 24, 26, 43, 119, 125-26, 128-29, 193, 198, 253-54, 259, 264
温州モデル　　50, 91, 99, 117, 169, 193
NC機　　47-48, 174-91, 210, 213
オートバイ産業　　38, 45, 50, 146-48, 151-52, 163-64, 168, 177, 211, 252, 266

か 行

外注比率　　162-67
開発経済学　　6, 8, 81
外部経済　　10, 12-13, 17, 245, 262
外部不経済　　10
科学者主導　　251
革新　　10, 30, 34, 36, 41, 45, 47-48, 72, 142-43, 151, 169-74, 180, 193, 198, 209-10, 213-14, 244, 250, 254-55, 261, 263-67
革新者　　171-73, 177, 180, 182-91, 199-205, 254-55
雁行形態論　　26-30, 34
企業間取引　　6, 20, 24, 80, 102
企業間分業　　10, 19-20, 23-24, 50, 59, 63, 72-75, 77, 80-82, 85, 87-90, 99-103-104, 112, 147, 163-64, 167-69, 175, 178, 194, 233, 240, 255, 257-60
技術革新　　7, 10, 32, 33, 36, 38, 44-46, 170-72, 260-61

技術者主導　　38-39, 42, 144, 169, 220, 249, 258-61
技術情報　　102, 170, 175, 209
技術進歩　　10, 22, 32, 145, 154-55, 168
技術的知識　　43, 129, 210, 250, 257-60
技術導入　　30, 40, 47, 91
技能労働市場　　101-02, 255, 260
規模の経済　　10, 103, 122, 127, 152, 167, 200
逆選抜　　24
キャッチアップ　　94, 96, 106, 145, 153-57, 201, 230, 240
教育水準　　36, 44, 46-47, 139, 182, 206, 254, 259, 261, 265
均衡の不決定性　　12-13
空間経済　　12-14
組立産業　　101-102, 105, 108
経営(者)能力　　45-46, 137, 209, 254
経済地理学　　59, 71
経済発展　　8, 21-22, 29-30, 34, 40, 91, 104, 146, 148, 169-71, 251
経済発展論　　34, 104
京浜工業地帯　　6, 53-57, 59-62, 64-65, 70-71, 251
契約の不完備性　　5
経路依存性　　253
工業区　　92, 215, 243, 264
工業技術研究所　　79, 251, 266
工作機械産業　　18, 38, 41-42, 45-46, 73, 147, 174-75, 180, 182, 197, 210, 232, 234, 252
郷鎮企業　　25, 39, 42, 49, 50, 95, 192, 217-18
後方連関効果　　104-05, 110
国有企業　　42, 91-92, 95, 102, 112, 145-48, 158-69, 192, 212, 217, 245, 263,

事項索引　　　293

266
固定効果モデル　165, 186-87, 189

さ　行

差別化　18-19, 46, 120, 143, 163, 199, 202, 253
産業集積　5-8, 10, 32-37, 39-40, 42, 44, 46-50, 53-54, 57, 61-62, 69-74, 80-82, 87-89, 91-93, 98-100, 102-04, 106, 112-13, 118-20, 123, 139, 142-45, 152, 168-70, 172, 175, 210, 217, 219, 222, 232-233, 250, 258, 260-66
　——型の発展　46, 104, 118-19, 139
　——の形成　7, 34-36, 50, 70-72, 80-82, 89, 92, 99, 102-03, 106, 112, 118, 143, 146, 175, 211-14, 217, 230, 233, 244-45, 252-53, 259
　——の発展　46, 118-19, 139
　——のメリット　7, 48, 74, 81, 170, 211, 255, 259
　——の役割　7, 34, 98, 168
産地的な——　103, 112
産業の多様性　79, 86-87, 257-58, 260-61
産業発展　5-8, 14-17, 26-27, 29-36, 40, 42-45, 48, 53-54, 73-74, 89-93, 98-99, 101, 106, 119, 142, 144, 168-72, 180, 196, 210, 249-50, 255, 265-67
　——の戦略　250, 262-67
　——の段階　15-17, 27, 31-32, 47-48, 73, 90, 144, 168, 210
　——のパターン　29, 35, 249, 262
　——のプロセス　33-34, 98, 144, 170-71, 196
産業立地　20, 30, 48, 53-54, 61, 65, 73-74, 77-78, 80, 90, 99, 143, 250-51
産地　8, 16, 19-21, 103, 112-13, 254
産地論　8, 15, 21, 33
事業所規模　59-64, 70-71
市場情報　37-38, 42-43, 48, 102, 119, 130, 134-35, 142, 195, 209, 220, 256-60
市場の失敗　6, 250, 260, 262, 264
市場取引　17, 44, 46, 143-44, 255, 260
市場メカニズム　5, 91
下請け　16-19, 22-24, 26, 33, 46, 53, 60, 83, 91, 100, 133, 148, 152, 171, 176-77, 180, 183, 197, 210, 211, 217, 237, 240, 254, 260
質的向上期　38, 45-48, 73-74, 83, 88, 90, 103, 118-19, 123, 139, 143-44, 148, 151-57, 169, 171-74, 182, 196-97, 202, 209-10, 211-15, 224, 227, 230, 239, 249, 254-55, 261, 264-66
質の改善　18-20, 163, 197, 226, 254
質の向上　7, 16-19, 21, 45, 90, 120-21, 124, 130, 135-36, 147, 150, 163, 191, 197-98, 202, 217, 224, 254
老舗企業　44, 233, 236-37, 239-42
始発期　38, 40-41, 43-45, 47, 142, 144, 168, 173, 211, 219, 244, 253, 257-58, 264
弱電(機器)産業　39, 42, 50, 91, 117, 171, 192, 195, 197, 200, 210-11, 249, 252, 254
重慶モデル　169
集積地　7, 10, 12, 14, 17, 37-39, 43, 83, 87, 117, 119-21, 139, 143, 145-46, 164, 167, 169, 210, 218, 224, 226-27, 253
集積の経済　8, 10-12, 34, 92, 103, 147, 167, 175, 261
集積の不経済　10, 103
商人　6, 21, 24, 26, 33, 37-40, 42, 45, 47-48, 117-20, 122, 124-27, 134-35, 138-40, 143, 163, 193, 198-99, 206, 210, 232, 252-54, 259, 261-62
　外部の——　127, 193
　——出身　38, 120, 135, 139, 143
　——の経験　135, 139, 143
　——の役割　48, 124, 255
　地元の——　24, 39, 45, 119, 124, 134, 138, 140, 198

294　　　　　　　　　事項索引

都市の―― 26, 120
商人主導　38, 42-43, 117, 142, 195-96, 210, 220, 249, 258, 261
情報のスピルオーバー　8-9, 16, 19, 36, 42, 48, 50, 81, 101-02, 170-71, 193, 209, 211, 214, 222, 232, 234, 239, 241, 244, 255, 258-59, 262, 264
情報の非対称性　5, 17, 46, 102, 198, 264
情報の不完全性　48, 119, 136
シリコンバレー　15, 34, 71, 112, 211, 251
新規参入　23, 31-32, 39, 43-44, 149-51, 195, 217-18, 236, 254
新結合　172-73, 177, 193, 199, 210, 254-55, 261
人的資本　43, 47, 130, 135, 139, 143, 187, 213, 215, 226-27, 241-42, 244, 261
垂直的統合　24, 77, 88
垂直的分業　16-17
スピンオフ　39, 43-45, 50, 124, 134-35, 143, 174, 177, 182, 186-91, 212-14, 217, 220-21, 223, 230-231, 233, 245, 253, 259, 263-64
政策的実験　267
製靴業　17-18, 20, 36, 180
生産拠点　28-30, 61, 75, 121, 136, 139, 142, 147, 151, 233
政府の失敗　6
先導者　204-05
前方連関効果　104, 110
創始者　172-74, 176-77, 179, 182-91, 199-205, 207, 212-14, 221, 253-54, 258-59, 261
創造的破壊　30, 32, 170
総要素生産性　20, 44, 177-178, 209
組織革新　260-61
蘇南モデル　43, 91, 97, 148, 162, 169

た 行

大量生産　16, 151, 197, 210
多様性指標　57, 64, 79, 83
地域経済学　8, 11-12, 14, 33-34, 211, 244
地域特化　104, 106, 108, 113
地域特化の経済　9, 11, 15, 53-54, 64-65, 69, 72, 83-84, 87, 101, 103, 112, 133, 252, 261
直接販売　45-48, 128, 132, 137, 143, 198, 211, 254-55
直接取引　120, 124-26, 129-30, 136, 139-40, 163
町営企業　94-99, 102-03, 148, 158-59, 162, 169, 212, 245
追随者　30, 45, 135, 174, 176-77, 179-80, 182-91, 201-09, 212, 214, 259
都市化の経済　9, 11, 15, 53-54, 61, 64-65, 72, 82, 84, 87, 90, 112-13, 165, 251-52, 258, 260
特化率　98-100, 105-106, 108, 110
取引費用　6, 9-10, 14, 17, 19, 24, 37, 46, 60, 73-74, 77, 82, 88, 90, 102-03, 112, 136, 199, 250, 254, 257, 259-62, 264
問屋　21, 24, 119, 134, 143, 254

な 行

内製　16, 19, 60, 112, 147, 152, 154-57, 162-63, 175, 257
内生的産業発展論　40, 50, 90, 103, 118, 125, 138, 142-43, 147, 168, 178, 193, 211, 242, 249, 256, 264, 266
内生的成長理論　10, 170
農村工業化　8, 14, 22-26, 33

は 行

パイオニア　45, 174

事項索引　295

ハイテク産業　40, 86, 251
ハーフィンダール指数　57-58
販売代理店　163, 198
発展段階仮説　8
東アジア型産業発展　35, 266
標準化　20, 28-29, 33, 47, 61, 173, 177, 233, 253, 260, 264
標準品　17-18, 20, 30-31, 43, 45, 71, 90, 209, 253
標準的な製品　75, 144
付加価値率　59-64, 70-71, 76-77, 80, 83-85, 87-88
部品企業　169, 194, 197, 210, 261
部品産業　101-02, 105, 108, 194, 254, 262
ブランド(ネーム)　6, 18-19, 37, 45-46, 48, 120, 135-36, 140, 193, 198-200, 202, 213, 255, 265
プリント配線板産業　39, 43, 50, 211-15, 217-18, 220, 233-36, 239, 241, 244, 249, 252
プロダクトサイクル論　8, 15, 26-31, 33, 47, 49, 53, 121, 222, 233
プロダクト・ライフサイクル論　31-33, 61, 144-45, 157, 168, 213
プロト工業化　42, 97, 210
分業　9, 37, 60-61, 70, 74-75, 80-83, 90, 122, 134, 175
変量効果モデル　165-66, 186-87
ホールドアップ問題　83

ま　行

丸抱え生産　99, 105-06, 147, 162-63, 169, 257

民営化　50, 92, 95, 97, 99, 102-04, 105-06, 113, 212, 217-18, 222, 250, 264
民営企業　103
モデルプラント　263
模倣　7, 10, 16, 30, 32, 36, 40-41, 43-44, 47-48, 90, 135, 145, 148, 151, 153-57, 161, 167-74, 180, 184, 186-87, 193, 202, 205, 209-10, 211-14, 218, 224-25, 230, 244, 250, 255-56, 260-61
模倣者　174, 180, 191, 202, 214, 253-54
模倣的企業　36, 44-45, 201
模倣的競争　211, 213, 215, 233, 236-37, 239, 241, 244
モラルハザード　24, 199, 260-61

や・ら　行

誘導型　63, 83, 105, 127, 130, 137, 186, 204, 226, 241
輸入代替工業化　6
揚子江　91-92, 94, 100-01, 104-06, 112
リバース・エンジニアリング　41
量的拡大期　38, 43-47, 73, 90, 103, 123, 144, 150, 152-57, 169, 172-73, 178, 195, 197, 209-10, 211-14, 222, 224, 227, 230, 242, 244-45, 249, 253-54, 259-61, 264
利潤率　44, 47, 240, 254
利潤の減少　42, 47
流通革新　260-61
流通市場　255
労働市場　9-10, 81, 101, 232
労働集約的　23, 134
ロック・イン　12, 14

園部　哲史（そのべ・てつし）
1984年東京大学経済学部卒業後，同大学大学院に入学．1987年よりエール大学大学院に留学し，1992年に同大学より経済学博士号取得．東京都立大学経済学部教授，アジア開発銀行客員研究員，フィリピン大学ディリマン校経済学研究科客員研究員を経て，2003年より財団法人国際開発高等教育機構(FASID)主任研究員および政策研究大学院大学教授．共著論文に，"From Inferior to Superior Products: An Inquiry into the Wenzhou Model of Industrial Development in China," *Journal of Comparative Economics* (2004)，など多数．

大塚　啓二郎（おおつか・けいじろう）
1971年北海道大学農学部農業経済学科卒業後，東京都立大学大学院入学．1974年よりシカゴ大学大学院に留学し，1979年に同大学より経済学博士号取得．エール大学ポストドクトラルフェロー，東京都立大学経済学部教授を経て，2001年より財団法人国際開発高等教育機構(FASID)主任研究員および政策研究大学院大学教授．現在はFASID大学院プログラムディレクター，国際稲研究所(IRRI)理事長，国際農業経済学会副会長を兼任．共著書に，*Industrial Reform in China* (Clarendon Press, 1998), *Land Tenure and Natural Resource Management* (Johns Hopkins University Press, 2001)，など多数．

〔産業発展のルーツと戦略〕　　　ISBN978-4-901654-34-0

2004年6月30日　第1刷発行
2007年6月30日　第2刷発行

著者　園部哲史
　　　大塚啓二郎
発行者　小山光夫
印刷者　藤原愛子

発行所　〒113-0033 東京都文京区本郷1-13-2
　　　　電話03(3814)6161　振替00120-6-117170
　　　　http://www.chisen.co.jp
　　　　株式会社　知泉書館

Printed in Japan　　　　　印刷・製本／藤原印刷